国家出版基金项目
NATIONAL PUBLICATION FOUNDATION

 贫困治理的广东探索丛书

岳经纶　庄文嘉 / 主编

从"'双到'扶贫"到"精准扶贫"：基于广东经验的中国扶贫之路

岳经纶　吴永辉◎著

中山大学出版社
·广州·

版权所有　翻印必究

图书在版编目（CIP）数据

从"'双到'扶贫"到"精准扶贫"：基于广东经验的中国扶贫之路/岳经纶，吴永辉著．—广州：中山大学出版社，2021.9
（贫困治理的广东探索丛书）
ISBN 978-7-306-07114-9

Ⅰ．①从…　Ⅱ．①岳…②吴…　Ⅲ．①扶贫—研究—广东　Ⅳ．①F127.65

中国版本图书馆 CIP 数据核字（2021）第 023553 号

CONG SHUANGDAO FUPIN DAO JINGZHUN FUPIN: JIYU GUANGDONG JINGYAN DE ZHONGGUO FUPIN ZHI LU

出 版 人：	王天琪
策划编辑：	陈　慧　王　润
责任编辑：	周明恩
封面设计：	林绵华
责任校对：	叶　枫
责任技编：	何雅涛
出版发行：	中山大学出版社
电　　话：	编辑部 020 - 84110283，84113349，84111997，84110779，84110776
	发行部 020 - 84111998，84111981，84111160
地　　址：	广州市新港西路 135 号
邮　　编：	510275　　传　真：020 - 84036565
网　　址：	http://www.zsup.com.cn　　E-mail：zdcbs@mail.sysu.edu.cn
印 刷 者：	恒美印务（广州）有限公司
规　　格：	787mm×1092mm　1/16　19.75 印张　325 千字
版次印次：	2021 年 9 月第 1 版　2021 年 9 月第 1 次印刷
定　　价：	76.00 元

如发现本书因印装质量影响阅读，请与出版社发行部联系调换

总　　序

为中国人民谋幸福，为中华民族谋复兴，是中国共产党人的初心和使命。贫困的个人难言幸福，贫穷的民族难言复兴。为了实现人民幸福和民族复兴，中国共产党领导中国人民进行了艰苦卓绝的斗争，取得了革命、建设和发展的一个又一个的胜利。改革开放以来，党在领导人民不断发展经济、全力推进现代化建设的同时，致力于治理贫困，努力实现共同富裕这一社会主义的本质特征。特别是21世纪以来，以消除绝对贫困问题为着力点，中国贫困治理进入全新阶段。可以说，100年的中国共产党党史，就是一部与贫困做斗争并消灭贫困的历史。

中国贫困治理的两大战略：扶贫开发与社会保障

中国的贫困问题大致可以分为农村贫困问题和城市贫困问题。改革开放前，由于整体的社会经济发展水平不高，人民生活水平普遍低下，因此贫困问题并没有成为社会问题，但存在着生活困难的城乡居民。解决居民生活困难问题的制度安排，在农村是"五保户"政策，在城镇是面向"三无"对象的社会救济。改革开放以后，在城乡居民生活水平普遍提高的同时，地区和阶层的差距逐步拉大，贫困问题作为社会问题和政策议题开始凸显出来。政府因应城乡贫困问题的差异采取了不同的政策工具和制度安排，而且政府反贫困的努力主要集中在农村地区。为了减少农村地区的贫困问题，国家在1986年设立扶贫开发办公室，实施扶贫开发政策，推行大规模扶贫开发工作。在城市，政府在20世纪90年代后期开始推行城镇居民最低生活保障制度（低保制度），主要政策对象是经济改革之后出现的"新贫"阶层，如下岗失业工人等。

21世纪的中国贫困治理在城乡两条战线展开，针对建档立卡户、低保对象和特困人员三大群体，实施扶贫开发与社会保障两大战略。中国扶贫开发的重心一直放在广大的农村地区，以政府为主导的多元扶贫主体致力于通过多样化的扶贫方式来提高农村贫困人口的收入。与之相对应，城市贫困人口则主要依靠社会保障来实现收入维持。同时，社会保障在农村扶贫开发中也发挥着重要的减贫作用。如果说扶贫开发和脱贫攻坚是农村贫困治理的主旋律，那么社会保障便是其不可或缺的伴奏。需要指出的是，直到精准扶贫战略实施后，扶贫开发才与社会保障在农村贫困治理中形成合奏。在深入推进精准扶贫的过程中，各地以完善的社会保障织就细密的救助网络，充分发挥了底线民生的安全网作用。

在扶贫开发方面，2002年，党的十六大明确要求继续大力推进扶贫开发，巩固扶贫成果，尽快解决尚未脱贫的农村人口的温饱问题，并使他们逐步过上小康生活。党的十八大以来，以习近平同志为核心的党中央高度重视扶贫工作，将扶贫开发纳入"五位一体"总体布局和"四个全面"战略布局，实施精准扶贫基本方略，在"大扶贫"格局之下开展"脱贫攻坚战"，把贫困治理纳入国家治理的战略目标，动员社会各界力量，采用多种方法，充分发挥党的领导及社会主义制度的政治优势和制度优势，实现农村贫困人口的大幅度减少。新时代的中国贫困治理实践不仅丰富了"发展型国家"的内涵，也为后发展国家走出"中等收入陷阱"提供了经验。经过多年的脱贫攻坚，我国贫困治理取得巨大成就，为全面建成小康社会奠定了坚实的基础。国家统计局数据显示，以现行标准衡量，1978年年末，中国农村贫困发生率高达97.5%，农村贫困人口有7.7亿。截至2019年年底，中国贫困发生率降至0.6%。2016—2020年，全国贫困人口每年净减少1000万以上。2020年11月23日，贵州省9个县退出贫困县序列，至此，我国832个贫困县全部实现脱贫摘帽。截至2020年年底，中国所有贫困县全部脱贫摘帽。

在社会保障方面，中国政府不断完善以社会救助制度为核心的城乡社会保障体系。进入21世纪以来，中国政府开始把民生建设作为重要政策议程，推动社会政策进入快速发展的时期。经过多年的努力，中国已经建立起包含社会保险、社会救助、社会福利在内的多层次社会保障体系。在农村，社会保障制度包括医疗保障制度、最低生活保障制度、义务教育制度、农村养老保险制度、危房改造制度及农民就业培训等内容。社会保障作为调节分配和保障居民基本生活的制度安排,也成为我国贫困治理体系的重要组成部分。党的十九大报告进一步提出要统筹城乡社会救助体系,完善最低生活保障制度,从多个层面对困难群众基本生活进行保障;十九届四中全会指出,要坚持和完善统筹城乡的民生保障制度,满足人民日益增长的美好生活需要;十九届五中全会要求,民生福祉达到新水平,实现更加充分、更高质量的就业,居民收入增长和经济增长基本同步,分配结构明显改善,基本公共服务均等化水平明显提高,全民受教育程度不断提升,多层次社会保障体系更加健全,卫生健康体系更加完善,脱贫攻坚成果巩固拓展,乡村振兴战略全面推进。

在中国特色社会保障体系中,面向贫困和低收入阶层的社会救助制度是基础性的制度安排。在社会救助制度中,居民最低生活保障制度作为社会救助制度的核心,是保障贫困群体基本生活需要的最后一道安全网,也是改革开放以来中国政府在贫困治理领域的重大制度创新。农村低保制度是我国现阶段精准扶贫战略中"社会保障兜底一批"的重要内容,在脱贫攻坚工作中发挥着兜底保障、维护社会稳定的功能,是我国贫困治理的重要制度安排。无论是从覆盖人口数量,还是从投入资金总额来看,城乡低保制度都已经成为世界上规模最大的减贫性转移支付项目。特困人员救助供养制度是中国特色社会主义进入新时代后建立起来的社会救助制度,取代了过去分设的城市"三无"人员救助和农村五保供养制度。2014年,国务院颁布《社会救助暂行办法》,将城市"三无"人员救助和农村五保供养制度整合为城乡特困人员救助供养制度。2016年,国务院颁布《关于进一步健全特困人员救助供养制度的意见》,进一步明确了特困人员救助供养制度的实施细则。

到2020年年底,中国的贫困治理,特别是脱贫攻坚战已经取得全面胜利,消灭了绝对贫困人口,已经成为全世界最早实现联合国可持续发展目标中消灭贫困目标的发展中国家。当代中国的贫困治理,以中国共产党为领导,以国家力量为核心,以扶贫开发和社会保障为基本战略,充分体现了科学社会主义的思想本质与制度优势,与受社会民主主义影响的西方国家偏重社会福利制度的治理贫困体系形成了明显的对比。消除贫困、改善民生、实现共同富裕,这是科学社会主义的本质要求;集中资源、举国同心、全民动员、持之以恒,这是科学社会主义的制度优势。西方福利国家虽然重视通过社会政策来缓和社会问题、满足社会需要,但难以在国家主导下发起大规模的、持续的反贫困行动,难以从根本上解决贫困问题,一些国家甚至出现贫困现象日益恶化的趋势,显示出社会民主主义改良本质在贫困治理上的困境。

尽管当代世界遭受贫困问题困扰和折磨的主要是不发达国家,但是指导这些国家贫困治理实践的则主要是基于西方国家经验的反贫困理论与反贫困政策。中国作为全球贫困治理的积极参与者,其贫困治理实践和减贫奇迹必将引起世界范围内对"中国道路"的广泛关注。因此,及时总结中国贫困治理的成功经验,不仅有助于全球贫困治理事业的发展,消除贫困问题,而且有助于深化贫困治理的研究,丰富和创新贫困治理理论,为深陷贫困的发展中国家提供新的贫困治理理论和反贫困政策设计。

广东:中国贫困治理的先行者

作为改革开放的实验场和经济发达地区,广东的扶贫开发和贫困治理在中国的减贫治理中具有独特的地位和意义。广东具有特殊的省情,那就是地区间发展不平衡,差异大,既有位列全国经济最发达地区的珠江三角洲,又有位列全国贫困县序列的东西两翼及山区县。粤东西北地区人均地区生产总值低于全国平均水平,农村农业人口不少,人才储备和技术支撑的缺口较大,新动能培育较慢,文教卫生等公共服务资源配置相对落后。"最富的地方在广东,最穷的地方也在广东"这一说法是对广东地区差异大的一个精确描述。如何在贫困治理过程中解决区域失衡问题是广东减贫治理的重要特色。自21世纪以来,特别是党的十八大以来,广东结合顶层设计与本地实际,在扶贫开发、低保瞄准、特困人员救助供养、相对贫困治理等领域进行了大胆的探索,出台了大量行之有效的政策措施,在实践中走出了一条特色鲜明的贫困治理之路。

在扶贫开发方面,广东较早地通过"双到"(规划到户、责任到人)扶贫方式对扶贫对象的精准施策进行了探索,变"大水漫灌"为"精准滴灌",实现了对传统扶贫开发方式的超越。在社会保障方面,广东不仅提高了低保标准，而且较早地进行了低保目标瞄准机制的创新，以代理家计调查模式超越传统的家计调查模式。与此同时，广东也对特困人员救助供养制度进行了创新。因此，对广东贫困治理的基本经验进行系统的分析，不仅能够凸显广东在贫困治理中的先行一步，也可以为全面理解中国扶贫之路提供一个合理的入口。

在"双到"扶贫实施前的较长一段时期内，与全国其他地区一样，开发式扶贫是广东贫困治理的主导模式，该模式在解决区域整体贫困方面取得了较为显著的成效。不过，开发式扶贫在扶贫对象的指向性上较为宽泛，在一定程度上造成了扶贫资源的浪费。为此，广东通过"双到"扶贫对这个问题给出了自己的解决方案。从实践角度来看，"双到"扶贫率先开启了省级层面对提高扶贫精度的探索。"双到"扶贫方式提高了扶贫资源的利用效率，确保贫困人口能够根据自身的致贫原因得到行之有效的帮扶，从而为精准扶贫阶段广东的贫困治理打下了坚实基础，使广东全省可以提前完成脱贫攻坚任务，并率先部署推进由精准扶贫向乡村振兴的过渡，探索实现脱贫攻坚成果巩固拓展同乡村振兴的有效衔接。

在社会保障贫困治理方面，广东也进行了有前瞻性的探索。作为中国最早在城乡同时建立低保制度的地区之一，广东早在1997年就开始着手建立覆盖城乡的低保制度。经过多年的发展，广东省在城镇和农村低保制度建设上取得了重大成就，低保标准的确定符合广东省经济社会增长的水平和城乡人均支出配比水平，形成了以区县级以上财政支付为主的低保资金供给机制。在低保目标的瞄准方面，作为改革"领头羊"的广东，通过积极的地方政策创新，有效地提高了低保目标瞄准的准确性，并提升了低保制度的治理绩效。低保改革的"广东故事"可以为中国城乡低保制度的完善提供有益的启示。广东省在特困人员救助供养方面也形成了完善、系统的政策体系。在资金投入方面，广东省把特困人员救助供养等保障困难群众基本生活的政策放在财政支出的优先位置，保证政府投入只增不减。在保障水平方面，广东省规定特困人员基本生活标准不低于当地低保标准的1.6倍且不低于当地现行特困人员基本生活标准，并根据当地经济社会发展和物价水平进行调整，呈现不断提升的趋势。不仅如此，广东省还率先建立特困人员照料护理制度，为特困人员，特别是失能半失能特困人员提供探访慰问、生活照料和住院期间的护理。与此同时，广东省还积极推动特困人员供养服务机构公建民营改革，在全国率先推行供养服务机构区域统筹打包改革模式，以县（市、区）为单位，将辖区内所有区域性养老机构、乡镇敬老院等公办特困人员供养服务机构统一打包成一个项目，交给社会资本方管理运营。

综上，我们可以看到，广东省在贫困治理中坚持先行先试，始终走在探索扶贫开发新模式的前列。广东内部区域发展不平衡，在全国层面具有代表性。从珠三角到粤东西北，不同区域如何采取不同的政策举措，区域之间又如何合作脱贫，这些经验都将在全国层面具有可复制性和可推广性。从广东省的贫困治理实践来看，无论是从扶贫"双到"到"精准扶贫"的扶贫历程，还是对相对贫困治理长效机制的探索，抑或是在低保瞄准和特困人员救助供养领域的创新实践，不仅集中体现了中国减贫治理所特有的各项政策手段，而且在贫困治理的探索方面始终走在全国的前列。鉴于广东在贫困治理方面的先行探索及其有效成果，当前亟须以广东的贫困治理经验为载体，发出广东声音，讲好中国故事，坚定道路自信，提升中国在全球贫困治理中的话语权，向全世界共享中国特色的减贫经验。这既是本丛书的写作背景，也是本丛书的立意所在。

本丛书的基本内容与特色

本研究丛书试图以我国贫困治理的两大战略——扶贫开发与社会保障为分析焦点，立足广东，心系中国，综合运用抽样调查、准自然试验、案例研究等多元方法进行深入研究，尝试从宏观与微观、理论与经验维度全面分析广东贫困治理的政策实践。本丛书共五本，分别是《从"'双到'扶贫"到"精准扶贫"——基于广东经验的中国扶贫之路》《精准扶贫战略下城乡低保目标瞄准及执行机制优化：广东经验》《广东省特困人员救助供养制度研究：供给侧改革的创新经验》《解决相对贫困治理的长效机制探索：江门经验》及《贫困认知与贫困治理——基于广东省的调查数据分析》。

《从"'双到'扶贫"到"精准扶贫"——基于广东经验的中国扶贫之路》一书展现了21世纪的广东扶贫之路从扶贫"双到"到"精准扶贫"的发展过程。本书尝试分析从"'双到'扶贫"到"精准扶贫"的演变与衔接，通过解析具体案例，展现广东在扶贫开发中的政策创新和实际效果，总结其成功经验，彰显广东在扶贫治理中先行一步的作为和担当。本书的特色之一是把由广东率先探索的"'双到'扶贫"机制与符合新时期我国国情和广东省情的"精准扶贫"战略结合起来，揭示了中国扶贫治理的若干特点，包括运动式治理、社会政策和经济政策相结合、因地制宜发展特色扶贫产业、精准扶贫与乡村振兴衔接等。

《精准扶贫战略下城乡低保目标瞄准及执行机制优化：广东经验》一书，旨在揭示在精准扶贫的时代主题下，广东如何通过客观、全面的指标体系设计和科学入户核查，创新地设计出多维度代理家计调查方式，形成城乡低保目标瞄准的"广东经验"的过程。本书在回顾国内外贫困治理理论研究成果的基础上，重点对新时代以来广东省低保目标瞄准的改革创新实践、引入准家计模型的识别指标体系、改革前后的瞄准效果对比，以及多维家计大数据对下一步助力乡村振兴的应用前景，进行全面的梳理、测算和分析。城乡低保目标瞄准的"广东经验"，不仅可以有效提升城乡低保对象瞄准的精确度，很大程度上降低"错保"率和"漏保"率，而且可以为 2020 年之后中国的贫困治理提供一种可复制、可推广的路径。本书特色是资料丰富、内容全面，涵盖了制度理念、组织建设、技术支撑（包括由单一到多维目标测量的低保家庭的科学瞄准与低保家庭精准识别体系）、资金保障、精准施策与监管问责等多个方面。

《广东省特困人员救助供养制度研究：供给侧改革的创新经验》一书，意在总结广东省在特困人员救助供养制度改革方面积累的创新经验。基于对 2017—2019 年广东省特困人员救助供养制度建设的深入调查和研究，本书探讨了广东省特困人员救助供养制度的建设和发展情况、广东省分散和集中供养特困人员的需求和救助的供给情况、广东省特困人员救助供养制度改革的成效，重点关注广东如何借鉴 ROT 模式引入社会资本，对特困人员供养服务机构进行公建民营改革，并在此基础上提出了完善广东省特困人员救助供养制度供给侧改革的对策建议。本书特色是运用准自然实验方法，在大量一手资料的基础上，对特困人员的救助供养需要与救助供养制度进行了全面研究，并提出了对制度进行完善的政策建议。

《解决相对贫困治理的长效机制探索：江门经验》试图系统梳理江门

2016—2020年的精准扶贫改革及其成效，对江门建立解决相对贫困治理长效机制的探索进行深度解析。"江门经验"的重要突破在于跳出收入型贫困治理的思路，将其贫困治理范围扩展到支出型贫困。江门改革者通过创新运用代理家计调查方法瞄准相对贫困人口，建立解决相对贫困治理的发展性机制、整体性机制、政策整合机制和内生动力机制等四大长效机制，促进了低保制度和扶贫开发政策两项制度的衔接，实现了城乡扶贫的统一，并对智慧扶贫和乡村振兴产生了积极影响。本书的特色之一是基于案例研究，对地级市的相对贫困问题解决机制建设实践情况进行深度分析。

《贫困认知与贫困治理——基于广东省的调查数据分析》一书尝试把研究范畴从客观贫困治理拓展到主观贫困认知。本书重点梳理了贫困认知的概念内涵和研究概况，回顾了中国贫困认知的现实情境。通过分析广东省2017年度和2018年度人民美好生活的调查数据，对公众的贫困认知现状进行多维测量，以了解公众在贫困程度、扶贫方式、瞄准机制、扶贫成效等方面的态度与看法，并从主观认知的角度评估广东精准扶贫的成效。在中国贫困治理的新时代背景下，对贫困认知生成逻辑的分析与思考，有助于推进相对贫困治理长效机制的建立，也能为2020年之后中国反贫困政策的实践与发展提供深刻的价值启示。本书的一个特色是，推进贫困研究的范式由客观贫困测量向主观贫困认知拓展，贫困研究对象由个体贫困向群体贫困延伸。

本丛书的编写主要依托于中山大学政治与公共事务管理学院和中山大学中国公共管理研究中心的社会保障（社会政策）研究团队的长期科研积累。自2010年以来，社保研究团队一方面承担国家社会科学基金及教育部的纵向研究课题，另一方面与广东省及地级市相关职能部门合作，结合地方社会经济发展需要，开展横向课题研究。这些课题大多与扶贫及社会救助相关。经过多年的努力，团队积累了丰富的研究数据，也对广东省的相关政策过程和政策发展有了更深入系统的理解。研究团队认为，作为经济社会发展的先行区，广东省在减贫治理领域的政策探索和实践成效，对我国的减贫治理具有重要参考价值。因此，研究团队萌生了出版一套有关广东省贫困治理实践和经验的丛书的念头，从精准扶贫和社会救助两大领域，深入探讨和总结广东的经验，讲好贫困治理的"广东故事"，为建构贫困治理的中国话语体系提供广东元素。

虽然海外对贫困及其解决机制的理论研究和实践研究均较为丰富，而且随着中国脱贫攻坚战取得最终胜利，国内有关精准扶贫的研究成果也不断增加，但是以丛书形式系统出版的相关成果还不多见，尤其是聚焦一个经济发展重要省份的贫困治理经验的成果更是凤毛麟角。本丛书基于与政府职能部门的合作研究，尝试对贫困治理领域政府行为背后的逻辑、目标及探索过程中遇到的实施执行问题等进行系统、全面的讨论。我们希望本丛书的出版有助于推动对贫困治理广东经验的总结与研究，丰富减贫治理的中国故事和中国经验，为2020年之后中国的贫困治理提供一种可复制、可推广的路径，从而为全球贫困治理理论的发展提供中国方案、中国智慧。

在中国共产党的领导下，中国的贫困治理取得了举世瞩目的重大胜利，它不仅在中华民族的史册上谱写了壮丽的篇章，而且必将成为全球贫困治理前所未有的标杆。中国共产党领导的中国反贫困事业不仅是实现第一个百年奋斗目标的重点工作，而且是增强中国参与全球治理话语权的重要路径。谨以此丛书献给中国共产党百年华诞，也献给所有为消除贫困而不懈奋斗的中国人民。

岳经纶　庄文嘉

2020年12月

目 录

第一章　导论 / 1

第一节　研究的背景、问题与意义 / 2

一、研究背景 / 2

二、研究问题 / 8

三、研究意义 / 10

第二节　国内外扶贫研究概述 / 12

一、"扶持谁"：探寻贫困本质 / 13

二、"谁来扶"：明确扶贫主体 / 16

三、"怎么扶"：选择扶贫方式 / 19

第三节　研究对象与研究方法 / 22

一、研究对象 / 22

二、研究方法 / 23

第四节　本书主要内容 / 27

第二章　改革开放以来中国扶贫政策的演变 / 30

第一节　改革开放以来中国扶贫政策的发展历程 / 36

一、经济体制改革推动扶贫阶段（1978—1985年） / 36

二、大规模开发式扶贫阶段（1986—1993年） / 40

三、扶贫攻坚阶段（1994—2000年） / 44

四、综合扶贫开发阶段（2001—2012年） / 53

五、精准扶贫阶段（2013年—2020年） / 61

第二节　广东省农村扶贫历程回顾 / 66

一、温饱兜底：政府主导的"输血"扶贫阶段
　　（1985—1997年） / 67

二、开发治理：政府全覆盖的"造血"扶贫阶段
（1998—2008 年）/ 70

三、多方动员："规划到户、责任到人"的"'双到'扶贫"阶段
（2009—2015 年）/ 72

四、政府引领、多方深入："精准扶贫"的脱贫攻坚阶段
（2016—2020 年）/ 77

第三章　广东省"'双到'扶贫"模式分析 / 82

第一节　"'双到'扶贫"模式实施的背景与决策过程 / 82

一、"'双到'扶贫"模式实施的背景 / 82

二、"'双到'扶贫"模式的决策过程 / 87

第二节　"'双到'扶贫"模式的实施过程 / 92

一、第一轮"'双到'扶贫"实施阶段（2009—2012 年）/ 93

二、第二轮"'双到'扶贫"实施阶段（2013—2015 年）/ 99

第三节　"'双到'扶贫"模式的主要内容 / 104

一、精准识别，信息化管理 / 104

二、对口帮扶，责任落实 / 106

三、"靶向疗法"，一户一法 / 107

四、设定目标，加强考评 / 108

第四章　广东省"'双到'扶贫"模式的典型案例：梅州市五华县 / 112

第一节　梅州市市情与五华县县情 / 112

一、梅州市市情 / 112

二、五华县县情 / 114

第二节　五华县"'双到'扶贫"的主要内容 / 115

一、五华县"'双到'扶贫"的主要做法 / 116

二、五华县"'双到'扶贫"的主要特点 / 121

三、五华县"'双到'扶贫"的主要成效 / 126

第五章　广东省"'双到'扶贫"模式实施的成效、瓶颈及其根源 / 140

第一节　广东省"'双到'扶贫"模式实施的成效 / 140

一、个体收入增长，集体经济壮大 / 141

二、基础设施改进，村容村貌焕新 / 142

三、织密扶贫网络，多维度助脱贫 / 142
四、基层组织建设加强 / 143
五、制度设计完善，扶贫格局形成 / 144
第二节 广东省"'双到'扶贫"模式的实施瓶颈 / 145
一、部门差异下的资源多寡：帮扶单位资源投入有限 / 146
二、个体差异下的能力高低：帮扶人员素质参差不齐 / 147
三、不患寡而患不均：帮扶引发的心态失衡 / 149
第三节 广东省"'双到'扶贫"模式实施瓶颈的根源 / 152
一、纵向财权划分：集权化的行动策略 / 152
二、扶贫队伍建设：能力提升机制缺位 / 154
三、精神贫困：缺乏摆脱贫困的内生动力 / 157

第六章 从"'双到'扶贫"到"精准扶贫"的广东实践 / 159
第一节 "精准扶贫"战略的提出及实施 / 159
一、"精准扶贫"战略的实施背景和决策过程 / 159
二、"精准扶贫"战略的思想内涵和政策主张 / 165
三、"精准扶贫"战略的主要做法 / 168
第二节 "精准扶贫"与"'双到'扶贫"的比较 / 170
一、"扶持谁"：识别标准和识别方式的精细化 / 171
二、"谁来扶"：对口帮扶和社会扶贫的周密安排 / 174
三、"怎么扶"：内容丰富的多样方式 / 177
四、"如何退"：多维层次的动态标准 / 179
第三节 广东的"精准扶贫"实践 / 184
一、广东省"精准扶贫"的实施过程 / 184
二、广东省"精准扶贫"的主要内容 / 191
三、解决"相对贫困"的先行探索 / 199

第七章 "精准扶贫"广东实践的典型案例：清远市佛冈县 / 217
第一节 清远市市情与佛冈县县情 / 217
一、清远市市情 / 217
二、佛冈县县情 / 219
第二节 佛冈县实施"精准扶贫"战略的主要内容 / 220

一、佛冈县实施"精准扶贫"战略的主要做法 / 221
二、佛冈县实施"精准扶贫"战略的主要特点 / 237
三、佛冈县实施"精准扶贫"战略的主要成效 / 242
四、"精准扶贫"与"乡村振兴"的衔接 / 247

第八章 "精准扶贫"的广东成效与基本经验 / 250

第一节 广东实施"精准扶贫"战略的成效 / 250
一、建立了坚实的脱贫攻坚制度体系 / 250
二、精准扶贫、精准脱贫全面推进 / 256
三、脱贫攻坚取得决定性进展 / 261

第二节 广东实施"精准扶贫"战略的经验总结 / 264
一、坚持党的领导，扶贫与党建双管齐下 / 265
二、各方合作，打造扶贫治理新格局 / 267
三、增强政治势能，推动政策执行 / 270
四、以柔性尺度重构的政策创新实现区域协调发展 / 272
五、以"技术治理"提高扶贫绩效 / 275
六、先行先试，探索建立解决相对贫困的长效机制 / 277

结语：中国贫困治理的"广东样本" / 279

参考文献 / 285

后记 / 296

第一章 导　　论

贫困问题在地域上具有普遍性，在时间上具有延续性，一旦陷入贫困的泥潭，往往意味着人们面临物质上贫乏和精神上困顿的双重困境。可以说，人类社会的发展始终遭到贫困这一世界性难题的掣肘。在这样的背景下，反贫困既是人类谋求可持续发展的共识，也是时代赋予我们的重要使命。对于中国而言，作为世界上人口最多的发展中国家，贫困问题的严峻性不言自明，如果无法妥善解决贫困人口的生存和发展问题，中国梦就无法真正实现。为此，党和政府一直以来都将扶贫工作作为重要任务，致力于维护贫困人口的生存权利，增加贫困人口的发展机会，取得脱贫攻坚的全面胜利。

本章即以此为出发点，分四节探讨有关贫困的基础性问题，并引出本书将要论述的主要内容。第一节主要介绍本书的研究背景、问题与意义，指出中国扶贫所取得的突出成就对全球减贫做出了重要贡献，而广东的扶贫经验集中体现中国扶贫所蕴含的思想内核及所采取的方式方法，因而，透过广东的扶贫经验得以一窥中国扶贫道路的独特优势。第二节结合扶贫研究这一主题，从"扶持谁""谁来扶""怎么扶"这三个方面对国内外既有的扶贫研究进行了概述。第三节介绍了本书的研究对象和采用的研究方法，为了更加具体地展现随着国家扶贫战略的变迁，广东省在不同阶段采取的差异化扶贫方式，除将广东省这一整体作为本书的主要研究对象，本书还选取了对应不同扶贫阶段的两个典型案例进行细致的案例分析，而本书对定性研究方法的使用则有利于对案例呈现的经验材料进行深度挖掘。本章的最后一节对本书的主要内容进行了概述，根据内容上的连续性，本书在结构上可分为五个部分，五部分的结构划分力求兼顾逻辑上的顺畅和内容上的翔实，试图通过广东的扶贫经验清晰而全面地展现中国扶贫道路的特色与优势,而以长时性历时追踪的方式对作为发达地区的广东的贫困治理实践进行深度描摹,也成为本书的主要创新所在。

第一节 研究的背景、问题与意义

一、研究背景

贫困问题一直是困扰人类社会发展的世界性难题,存在于任何时代、任何国家。即便在世界经济不断发展的今天,贫困问题也依然严重,并时刻威胁着民众基本的生存权利,阻碍经济社会的和谐稳定发展。为此,世界各国都将减贫作为政府的一项重要工作内容。

从国内层面来看,中国古代就有着"使老有所终,壮有所用,幼有所长,矜、寡、孤、独、废疾者皆有所养"的价值诉求,期冀能有广厦千万间来"大庇天下寒士俱欢颜"。可以说,消除贫困是中华民族几千年来夙夜以求的共同理想。时至今日,经过长期艰苦卓绝的探索与实践,中国的贫困治理业已取得突出的成就,现行标准的中国农村贫困人口已在2020年全部实现脱贫。[①] 站在这一具有重大历史意义的关口,我们至少需要完成三个方面的任务:一是回溯既往,追踪新中国成立以来的扶贫历程;二是立足当下,揭示脱贫攻坚与贫困治理现代化的内在联结;三是展望未来,探寻解决相对贫困问题的长效机制。

从国际层面来看,中国的扶贫道路是"中国道路"的重要组成部分,中国的扶贫经验对于世界范围内的减贫工作具有重要的启示和借鉴意义。作为世界上最大的发展中国家,中国通过制定行之有效的扶贫策略,有力地推动了世界减贫进程,并为其他发展中国家的贫困治理提供了可资参照的样板。

---

① 现行的国家农村扶贫标准为2013年农民人均纯收入2736元(相当于2010年2300元不变价)。

第一章　导论

实际上，中国扶贫道路作为近年来理论界和实务界关注的热点和重点问题，研究成果已十分丰富。不过，对中国扶贫道路理论的宏观探讨容易流于表面和空泛，而且过于抽象的论述也不易引起人们的兴趣和共鸣，也难以引导社会各界的对话交流。只有深入扶贫实践，以鲜活案例再现扶贫活动的全貌，才有可能挖掘更具价值的中国扶贫经验。本书即秉承着这样的理念，对广东省的扶贫政策与行动进行了尝试性的探索，力求以广东的扶贫经验来生动展现中国特色扶贫道路。综上所述，本书的研究背景主要体现在以下几个方面。

（一）回溯既往：新中国成立以来的扶贫历程

对于中国而言，作为一个人口众多且农村人口占比大的发展中国家，贫困问题尤其是农村贫困问题长期存在，俨然成为中国实现社会主义现代化道路上的主要障碍。2012年12月，习近平总书记在河北省阜平县考察扶贫开发工作时指出："消除贫困、改善民生、实现共同富裕，是社会主义的本质要求。"[①] 此后，习近平总书记在不同场合多次强调这一理念。实际上，在共同富裕理念的主导下，新中国成立以来的70多年间，党和政府始终将解决贫困问题作为一项重要使命。

改革开放前，普遍贫困是中国农村贫困的最主要特征[②]，因此，计划经济时代的扶贫以救济性为主[③]。改革开放，特别是20世纪80年代中期以来，党中央和国务院开始有计划、有组织、大规模地开展以区域开发为主的农村扶贫开发战略，先后制定和实施一系列纲领性文件。1994年开始实施的《国家八七扶贫攻坚计划》，相对缓解了较为突出的农村贫困状况，使得贫困人口的数量大幅减少。到2000年年底，全国农村贫困人口的温饱问题基本得以解决，《国家八七扶贫攻坚计划》确定的战略目标基本实现。然而，由于长期二元经济结构的影响，城乡之间的发展差距不断拉大，贫富

---

① 习近平：《做焦裕禄式的县委书记》，中央文献出版社2015年版，第15页。
② 李小云、于乐荣、唐丽霞：《新中国成立后70年的反贫困历程及减贫机制》，《中国农村经济》2019年第10期。
③ 白永秀、刘盼：《全面建成小康社会后我国城乡反贫困的特点、难点与重点》，《改革》2019年第5期。

分化日趋严重，农村贫困问题愈发凸显。随着经济增长的减贫效应日益降低，区域性扶贫开发战略的"大水漫灌"已经显得有些不合时宜。①

为此，习近平总书记于2013年创造性地提出了"精准扶贫"的战略思想，以针对性的政策手段对贫困人口进行直接帮扶，"精准扶贫"战略下的中国贫困治理由此肇始。2015年，我国正式打响脱贫攻坚战，确保到2020年稳定实现农村贫困人口"两不愁、三保障"②，现行标准的农村贫困人口全部实现脱贫。国家统计局数据显示，2019年年末，全国农村尚有551万贫困人口，贫困发生率下降到0.6%，脱贫攻坚战已取得决定性进展。③ 2020年是脱贫攻坚战的收官之年，而打赢脱贫攻坚战是全面建成小康社会的底线任务与主要标志。在这一重要历史时刻，系统回顾中国扶贫之路的重要性与必要性便不言而喻。

（二）立足当下：脱贫攻坚与国家治理现代化

中共十八届三中全会提出了"推进国家治理体系和治理能力现代化"的重要命题（简称"国家治理现代化"），并将其定位为全面深化改革的总目标。具体而言，国家治理现代化要求的是治理体系的优化与治理能力的提高，而中国的脱贫攻坚战在这两方面都做出了重要的创举。细致剖析脱贫攻坚战的制度安排、政策要求与具体举措，我们有信心和理由做出这样的判断：中国打响的脱贫攻坚战由点及面、由面到体，已然成为一项综合性的系统工程。所谓扶贫工作的系统性，其含义是国家治理现代化的深度介入。换言之，当前中国独具特色的扶贫工作充分体现了系统性、整体性和协同性的要求，已经成为国家治理现代化的典型实践。

从治理体系的优化来看，中国的脱贫攻坚以出台的正式制度强化了顶层设计，脱贫攻坚责任制的出台明确了各级政府的职责，推动了省、市、县、乡、村五级书记共抓扶贫的格局形成。在"一把手"负责的总体统筹

---

① 汪三贵、郭子豪：《论中国的精准扶贫》，《贵州社会科学》2015年第5期。
② "两不愁、三保障"指的是稳定实现农村贫困人口不愁吃、不愁穿，义务教育、基本医疗和住房安全有保障。
③ 国家统计局：《中华人民共和国2019年国民经济和社会发展统计公报》，2020年2月28日，http://www.stats.gov.cn/tjsj/zxfb/202002/t20200228_1728913.html，访问日期：2020年3月20日。

下，项目实施、资金保障、人员配备和考核监督等脱贫攻坚的制度体系也得以逐步完善。从治理能力的提高来看，政社企关系的重新定位成为必然要求，作为政府力量的重要补充，企业和社会组织的积极参与是提升脱贫攻坚成效的关键一步。实际上，政府主导下扶贫大格局的形成，推动了政府的制度供给、市场的资源配置和社会的专业支撑在脱贫攻坚进程中的协同配合，多方合力作用的发挥极大地提升了贫困治理的成效。由此可见，脱贫攻坚的实施是国家治理现代化的成功实践，总结脱贫攻坚的实施经验对于推进国家治理现代化有着重要意义，而这一领域的实施经验是否适用于国家治理的其他领域，也值得我们对此进行持续的探究。[①]

（三）展望未来：迈向2020年后的相对贫困治理

如前所述，2020年是脱贫攻坚战的收官之年，也是全面建成小康社会目标的实现之年。脱贫攻坚任务的完成，意味着中华民族几千年来首次整体消除绝对贫困现象，这无疑是中华民族贫困治理史上一个重要的里程碑。同时，绝对贫困的消除意味着可能发生的政策转向，2020年后的相对贫困治理随即将成为摆在党和政府面前的一项重要议题。不同于绝对贫困治理，相对贫困治理的初始阶段将面临更为艰巨的挑战：一是部分已脱贫的贫困人口仍然存在返贫风险；二是部分农村居民尚缺乏持续增收的发展能力。与之相对应，相对贫困治理初始阶段的工作重点也应该主要体现在两方面：一是建立返贫风险的识别和防范机制；二是培育农村居民的可行发展能力。[②] 此外，相对贫困治理阶段的工作开展将不再局限于农村地区，而是由城乡分治走向城乡统筹，以推进城乡扶贫的一体化建设。这实际上也是城市化快速推进的转型期所提出的必然要求。同时，农村地区的精准扶贫战略在完成自身的历史使命后，也将由乡村振兴战略"接棒"，通过乡村振兴助力农村居民的可持续发展。目前，乡村振兴战略的总体框架中已经包含了乡村治理、产业发展、文化培育、环境整治、村貌提升等多

---

① 张琦：《打赢脱贫攻坚战是治理能力现代化的成功实践》，2020年4月10日，http://theory.people.com.cn/n1/2020/0410/c40531-31669331.html，访问日期：2020年4月11日。

② 许源源：《后扶贫时代的贫困治理：趋势、挑战与思路》，《国家治理》2020年第1期。

方面的政策内容，相对贫困治理实际上已经被纳入其中，成为伴随乡村振兴实施的一条重要暗线。从这个角度来看，随着统计意义上的绝对贫困消除，事实上中国已经未雨绸缪地开展相对贫困治理的先行探索，而中国的扶贫之路也将发生战略转型。思则有备，理论界需要对实践中的典型做法进行细致分析并提炼经验，为2020年后的相对贫困治理确立制度供给的合理方向。

综上所述，中国的贫困治理由过去走到现在，每一阶段的扶贫政策都与当时的贫困境况产生了应有的契合，并在实践中迸发出了巨大的能量。其中，广东作为改革开放的前沿阵地，结合顶层设计与本地实际，出台大量行之有效的扶贫政策，在实践中走出了一条特色鲜明的扶贫之路。

作为全国经济第一大省，广东省的经济建设成就令人称道，但经济社会的快速发展却伴随着区域发展失衡、城乡差距过大、农村贫困人口较多等现实问题。国务院扶贫调研组2008年的调查数据显示，按照当时广东省定的扶贫标准①，全省农村贫困人口占全省农村总人口的6.14%，高于全国4.60%的农村贫困发生率②。广东省内珠三角和粤东西北地区的巨大差距，更是长期掣肘区域协调发展的"老大难"问题。在当时的背景下，统筹区域发展、缩小城乡和贫富差距，已成为广东省践行科学发展观、建设幸福广东必须攻破的难题。

实际上，自1985年广东省召开第一次山区工作会议以来，推动落后山区的发展就已经被纳入了广东省委、省政府的重要议程。③ 其后，自2009年起，广东省委、省政府在总结既往扶贫开发经验的基础上，完善扶贫开发机制，率先推行"规划到户、责任到人"（以下简称"双到"）扶贫开发

---

① 2008年广东省定的扶贫标准为农村居民年人均纯收入1500元。
② 吴晨、葛孚桥：《广东扶贫开发中"规划到户、责任到人"的理论探讨》，《广东农业科学》2011年第19期。
③ 汪露蓉、邹建峰：《1985年：全省第一次山区工作会议在韶关召开》，2018年11月14日，http://sg.wenming.cn/wmbb/201811/t20181114_5544856.html，访问日期：2020年4月11日。

新模式。① 广东省在政府主导的基础上,整合社会各方面资源形成合力,通过信息化管理、"一村一策、一户一法"、定点对口帮扶等综合性扶贫举措,创造性地率先进行省级扶贫方面的"精准"实践。2009—2015年,经过两轮"'双到'扶贫"的对口帮扶,高标准的广东扶贫基本消除了省内在全国标准以下的绝对贫困人口。在此基础上,为了实现与精准扶贫战略的对接,广东省于2016年打响了精准扶贫精准脱贫的攻坚战。在积极承担东西部扶贫协作职责的同时,广东省通过构建完善的扶贫政策体系、确立适宜的扶贫工作机制和派驻尽责的扶贫工作队伍,率先探索建立解决相对贫困问题的长效机制。

总体而言,自实施精准扶贫战略以来,经过不断探索和实践,中国的贫困人口数量大幅减少,已经成为全世界最早实现联合国千年发展目标中减贫目标的发展中国家②。这一世界范围内的减贫奇迹不仅使中国人民共享了改革成果,而且为推动世界减贫事业的进展提供了可资借鉴的经验。

长期以来,全球贫困治理的话语权一直掌握在西方发达国家手中,这些国家的贫困治理理念与方式被奉为圭臬,得到了大范围的普及与推广。③然而,无论以哪种衡量标准来识别贫困人口,全球贫困人口中的绝大部分都生活在发展中国家,显然,发展中国家需要通过自身的减贫实践在当前的全球贫困治理中体现出更高的参与度。一方面,西方国家常态化的贫困治理机制建立在成熟而稳定的社会环境之上,相对来说并不完全适用于转型中的发展中国家。从这个角度来看,全球贫困治理领域实际上出现了话语权的错配,导致发展中国家处于"失语"的局面。另一方面,中国作为全球贫困治理的积极参与者,造就的减贫奇迹进一步激起世界对"中国道

---

① 关于"'双到'扶贫"的名称问题,当前主要有三种常用表述:一是"扶贫开发'双到'",二是"扶贫'双到'",三是"'双到'扶贫"。第一种主要出现在官方文件中,后两种在学术论文和新闻报道中出现的频率较高。考虑到与"开发式扶贫"相区分,以及与"精准扶贫"的名称相对应,在不改变指涉对象的前提下,本书最终选择了"'双到'扶贫"这一表述。此外,在中国的语境下,"扶贫"与"贫困治理"在指涉的内容上具有相当程度的一致性,本书在具体使用中将这两个词视为同义,不做严格区分。

② 张琦、孔梅:《理解中国减贫的世界意义,讲好中国减贫经验和故事》,《对外传播》2020年第5期。

③ 吴宇:《全球贫困治理话语权提升的中国视角》,《天津社会科学》2020年第3期。

路"的广泛关注。作为转型中的发展中国家,中国的贫困治理既有其特殊性,又兼具治理策略上的推广价值,这就意味着中国凭借突出的减贫成就理应在全球贫困治理中获得更大的话语权。

从广东省的贫困治理实践来看,省内由"'双到'扶贫"到"精准扶贫"的这一段扶贫历程,不仅集中体现了中国减贫所特有的各项政策手段,而且在探索扶贫机制的建设方面始终走在全国的前列。为此,系统分析广东贫困治理中的"'双到'扶贫"和"精准扶贫"的政策举措、主要成效与基本经验,不仅能够凸显广东在贫困治理中的先行一步,而且可以为全面理解中国扶贫之路提供一个合理的入口。因此,当前亟须以广东的扶贫经验为载体,发出广东声音,讲好中国故事,坚定道路自信,提升中国在全球贫困治理中的话语权,向全世界共享中国特色的减贫经验。这既是本书的写作背景,也是本书的立意所在。

二、研究问题

本书以广东省从"'双到'扶贫"到"精准扶贫"这一期间的扶贫历程为研究内容,试图以广东的扶贫经验展现中国特色扶贫道路,讲好中国的扶贫故事。为此,本书的研究问题聚焦于广东的扶贫模式何以能够成为中国特色扶贫道路的典型代表。这一问题的答案需要从广东贫困治理的实践中予以探寻,这就必然会涉及广东贫困治理不同模式间的关系问题。

一是"'双到'扶贫"与开发式扶贫的关系。从时序演进的角度来看,广东省贫困治理的各类模式前后相依,在"'双到'扶贫"实施前的较长一段时期内,开发式扶贫是广东扶贫的主导模式,该模式在解决区域整体贫困方面取得了较为显著的成效。不过,开发式扶贫在扶贫的指向性上较为宽泛,在一定程度上造成了扶贫资源的浪费。针对这一问题,"'双到'扶贫"给出了自己的解决方案,那就是变"大水漫灌"为"精准滴灌",以"规划到户、责任到人"的方式来提高扶贫资源的利用效率,确保贫困人口能够根据自身的致贫原因得到行之有效的帮扶。从这个角度来看,"'双到'扶贫"实现了对开发式扶贫的超越。

二是"'双到'扶贫"与"精准扶贫"的关系。"精准扶贫"模式一经提出,便在广东省内引起了巨大反响。从实践角度来看,"'双到'扶贫"事实上率先开启了省级层面对提高扶贫精度的探索,但不能据此将"'双到'扶贫"简单地等同于"精准扶贫"的前奏或1.0版。作为习近平总书记治国理政方略的重要组成部分,"精准扶贫"从我国贫困治理的历史和现实出发,立足整体国情构建了内涵丰富的思想体系。与"'双到'扶贫"相比,"精准扶贫"是实践基础上的理论凝结,兼具概念的系统性、策略的全面性和实践的包容性,在"扶持谁""谁来扶""怎么扶"和"如何退"四个方面所体现出的政策要求和行动策略无疑是中国贫困治理智慧的集中体现。这是包括"'双到'扶贫"在内的既往的扶贫模式始终未能达到的高度。

三是"精准扶贫"与"乡村振兴"的关系。2020年后,随着绝对贫困的消除,"精准扶贫"也完成了自身的使命,农村地区的发展将由"乡村振兴"战略接棒。为此,广东省已经着手部署推进由精准扶贫向乡村振兴的过渡。精准扶贫的成功实践虽然已经为乡村振兴奠定了良好的组织基础和物质基础,但乡村振兴仍要面对相对贫困治理的任务。不过,此时的相对贫困治理将会融入乡村振兴的政策体系中,成为常态化而非运动式的工作任务,而乡村振兴的战略重心也将转向促进农业农村的现代化发展。

四是扶贫开发与社会保障的关系。长期以来,我国扶贫开发的重心一直放在广大的农村地区,以政府为主导的多元扶贫主体致力通过多样化的扶贫方式来提高农村贫困人口的收入。与之相对应,城市贫困人口则主要依靠社会保障来获得救助。实际上,在农村扶贫中,同样不能忽视社会保障的合理供给。贫困治理的实践表明,保障式扶贫能够成为开发式扶贫的有益补充[①],对于不具备劳动能力的贫困人口而言,完善的社会保障和均等化的公共服务显得尤为重要。在深入推进精准扶贫的过程中,广东省以完善的社会保障织就细密的救助网络,充分发挥了底线民生的"安全网"作用。

总体而言,为了更好地对本书的核心问题进行回答,本书将着重对广东省的"'双到'扶贫"和"精准扶贫"这两种扶贫模式的出台背景、决

---

① 孙久文、张静:《论从开发式转向开发与保障并重的新扶贫模式》,《西北师大学报》(社会科学版)2019年第1期。

策过程、实施过程、主要内容、主要成效等进行较为系统而深入的分析，而以上四对关系将成为伴随本书主题的一条"草蛇灰线"。实际上，无论是"'双到'扶贫"还是"精准扶贫"，广东省都以其扶贫政策体系的构建和周密工作机制的保障而成为国内其他省份学习和模仿的对象。一方面，广东省在中央的政策指令下积极从事扶贫开发活动，将顶层设计的政策精神予以贯彻落实；另一方面，广东省在扶贫开发中坚持先行先试，始终走在探索扶贫开发新模式的前列。两方面内容背后体现的是党领导下以人民为中心的发展思想，而这正是中国减贫奇迹的取胜之匙。

三、研究意义

本书的研究意义主要体现在理论和实践两个方面。

从理论意义来看，本书着重分析了"'双到'扶贫"与"精准扶贫"的政策特征，以及取得成效的原因。本书认为，这两种扶贫模式之所以能在实践中取得巨大成效，其背后有着深刻的理论意涵，主要体现在以下几个方面。

一是政策体系的系统构建。总体实施意见与配套政策方案的结合，为贫困治理提供了全方位的政策保障，而这也是国家治理现代化的必然要求。顶层设计的系统性有效避免了贫困治理的碎片化，提高了贫困治理的整体绩效。在贫困治理的政策体系内，各部门在明确职责的基础上推动彼此间的协同配合达到了一个新的高度。本书致力剖析广东贫困治理中政策体系构建的创新经验，挖掘政策创新中可推广的普遍价值。

二是多元主体对扶贫开发的广泛参与。在广东省的贫困治理实践中，多元主体的积极参与已然成为典型特征。为了响应国家政策的号召，充分发挥政府、市场、社会和个人的合力作用，广东省以"广东扶贫济困日"这一活动形式为平台，推动多元主体增加扶贫开发的资源投入。本书试图分析广东省贫困治理多元主体的角色定位，识别其作用发挥的有效机制。

三是党建与扶贫这两项政治任务的联动。一方面，政治任务的压力传导吸引了政府部门的注意力配置，提高了扶贫政策的执行效率。另一方面，凭借党的领导的政治优势，基层治理体系实现了革新，诸如基层实质赋权的行动策略增强了基层党组织和基层行政组织的脱贫攻坚能力，也为推进乡村振兴战略的实施奠定了良好的组织基础。

四是面向相对贫困治理的机制探索。未来的相对贫困治理需要长效机制的创新供给，结合国内外相关研究，本书认为相对贫困治理需要确立一个多维贫困标准，并在此基础上实现城乡统筹和区域协调。同时，为了防止返贫现象在相对贫困治理阶段的集中爆发，政府部门一方面需要以技术手段加强对返贫风险的识别和管控，另一方面也需要依靠扶贫工程不断提升贫困人口的发展能力，筑牢稳定的脱贫基础。

本书通过对广东省两种扶贫模式的深度剖析，希望与学界就以上思路展开理论对话，形成有关中国扶贫道路的共识，为提升中国在全球贫困治理中的话语权提供经验素材。

从实践意义来看，本书借助于对梅州市五华县和清远市佛冈县这两个典型案例的全景展示，探究扶贫政策是如何落地的。两个案例充分体现了广东贫困治理的政策特点和主要做法，在实践层面具有可借鉴的重要价值。具体而言，广东贫困治理的实践特征主要体现在以下几个方面。

一是"精准"理念及实践的全面贯彻。广东省的"'双到'扶贫"与"精准扶贫"在"扶持谁""谁来扶""怎么扶"和"如何退"等涉及扶贫开发的基本问题上，实现了"精准"理念及实践的全面贯彻。习近平总书记提出的"六个精准"①是扶贫开发工作的基本要求，广东省在实践中对这些要求进行了深化探索。以"项目安排精准"为例，广东省建设了县级脱贫攻坚项目库，并对项目编制的内容、程序及资金使用等进行了较为细致的规定。诸如此类的具体做法对其他地区的贫困治理具有一定的启示和借鉴价值。

二是制定了切合实际的政策目标。习近平总书记表示，扶贫切忌喊口号，也不要定好高骛远的目标。②从广东省的贫困治理实践来看，无论是贫困标准的确定，还是帮扶目标的设置，都是在综合考量国家政策规定和省

---

① 所谓"六个精准"，指的是扶持对象精准、项目安排精准、资金使用精准、措施到户精准、因村派人精准和脱贫成效精准。"六个精准"的提出，为精准扶贫指明了努力的方向。
② 习近平：《精准扶贫》，2017年9月6日，http://theory.people.com.cn/n1/2017/0906/c413700-29519521.html，访问日期：2020年4月12日。

内实际情况的基础上出台的,实事求是的工作作风有助于贫困治理真正取得成效。当前,部分地区的贫困治理有脱离实际的趋势,导致"真扶贫、扶真贫、真脱贫"未能落到实处。① 显然,出于对历史和人民负责的态度,贫困治理或者说扶贫开发应该坚持实事求是的工作作风,防止沦为政绩比拼的角力场。

三是工作机制的周密设计。作为确保贫困治理取得成效的重要基础,涉及责任承担、考核评估、队伍建设、资金安排、贫困人口动态调整等多个方面的工作机制在广东省的贫困治理实践中得到了周密设计。如广东省在"'双到'扶贫"时期就已经强调扶贫开发中的责任承担,并出台了《广东省扶贫开发工作问责暂行办法》等文件,对党政领导干部的扶贫工作职责予以明确。实际上,广东省在工作机制设计上的具体做法与先进经验,同样能够帮助其他地区提高贫困治理的绩效。

本书通过对广东省"'双到'扶贫"和"精准扶贫"的政策内容及实践案例进行描述,提供了贫困治理的一些可行方式、合理思路与重要经验。本书希望能够对这些经验进行扩散,从而帮助其他地区从提升贫困治理绩效的角度出发,寻求对扶贫政策体系和工作机制的合理构建与设计,并因地制宜地打造契合本地区实际的长效扶贫模式。

第二节 国内外扶贫研究概述

贫困及其直接导致或衍生的一系列社会问题是当今世界面临的最为严峻的挑战之一。为此,各国政府通过多种方式开展反贫困工作。在"反贫困"这一语境下,减少贫困(poverty reduction)、减缓贫困(poverty alleviation)、消除贫困(poverty eradication)等表述在国际上较为常用,它们分别

---

① 《李希主持会议传达学习贯彻习近平总书记在东西部扶贫协作座谈会上的重要讲话精神》,2016年7月26日,http://cpc.people.com.cn/n1/2016/0726/c117005-28585258.html,访问日期:2020年4月12日。

从数量、程度和目的性上对反贫困进行了理解。将视角置于国内，中国在反贫困方面最为常用的表述则是"扶贫"，即扶持贫困人口脱离贫困。长期的扶贫历程使人们深刻认识到，提高扶贫绩效的重点在于厘清"扶持谁、谁来扶、怎么扶"这三个基本问题。"扶持谁"涉及的是扶贫对象的识别，但其目的却是探寻贫困本质，只有在明确何为贫困的基础上，扶贫主体才能够开展针对性的帮扶行动；"谁来扶"涉及的是扶贫主体的明确；"怎么扶"涉及的是具体的扶贫方式。针对以上三个问题，国内外学者进行了大量深入的研究，本书现对其进行简要的分析。

一、"扶持谁"：探寻贫困本质

扶贫无论是作为一种政府行为还是一种社会行为，首要解决的都是"入口"问题，即明确什么是贫困？谁又是真正的贫困者？实际上，只有首先对这些问题进行符合逻辑地回答，与之相匹配的扶贫对策才能够顺利出台并取得预期成效，而对此类问题的回答全部指向了人们对贫困本质的认知。也就是说，"扶持谁"意在识别真正的贫困者，而对贫困者的界定则取决于深层次的贫困认知。

关于贫困的本质，国内外学者从不同角度出发开展了较为充分的研究，并进行了积极的理论建构。可以说，当前对"何为贫困"这一问题的分析确有不少，但总体而言可以归纳为三种类型。

（一）物质财富角度的贫困

有关贫困本质的分析最早从收入层面展开。罗格纳·纳克斯（Ragnar Nurkse）在对发展中国家的贫困问题进行研究时发现了这样一种现象：从供给和需求两方面来看，发展中国家的经济欠发达或者说资本稀缺导致了人口的低收入，而人口低收入的影响经过传导，最终会回归并进一步加剧自身低收入的不利状况，形成一种恶性循环。[①] 据此，纳克斯提出了"贫困恶

---

① 沈娅莉：《少数民族地区贫困循环的成因及对策研究——以云南为例》，《云南财经大学学报》2012年第4期。

性循环"（vicious circle of poverty）理论，指出贫困的存在是由物质财富的不足造成的。其后多位学者也更多地从传统经济学的收入指标出发来解读贫困问题。① 实际上，以家庭或个人的收入状况来界定贫困，这样的贫困被称为收入贫困（income poverty），也叫作物质贫困。如果缺乏足够的收入来满足维持生存所必需的最低层次的物质需求，那么家庭或个人就可以被认定已陷入贫困。由于在实践中收入指标直观可视且便于监测，因此这一指标长期以来一直是各国分析本国贫困状况的最主要依据，而如何提高贫困人口的收入自然就成为政府扶贫所关注的核心问题。②

（二）个体能力角度的贫困

在较长一段时期内，"贫困等同于物质财富不足"的观点在学界占据主流地位，两者之间基本上能够画等号。随着认识的不断深入，人们逐渐意识到贫困不仅仅指涉单一的低收入水平，越来越多的学者倡议引入新的要素来深化对贫困的理解。在这样的背景下，阿玛蒂亚·森（Amartya Sen）提出了能力贫困论，将"能力"要素引入贫困领域。他认为"贫困必须被视为基本可行能力的被剥夺，而不仅仅是收入低下"。③"能力贫困"的观点超脱单一的收入贫困的思维束缚，指出贫困的本质应该是人们在创造机会和提高收入上的能力贫困。也就是说，人们不具备参与正常经济活动和社会活动的基本能力。此时，收入水平的低下既是能力贫困的重要原因，也是能力贫困下自然产生的结果。另外，基础设施的缺失、教育医疗的匮乏、社会秩序的混乱等因素，都会对人的可行能力产生影响。④ 可以说，阿玛蒂亚·森的能力贫困理论意在用人们能够获得的生活和得到的自由来理解贫困，这实际上已经是一种全面发展的观点。

---

① 叶普万：《贫困经济学研究》，西北大学博士学位论文，2003年。
② 埃斯平-安德森：《福利资本主义的三个世界》，苗正民、滕玉英译，商务印书馆2010年版。
③ 阿玛蒂亚·森：《以自由看待发展》，任赜、于真译，中国人民大学出版社2013年版，第85页。
④ 张秀艳、潘云：《贫困理论与反贫困政策研究进展》，《经济问题》2017年第3期。

（三）制度与权利角度的贫困

有关贫困本质的第三种分析源于制度与权利的角度。冈纳·缪尔达尔（Karl Gunnar Myrdal）基于"循环累积因果理论"（cumulative causation model），从制度约束层面分析了贫困问题。他认为制度性贫困源于民众的低参与度及刚性且不平等的社会分层结构：社会结构的不平等造成了经济不平等，而经济不平等又加剧了社会结构的不平等。在这一循环中，社会结构的不平等会日益刚性化，最终使经济发展的成果被少数人攫取，而民众只能被迫接受"日益扩大的贫困"。① 从这个角度来看，贫困更多的是制度缺陷和制度缺位的结果。国内学者也在研究中发现，不合理的制度安排影响了农村居民对发展机会的获取，进而阻碍了城乡统筹发展，农村贫困的实质是"制度贫困"。②

从制度与权利的关系来看，制度的不健全直接造成了权利的无保障。制度经济学的代表人物道格拉斯·诺思（Douglass C. North）认为，制度是建立在社会中的、人为设计的博弈规则，能够对人们的互动关系进行引导和约束。③ 在有关权利本质的八种学说中，"法力说"的应用范围较广，此学说认为权利来源于国家强制力的支撑，或者说，权利是"法律赋予权利人的一种法律上之力"，④ 而成文的法律是正式制度的主要表现形式。由此，如果没有制度的认可，权利就会丧失而无法得到声张。

沿着社会制度缺陷的思路进行拓展，阿玛蒂亚·森提出了"权利贫困"理论。作为对"制度贫困"的一种扩展和"能力贫困"的一种补充，阿玛蒂亚·森在分析贫困与饥荒的过程中发现，权利与分配的不平等是导致饥荒这一极端贫困产生的根本原因。⑤ 换言之，贫困真正的社会根源是社会底

---

① 冈纳·缪尔达尔：《亚洲的戏剧：南亚国家贫困问题研究》，方福前译，商务印书馆2015年版。
② 张秋：《从"制度贫困"到"制度统筹"：城乡统筹发展的路径选择》，《中州学刊》2013年第6期。
③ 道格拉斯·C. 诺思：《制度、制度变迁与经济绩效》，杭行译，格致出版社2014年版，第3页。
④ 范进学：《权利概念论》，《中国法学》2003年第2期。
⑤ 阿玛蒂亚·森：《贫困与饥荒》，王宇、王文玉译，商务印书馆2004年版。

层的人遭到了权利的剥夺。① 据此,权利贫困就可以理解为个人在社会结构中的权利关系缺乏或者在与他人的比较中产生了实质上的不平等。② 从现实情况来看,贫困者所拥有的各项资源过于缺乏:在经济领域,他们因为缺乏资本和技术等生产要素而难以获得较多的经济收入;在政治领域,他们缺少参与政治活动的能力和机会,因而不可能对上层决策产生影响;在社会生活中,他们无力影响教育、媒体和社区组织,因而普遍受到社会的歧视和排斥。③ 从权利剥夺的角度来分析贫困本质,有助于推动贫困的表征趋于更加多元。

随着研究的不断深入,学界对贫困本质的认知也在不断深化,贫困的内涵已经超越经济范围,更多地融入社会及政治领域,被认为是物质匮乏、能力不足、制度缺陷和权利丧失的综合体现。④ 对于中国而言,教育年限、健康程度和生活水平等多维指标已经取代收入指标成为判定贫困状况的综合性依据。⑤ 同时,为了提高帮扶策略的针对性,学者们对老人⑥、妇女⑦、儿童⑧等不同群体设计了识别多维贫困状况的差异化指标,为专项扶贫政策的出台提供了较为可靠的佐证。

二、"谁来扶":明确扶贫主体

"谁来扶"涉及的是扶贫主体的识别与划分。作为传统意义上政府责任的重要组成部分,扶贫一直以来都是政府的一项重要工作职责,也是政府

---

① 蒋谨慎:《论阿玛蒂亚·森对贫困理论的变革》,《社会科学家》2017年第5期。
② 岳映平、贺立龙:《精准扶贫的一个学术史注脚:阿马蒂亚·森的贫困观》,《经济问题》2016年第12期。
③ 冯艳:《区域贫困测度、识别与反贫困路径选择研究》,辽宁大学博士学位论文,2015年。
④ Wagle U, "Rethinking poverty: definition and measurement", *International Social Science Journal*, vol. 54, no. 171 (2002), pp. 155 – 165.
⑤ 张全红:《中国多维贫困的动态变化:1991—2011》,《财经研究》2015年第4期。
⑥ 解垩:《公共转移支付与老年人的多维贫困》,《中国工业经济》2015年第11期。
⑦ 柳建平、刘咪咪:《贫困地区女性贫困现状分析——多维贫困视角的性别比较》,《软科学》2018年第9期。
⑧ 吕文慧、苏华山、黄姗姗:《被忽视的潜在贫困者:农村留守儿童多维贫困分析》,《统计与信息论坛》2018年第11期。

合法性的重要体现。① 政府统揽的扶贫方式能够以极强的动员能力为贫困地区和贫困人口进行资源注入,形成扶贫工作的规模效应。Montalvo 和 Ravallion 通过对省级面板数据的分析,研究了 20 世纪 80 年代以来中国财政投入的减贫效果。② 经验证据表明,财政投入的不断增加已然成为减贫的主要推力。然而,政府在扶贫领域发挥重要作用的同时,其科层治理的体制缺陷却也造成了扶贫政策的执行异化③,过于行政化的扶贫手段在实践中难以维持扶贫的高绩效④,出现了扶贫边际效益递减的情况⑤。研究发现,随着政府财政投入的不断增加,贫困发生率却未能实现更为明显的降低,表现为对财政投入的弹性下降。⑥ 这些问题的出现表明,一方面,政府力量已难以独自应对扶贫领域错综复杂的局面,繁重的扶贫任务客观上要求市场主体和社会组织的有效介入。另一方面,市场力量的壮大和社会组织的发展实际上已经具备了参与扶贫的能力要求,这些主体也提出了共建扶贫机制的愿望。两方面因素的共同作用,推动了扶贫领域治理主体的关系重构——相互依赖的网络关系取代层级关系成为提高扶贫绩效的可靠保障。⑦

实际上,对于当前的中国而言,治理理论已经深入人心,特别是国家治理现代化建设的目标提出以来,社会各界对如何构建系统、全面而整体的治理体系进行了深度思考。治理理论的代表人物罗西瑙认为,治理本身即包含非政府机制参与的意味。这种包容性得以使多元主体进入治理机制,

---

① Grindle M S, "Good Enough Governance: Poverty Reduction and Reform in Developing Countries", *Governance*, vol. 17, no. 4 (2004), pp. 525–548.

② Montalvo J G, Ravallion M, "The Pattern of Growth and Poverty Reduction in China", *Journal of Comparative Economics*, vol. 38, no. 1 (2009), pp. 2–16.

③ 金江峰:《倒逼与反倒逼:精准扶贫中的国家与社会关系》,《西北农林科技大学学报》(社会科学版) 2019 年第 1 期。

④ Ferreira F H G, Leite P G, Ravallion M, "Poverty reduction without economic growth? Explaining Brazil's poverty dynamics, 1985—2004", *Journal of development economics*, vol. 93, no. 1 (2010), pp. 20–36.

⑤ 向德平、刘风:《价值理性与工具理性的统一:社会扶贫主体参与贫困治理的策略》,《江苏社会科学》2018 年第 2 期。

⑥ Adams R H, "Economic Growth, Inequality and Poverty: Estimating the Growth Elasticity of Poverty", *World development*, vol. 32, no. 12 (2004), pp. 1989–2014.

⑦ Rhodes R A W, "The New Governance: Governing Without Government", *Political Studies*, vol. 44, no. 4 (2006), pp. 652–667.

通过互动协作满足自身需求。① 作为政府治理工作的重要内容——扶贫也必然要开辟多元共治的合理路径。在精准扶贫的工作机制中，多元主体的参与不仅得到了官方文件的背书，而且在实践层面也得到了大力推广。具体而言，庄天慧等认为精准扶贫中的主体结构至少包括政府、市场、社会、社区和农户这五个部分。这些主体在差异化动机的驱使下参与精准扶贫活动，在明确自身角色定位的基础上合理发挥作用。② 陈成文等人也认同社会力量应该成为扶贫资源配置的一种"补充性吸纳机制"，以广泛吸纳分散在社会中的可资利用的扶贫资源，但他们同时也指出，社会力量扶贫面临的"碎片化"困境对扶贫绩效产生了不利影响。③ 为此，孙迎联等人从共享发展的角度出发，认为精准扶贫中的多元主体应该进行积极的沟通合作，并建立一个整合各方利益、共同承担责任的新型扶贫协作关系。④ 胡振光等也以具体案例为支撑，提出了构建多元扶贫主体良性互动关系的完善路径，指出应该根据各主体不同的特点有针对性地提高其参与能力。⑤

总的来说，翔实的证据已经表明，企业、社会组织等主体在扶贫中扮演了重要角色，发挥了重要作用。如各类企业通过产业投资的方式，挖掘贫困地区的资源优势，为贫困人口提供了大量就业岗位，不断提升贫困人口收入⑥；社会组织凭借专业优势和公益特性，提高了扶贫资源的配置效率，加强了对政府扶贫的外部监督。⑦ 在今后的扶贫工作中，多元主体间的广泛合作，将有助于在更广阔的范围内提升扶贫绩效。

---

① 詹姆斯·N. 罗西瑙：《没有政府的治理》，张胜军、刘小林等译，江西人民出版社2001年版，第5页。
② 庄天慧、陈光燕、蓝红星：《精准扶贫主体行为逻辑与作用机制研究》，《广西民族研究》2015年第6期。
③ 陈成文、王祖霖：《"碎片化"困境与社会力量扶贫的机制创新》，《中州学刊》2017年第4期。
④ 孙迎联、吕永刚：《精准扶贫：共享发展理念下的研究与展望》，《现代经济探讨》2017年第1期。
⑤ 胡振光、向德平：《参与式治理视角下产业扶贫的发展瓶颈及完善路径》，《学习与实践》2014年第4期。
⑥ 李先军、黄速建：《新中国70年企业扶贫历程回顾及其启示》，《改革》2019年第7期。
⑦ 黄承伟、刘欣：《本土民间组织参与扶贫开发的行动特点及发展方向——以贵州省某民间组织为例》，《贵州社会科学》2015年第1期。

三、"怎么扶"：选择扶贫方式

与贫困本质的认知相对应，"怎么扶"或者说扶贫方式也经历了一个由表及里、由简到繁的过程。在早期，人们将贫困与物质缺乏等同，因此对应的帮扶措施就是面向贫困群体简单地"给钱给物"进行救济。显然，这种方式只能治标而不能治本。基本上每隔一段时间，被帮扶的贫困户都会再度陷入贫困中，低水平的帮扶举措必然导致扶贫绩效锁定在低水平。其后，随着能力贫困和权利贫困的提出，人们意识到复杂的贫困本质不能简单地与物质资源的匮乏等同，低收入只是贫困的显象化体现，而不是贫困的全部。为此，后续扶贫政策的重点开始转向提高贫困户的发展能力并保障其各项权利。新中国成立以来，我国的贫困治理由救济式扶贫向开发式扶贫转轨与变迁，就基本上是沿着这样的脉络演进的。[①]

如何提高贫困户的发展能力？人力资本理论提供了一个独特的见解：改善穷人福利的决定性要素是人口质量的改进和知识的增加[②]。这一理论突出了智力和知识对于个体摆脱贫困的重要性。在这一理论的指导下，教育扶贫意欲从人力资本投入和社会关系重建等方面提高贫困群体的教育质量和就业质量，实现主流社会对贫困群体的认可与接纳。[③] 除了教育这一普惠性的扶贫手段以外，实现贫困户的持续发展还可以经由产业扶贫的方式推动扶贫开发由"输血"向"造血"转变。[④] 对于不同的贫困地区而言，尽管自然条件的差异对宏观层面总体扶贫模式的出台造成了困难，却为发展和扶持地区性的特色产业提供了基础。事实上，所谓的开发式扶贫，在很

---

① 白永秀、刘盼：《全面建成小康社会后我国城乡反贫困的特点、难点与重点》，《改革》2019年第5期。
② 西奥多·舒尔茨：《报酬递增的源泉》，姚志勇、刘群艺译，北京大学出版社2001年版，第41－45页。
③ 孟照海：《教育扶贫政策的理论依据及实现条件——国际经验与本土思考》，《教育研究》2016年第11期。
④ 刘建生、陈鑫、曹佳慧：《产业精准扶贫作用机制研究》，《中国人口·资源与环境》2017年第6期。

大程度上指的就是产业扶贫。① 根植于区域特色的产业扶贫，提高了贫困群体持续增收的稳定性，因而成为最为重要的扶贫方式之一。此外，生态扶贫②、就业扶贫③、资产收益扶贫④等扶贫方式也都得到了大面积的推广和应用。扶贫方式的多管齐下，提高了扶贫开发的针对性和因地制宜的适应能力，是取得预期扶贫成效的重要保证。

进一步地，"怎么扶"的内涵中除了涉及扶贫方式以外，其背后也必然体现着某种扶贫模式。实际上，"扶贫模式"已经超越了"扶贫方式"的指涉范围，应被视为包括扶贫主体、对象和方式在内的一个系统。从宏观层面来看，世界范围内主要存在政府扶贫和市场扶贫这两种主要的扶贫模式，两种模式各有其优势和局限性。⑤ 王雨磊和苏杨认为，中国改革开放四十多年来所造就的脱贫奇迹，是建立在合理有效的扶贫模式的基础之上的，可以用"精准行政扶贫模式"来予以概括。不能否认的是，当前的精准扶贫充分体现了多元主体的参与，但其中的"政府主导"仍然是最为重要的一点。"精准行政扶贫模式"的出发点就是为了探明"政府主导"的扶贫模式的特点及其相关的运行机制。⑥ 事实证明，当前我国的精准扶贫综合了既往扶贫模式的优势，在政府主导的强力统筹下，扶贫中的资金使用、队伍管理和考评问责等方面都体现出了非常鲜明的特点：持续强化的财政扶贫资金管理，有效缩小了地区间人力资本的差距⑦；国家下派的"第一书记"队伍通过提高村庄的基层治理水平、完善基层治理制度，进而达到最终减贫

---

① 王春萍、郑烨：《21世纪以来中国产业扶贫研究脉络与主题谱系》，《中国人口·资源与环境》2017年第6期。

② 史玉成：《生态扶贫：精准扶贫与生态保护的结合路径》，《甘肃社会科学》2018年第6期。

③ 王瑞、王华丽、赵艳梅：《基于层次分析法的西部地区就业扶贫实施绩效评价——以新疆和静县为例》，《江苏农业科学》2020年第5期。

④ 戴旭宏：《精准扶贫：资产收益扶贫模式路径选择——基于四川实践探索》，《农村经济》2016年第11期。

⑤ 宫留记：《政府主导下市场化扶贫机制的构建与创新模式研究——基于精准扶贫视角》，《中国软科学》2016年第5期。

⑥ 王雨磊、苏杨：《中国的脱贫奇迹何以造就？——中国扶贫的精准行政模式及其国家治理体制基础》，《管理世界》2020年第4期。

⑦ 范子英、高跃光：《财政扶贫资金管理、支出激励与人力资本提升》，《财政研究》2019年第3期。

的目的①；压力型体制在行政体系内部自上而下的直接传导，使精准扶贫的考评问责具备了奖惩的可信承诺，进而加强了各级扶贫责任人的行动力度。② 可以说，精准扶贫下的扶贫模式，不但体现了"集中力量办大事"的中国特色，而且能够成为中国治理体制优越性的有力佐证，对于总结中国扶贫经验有着典型而别样的重要意义。③

综观国内外学者对"扶持谁""谁来扶"和"怎么扶"这三方面的重要探讨，至少能够做出三个判断：贫困标准是多维而不是一维的；扶贫主体是多元而不是一元的；扶贫方式不断向多元化的方向拓展。从世界范围来看，以上三个判断基本上已经成为各国在贫困治理中的共识。然而，尽管形成了这样的共识，但如事实所呈现的那样，世界各国贫困治理的成效却大相径庭。究其原因，共识背后的差异化道路引起了人们的注意，于中国而言，极具特色的扶贫道路自然也就成为关注的重点。从这个角度出发，本书认为中国的扶贫成就虽然已经得到了世界范围内的公认和称赞，但当前中国特色的扶贫道路却还没得到较为细致和深入的研究。为此，本书希望能够总结广东自开展"'双到'扶贫"以来在贫困治理方面的积极探索，以广东的扶贫经验作为展现中国扶贫道路的重要窗口。

---

① 谢小芹：《"接点治理"：贫困研究中的一个新视野——基于广西圆村"第一书记"扶贫制度的基层实践》，《公共管理学报》2016年第3期。
② 荣敬本：《"压力型体制"研究的回顾》，《经济社会体制比较》2013年第6期。
③ 王雨磊、苏杨：《中国的脱贫奇迹何以造就？——中国扶贫的精准行政模式及其国家治理体制基础》，《管理世界》2020年第4期。

第三节 研究对象与研究方法

一、研究对象

本书的研究对象首先是作为一个整体的广东省,以"'双到'扶贫"和"精准扶贫"这两种扶贫模式作为阶段划分的依据,分析广东省在不同阶段各项扶贫战略的出台背景、决策过程和实施过程,以及扶贫政策的主要内容、运行机制和突出成效,并在此基础上总结广东扶贫工作先行一步的主要经验,特别是注意挖掘广东在探索建立相对贫困治理长效机制方面的重要经验。

为了避免宽泛意义上的讨论流于内容上的空洞,本书在将广东省这一整体作为研究对象的同时,分别选取梅州市五华县和清远市佛冈县作为"'双到'扶贫"和"精准扶贫"的典型案例来加以进一步地分析。之所以选取这两地作为案例分析的具体对象,主要是出于两个方面的考量。

一是典型案例的代表性。长期以来,粤东西北地区落后的发展状况严重制约了广东对共同富裕理念的贯彻。为此,广东扶贫的重点地域便自然而然地落到了粤东西北地区。梅州市五华县和清远市佛冈县这两地分别位于粤东和粤北地区,具有贫困人口占比大、贫困村数量多、地形地势复杂、扶贫难度大和脱贫任务重的典型特征。正是出于此种原因,这两地成为广东省内各项扶贫政策面向的主要地域,因此对广东省各项扶贫政策的内容和成效有着最为全面的体现。从这个角度来看,本书选取这两地作为案例研究对象,基本上能够满足案例的典型性要求,在此基础上的分析有助于实现本书预期的写作目标。

二是资料获取的便利性。一项研究的开展往往是在资源既定的基础上进行的,与此同时,研究人员的精力也是有限的,这就意味着研究对象的选择应当要考虑到资料获取的便利程度。在"'双到'扶贫"实施之初,中山大学岳经纶教授带领的研究团队就已经在五华县开展了广泛的调研。

其后，自广东省开展"精准扶贫"行动以来，研究团队又将清远市佛冈县作为调研基地，分批次进行实地考察和访谈。研究团队长期对这两地的持续性追踪，积累了大量的经验素材，因此以这两地为案例进行研究，能够保证研究资料的充裕。此外，研究团队在长期调研中也与这两地政府形成了良好的合作关系，因此，在获得补充性研究资料方面，具有较大的便利性。

综合考虑以上两方面因素，本书对研究对象的选择以及在此基础上的分析，基本能够实现对研究问题的有效回应（见图1-1）。

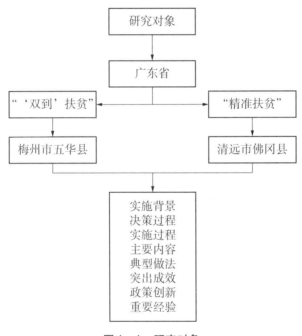

图1-1 研究对象

二、研究方法

研究方式和方法的选择要以适合的研究问题、研究对象和研究目的为标准。"定性研究是以解释现象变化过程、现象内在联系、研究对象的主观认知,诠释行为意义等为主要目标。"① 本书试图分析广东省在扶贫开发方面先行先试的主要经验,需要从政策内容和实践的角度入手,深入分析政策出台的内在机理。因此,定性研究适宜作为本书的研究方法。在此基础上,本书的研究方法主要涉及两个部分:首先,以二手文献分析、深度访谈和参与观察的方式收集研究资料和素材;其次,以案例研究的方式对上述较为丰富的资料和素材进行系统分析,以更加清晰和翔实地展现广东省自"'双到'扶贫"以来的贫困治理全貌。

(一) 资料收集方法

1. 二手文献分析

尽管从主流观点来看,文献研究法已经不再被视为一种研究方法,但二手文献分析仍被看作一类适用探索性研究的社科研究方法。作为一本以广东扶贫经验窥探中国扶贫之路的学术作品,本书的研究不仅要立足广东省的扶贫实践,也应积极从其他学术作品和实践调查中获取可资借鉴的有益内容,以不断深化对研究主题的认知与理解,提高本书的价值增量。既有的涉及扶贫领域的相关文献作为研究人员的智慧结晶,浓缩了他们的理性思考,这些丰富的理论洞见和实践经验已经成为本书的重要基础。

从文献来源看,为保证参考文献的质量,作者在 CSSCI、WOS 核心合集等中外文数据库中搜索并研读了大量与本书研究内容相关的论文,涉及扶贫主体、对象、方式、机制等多个方面。同时,作者参阅了大量探讨贫困治理的经典著作,将其理论精髓有机融入本书的内容体系中。此外,以诸如广东省扶贫开发领导小组办公室(简称"扶贫办")等部门的调研报告作为实地调研的成果总结,也成为本书重要的文献参考来源。

2. 深度访谈法

深度访谈法是通过研究人员与受访者的互动交流,解读受访者某些经历背后的隐含意义,最终有可能为某个研究领域提供新见解或新知识。② 为了更好地理解广东扶贫实践背后的理论意涵,本书所开展的深度访谈基本

---

① 风笑天:《社会研究方法》(第五版),中国人民大学出版社 2018 年版,第 322 页。
② 范明林、吴军、马丹丹:《质性研究方法》,格致出版社 2018 年版,第 194 页。

上贯穿了广东省自"'双到'扶贫"以来贫困治理的整个过程,并针对"'双到'扶贫"和"精准扶贫"这两个阶段的不同政策特点设计了侧重点不同的访谈提纲。从访谈对象和内容来看,岳经纶教授所带领的研究团队围绕"'双到'扶贫"和"精准扶贫"分两阶段开展了深度访谈工作。

第一阶段,首先,研究团队自2009年起,对广东省扶贫办进行了调研走访,对"'双到'扶贫"政策出台的相关情况进行了初步了解;其后,作者根据初步调研的情况确定了写作大纲,并将五华县作为调研访谈的主要地域。第二阶段,研究团队于2016年开展了广东省"精准扶贫"的深度访谈,首先仍是调研走访广东省扶贫办,了解"精准扶贫"政策的出台情况,随后在确定了写作提纲的基础上,将佛冈县作为调研访谈的主要地域。值得注意的是,广东省的扶贫政策系统性较强,意味着扶贫政策的实施往往牵涉到多部门的协同。因此,围绕扶贫政策在五华县和佛冈县的实施,作者也对财政部门、民政部门、教育部门、交通部门等扶贫政策体系的参与者进行了针对性访谈。

在调研访谈的两个主要案例中,作者主要对从事扶贫工作的公务人员(涉及主抓扶贫工作的党政领导和一线的扶贫工作组、驻村干部等)和作为扶贫政策受体的村民(涉及贫困户和非贫困户两类人群)进行了深度访谈,了解扶贫政策实施的具体情况和他们的个性化看法等内容。一方面,作者通过座谈会的形式,与扶贫工作人员进行深度交流,了解扶贫政策在案例地区的实施情况,并收集相关的制度文件、会议材料等资料;另一方面,积极对各对口单位的扶贫工作组成员及村委会成员、村民进行访谈,了解工作组在工作开展过程中遇到的问题和村委会、村民对"'双到'扶贫"及"精准扶贫"的理解和看法。

3. 参与观察法

参与观察就是研究者深入研究对象的生活背景,在实际参与研究对象日常社会生活的过程中所进行的观察。[①] 本书在拟定写作提纲之初,就将参与观察定位为获取研究资料的重要方式,而参与观察往往与深度访谈相伴随。因此,作者的参与观察基本上也是根据"'双到'扶贫"和"精准扶

---

① 风笑天:《社会研究方法》(第五版),中国人民大学出版社2018年版,第343页。

贫"实施的不同时间段,以两阶段的方式开展的。

实际上,自2009年"'双到'扶贫"启动之初,岳经纶教授带领的研究团队就已经深入实地进行参与观察。一方面,研究团队跟随工作组入户,通过亲身参与扶贫工作,仔细观察并认真记录扶贫工作的具体内容、方式,以及扶贫对象的反映和评价;另一方面,观察贫困村村容村貌的改善,诸如村内基础设施的配套情况等。更重要的一点,参与观察并不是一次性的,研究团队会对每次参与观察时发现的重要问题进行持续性追踪,并结合访谈内容对这些问题做出阐释性理解。

通过以上三种资料收集方法,作者为本书的写作提供了翔实丰富的一手和二手资料,拓宽了本书的研究广度,也潜在地提升了本书的研究深度。

(二)资料分析方法:案例研究法

案例研究法的目的是通过研究者对案例的深度解剖,了解自然情境下案例对某一社会现象特征的揭示。案例研究作为本书的一大特色,应作两方面理解。其一,本书是一本以广东扶贫经验窥探中国扶贫道路的学术作品,从这个角度来看,本书的案例研究对象是作为一个整体的广东省,通过深入挖掘广东扶贫的典型特征,力求展现中国扶贫道路的优势。其二,本书在分析广东整体扶贫实践的基础上,辅之以两个具体案例来对"'双到'扶贫"和"精准扶贫"的政策落地进行细致的解读,从微观层面更为立体地呈现广东扶贫经验,避免做出过于宏观的分析导致研究失去抓手。

此外,作为一项案例研究,广东的扶贫经验不可避免地带有个性化色彩,这就意味着对案例的代表性存疑。不过,从案例研究自身的特点来看,典型性而非代表性,才是案例研究希望实现的目标。为此,本书从多个途径收集到的丰富资料为案例的典型性提供了良好的基础,基本能够满足案例研究对于"证据三角形"的要求,可以在一定程度上提高案例研究的"建构效度"[①]。尽管单一案例的解释能力仍需其他经验研究的检验和补充,但广东在开展扶贫工作时的政策思考与具体实践仍然集中体现了中国扶贫

---

① 罗伯特·K.殷:《案例研究:设计与方法》,周海涛、史少杰译,重庆大学出版社2017年版,第58页。

第一章 导论

道路的优势所在,因而值得大力宣传与推广。

第四节 本书主要内容

本书致力于研究广东省从"'双到'扶贫"到"精准扶贫"的政策演变过程及其实施效果。首先,本书以典型贫困县梅州市五华县为案例,剖析"'双到'扶贫"模式的基层实践,讨论广东省实施"双到"模式的成效与困境。其次,随着"精准扶贫"战略的提出,广东省系统性的扶贫政策也在中央的政策要求下陆续出台,本书随即以清远市佛冈县为案例,研究广东省"精准扶贫"政策的具体实践。最后,在上述内容的基础上,本书分析了"精准扶贫"的广东成效与基本经验,特别着重介绍了广东省在率先开展解决相对贫困问题上的积极探索,指出广东的扶贫实践已经成为中国贫困治理的"广东样本"。

具体而言,本书的内容体系大致可以分为五个部分。

第一部分为第一章导论。首先,从历时性的角度展示中国扶贫从过去走向未来的整体过程;然后,从对外提升贫困治理话语权的角度进一步介绍本书的研究背景。其次,从四个方面切入,试图回答"广东的扶贫模式何以能够成为中国特色扶贫道路的典型代表"这一研究问题,并在此基础上阐述了研究意义。再次,从基本文献出发,站在理论视角对"扶持谁""谁来扶"和"怎么扶"这三个重要问题进行了分析,为研究广东省的扶贫模式提供理论准备。最后,介绍了本书的研究对象和与之相匹配的研究方法。

第二部分为第二章,主要探讨改革开放以来我国扶贫政策的演变和广东的农村扶贫历程。首先,划分出扶贫政策演变的五个阶段,并据此分析每个阶段不同的政策类型、扶贫方式和政策特征。其次,系统回顾了广东省自1985年以来的农村扶贫历程,引出"'双到'扶贫"和"精准扶贫"这两个重要的阶段。

第三部分为第三到第五章,系统分析广东的"'双到'扶贫"模式,并以梅州市五华县的案例作为具体支撑。首先，分析广东"'双到'扶贫"模式，内容包括"'双到'扶贫"模式的形成背景与决策过程、实施过程和主要内容。其次，以五华县为案例，讨论"'双到'扶贫"模式的基层实践。这一章承接了第三章的内容，结合五华县县情、贫困情况和"'双到'扶贫"对口帮扶情况，对"'双到'扶贫"模式在五华县的运作进行了具体分析。最后，结合实地调研和文献研究的结果，从帮扶单位、帮扶对象等角度对"'双到'扶贫"模式存在的问题及其根源进行分析。

第四部分为第六到第八章，系统分析广东"精准扶贫"的实践及实施经验，并以清远市佛冈县的案例作为具体支撑。首先，分析"精准扶贫"政策提出的背景和决策过程，阐述"精准扶贫"的思想内涵和政策主张，并在宏观层面分析"精准扶贫"战略的主要做法，以及与"'双到'扶贫"模式的关系，同时介绍"精准扶贫"在广东的总体实践情况。其次，分析佛冈县"精准扶贫"的实践过程，以微观的形式呈现广东"精准扶贫"政策的落实情况。最后，讨论"精准扶贫"战略在广东的实践成效与基本经验，总结广东在探索建立解决相对贫困长效机制上做出的突出贡献，思考如何结合广东经验为2020年后全国范围内解决相对贫困问题的顶层设计提供可行思路。

第五部分是本书的结语部分。本书认为广东省在扶贫领域的先行先试，已经成为中国贫困治理的"广东样本"，广东经验可以成为讲好中国扶贫故事的重要素材。

值得一提的是，本书的创新之处主要体现在，对一个发达地区的贫困治理实践以长时性历时追踪的方式进行深度描摹。

首先，在以往的涉及贫困治理的学术作品中，以欠发达地区作为研究对象的论文数量可以说是不胜枚举。相较之下，尽管以发达地区作为研究对象的例子并不鲜见，但学界对二者关注度的高低仍然相距甚远。事实上，发达地区并不会因为贫困人口数量的相对较少而忽视贫困治理问题；相反，发达地区在诸如相对贫困治理探索等重要议题上已经走在了前列，这些经验也应该获得更多的关注。

其次，既有的学术作品要么选择从宏观上梳理中国贫困治理的历程，并根据特征的不同进行阶段划分，要么重点关注特定地区某一阶段的贫困治理或者说扶贫实践。前者的视角宏大,容易导致泛泛而谈,难以对既有知识实现增量扩展;后者着眼于个案,但单一的阶段性研究过于关注当前的行为,未能从历时性的角度对当前的实践态势形成整体性理解。

考虑到以上这两方面因素,本书选择对广东的贫困治理实践,特别是对广东自"'双到'扶贫"到"精准扶贫"时期的贫困治理实践进行细致梳理,期冀于分析在一个较长时间段的连续谱系内,作为发达地区的广东如何在不同的扶贫模式下推进贫困治理。在此基础上,本书尝试揭示广东贫困治理或者说扶贫实践内含的中国扶贫道路的共性特征与突出优势,同时透过广东的先行探索展望乡村振兴的可能图景。

第二章　改革开放以来中国扶贫政策的演变

关于中国扶贫事业开端的讨论，政府文件的界定与学术界的认知不尽相同，目前未能形成一致性的结论。政府官方文件倾向于将改革开放初期作为起点，中国政府于2001年发布的《中国的农村扶贫开发》白皮书和2011年发布的《中国农村扶贫开发的新进展》白皮书皆提供了材料支持。《中国的农村扶贫开发》白皮书指出："新中国成立后，中国政府一直致力于发展生产、消除贫困的工作。但真正严格意义上的扶贫，是在改革开放以后提出并大规模实施的。"① 《中国农村扶贫开发的新进展》白皮书指出："20世纪80年代中期以来，中国政府开始有组织、有计划、大规模地开展农村扶贫开发。"② 可见，政策文件的表述主要基于扶贫的专项逻辑，意在把扶贫作为一项专业化的重点工作凸显出来。③

与政府的扶贫专项逻辑有所不同，大部分学者采用了新中国扶贫史的视角，将1949年新中国成立至1978年改革开放开启这一期间中国的社会发

---

① 国务院新闻办公室：《中国的农村扶贫开发》，2005年5月26日，http://www.gov.cn/zhengce/2005-05/26/content_2615719.htm，访问日期：2020年6月17日。
② 国务院新闻办公室：《中国农村扶贫开发的新进展》，2011年11月16日，http://www.scio.gov.cn/tt/Document/1048386/1048386.htm，访问日期：2020年6月17日。
③ 韩喜平：《中国农村扶贫开发70年的历程、经验与展望》，《学术交流》2019年第10期。

第二章　改革开放以来中国扶贫政策的演变

展进程纳入中国减贫史，以此呈现出新中国扶贫的全貌。①~⑦正如学者韩喜平所总结的："之前的农村扶贫主要体现为渗透性特征，即农村扶贫事业贯穿到农村的各项工作之中。"⑧尽管政府文件与学界对中国扶贫开发史开端的划分存在差异，但并不冲突，而是互相兼容的。这一差异主要是由所采取的视角和逻辑的不同造成的。基于上述两种划分方式，本书选择从展现新中国扶贫史全貌的角度出发，对1978年前的扶贫工作进行简要梳理，并重点分析改革开放以后中国各扶贫阶段的政策演变及扶贫工作的特征与内容。

具体来说，在已有的研究中，学者们主要从扶贫路径和扶贫瞄准单位出发对中国的扶贫开发历程进行了划分和归纳。周晓唯和宋二行将中国扶贫历程划分为以国家为单位的制度扶贫阶段（1949—1985年），以区域为单位的大规模开发扶贫阶段（1986—1993年），以县域为单位的攻坚扶贫阶段（1994—2000年），以村域为单位的综合扶贫阶段（2001—2012年）和以"户和人"为单位的精准扶贫阶段（2013年至今），共五个阶段。⑨

唐超等人将中华人民共和国成立70年以来的扶贫开发历程划分为救济式扶贫阶段（1949—1977年），体制改革下大范围扶贫阶段（1978—1985年），开发式扶贫阶段（1986—1993年），综合开发式阶段（1994—2000年），多元性、可持续发展阶段（2001—2012年）和精准扶贫阶段（2013

---

① 胡鞍钢：《中国减贫之路：从贫困大国到小康社会（1949—2020年）》，社会科学文献出版社2012年版。
② 范小建：《60年：扶贫开发的攻坚战》，《求是》2009年第20期。
③ 刘娟：《中国农村扶贫开发的回顾、成效与创新》，《探索》2009年第4期。
④ 朱小玲、陈俊：《建国以来中国农村扶贫开发的历史回顾与现实启示》，《生产力研究》2012年第5期。
⑤ 唐超、罗明忠、张苇锟：《70年来中国扶贫政策演变及其优化路径》，《农林经济管理学报》2019年第3期。
⑥ 李晓园、钟伟：《中国治贫70年：历史变迁、政策特征、典型制度与发展趋势——基于各时期典型扶贫政策文本的NVivo分析》，《青海社会科学》2020年第1期。
⑦ 白增博：《新中国70年扶贫开发基本历程、经验启示与取向选择》，《改革》2019年第12期。
⑧ 韩喜平：《中国农村扶贫开发70年的历程、经验与展望》，《学术交流》2019年第10期。
⑨ 周晓唯、宋二行：《中国扶贫历程与新时代精准扶贫的路径选择》，《牡丹江师范学院学报》（社会科学版）2020年第2期。

年至今），共六个阶段。①

　　李晓园和钟伟则将扶贫开发历程划分为无重点区域的救济式扶贫阶段（1949—1977 年）、山区为重点的发展式扶贫阶段（1978—1985 年）、贫困县为重点的开发式扶贫阶段（1986—1993 年）、贫困县为重点的攻坚式扶贫阶段（1994—2000 年）、贫困村为重点的综合式扶贫阶段（2001—2012 年）和贫困户为重点的精准治贫阶段（2013—2020 年），共六个阶段。②

　　白增博将扶贫开发历程划分为保障生存救济式阶段（1949—1978 年）、农村体制改革推动扶贫阶段（1978—1985 年）、有组织的开发式扶贫阶段（1986—1993 年）、集中解决温饱的"八七"扶贫攻坚阶段（1994—2000 年）、巩固温饱成果的综合扶贫开发阶段（2001—2012 年），以及实施精准扶贫、精准脱贫方略阶段（2013 年至今），共六个阶段。③

　　总体来说，学术界对于改革开放以后中国扶贫历程的阶段划分达成了高度共识，即以政府的扶贫开发行动作为划分依据，这契合了中国扶贫开发以政府为主导的实际情况。④ 综合已有的扶贫阶段划分方法，1978 年、1986 年、1994 年、2001 年年和 2013 年是既有文献中对中国扶贫历程划分的几个关键时间节点，分别对应中共十一届三中全会召开、国务院扶贫开发领导小组及办公室成立、《国家八七扶贫攻坚计划》颁布实施、《中国农村扶贫开发纲要（2001—2010 年）》颁布实施、"精准扶贫"概念的提出等重大事件。进一步来看，这些文献在阶段划分上存在着细微差别，主要表现在对中华人民共和国成立后至 1986 年前的阶段的划分，部分学者将 1949—1985 年划为一个阶段⑤⑥，更多学者则划分为 1949—1977 年、1978—1985 年两个阶段；而对

---

　　① 唐超、罗明忠、张苇锟：《70 年来中国扶贫政策演变及其优化路径》，《农林经济管理学报》2019 年第 3 期。
　　② 李晓园、钟伟：《中国治贫 70 年：历史变迁、政策特征、典型制度与发展趋势——基于各时期典型扶贫政策文本的 NVivo 分析》，《青海社会科学》2020 年第 1 期。
　　③ 白增博：《新中国 70 年扶贫开发基本历程、经验启示与取向选择》，《改革》2019 年第 12 期。
　　④ 黄承伟：《中国扶贫开发道路研究：评述与展望》，《中国农业大学学报》（社会科学版）2016 年第 5 期。
　　⑤ 刘超、朱满德、王秀峰：《中国农村扶贫开发的制度变迁：历史轨迹及对贵州的启示》，《山地农业生物学报》2015 年第 1 期。
　　⑥ 周晓唯、宋二行：《中国扶贫历程与新时代精准扶贫的路径选择》，《牡丹江师范学院学报》（社会科学版）2020 年第 2 期。

第二章　改革开放以来中国扶贫政策的演变

最新扶贫阶段的划分，学者普遍基于"精准扶贫"概念的提出，将2013年作为最新阶段的起始年份。

相较之下，本书综合既有研究及《中国的农村扶贫开发》白皮书的阶段划分，将中国改革开放后的扶贫历程划分为经济体制改革推动扶贫阶段（1978—1985年）、大规模开发式扶贫阶段（1986—1993年）、扶贫攻坚阶段（1994—2000年）、综合扶贫开发阶段（2001—2012年）和精准扶贫阶段（2013—2020年）。

纵观70多年来的中国扶贫事业，改革开放后扶贫工作的组织性、计划性、阶段性和针对性的特点尤其突出，并取得了举世瞩目的成就。因此，本章将重点梳理改革开放以来中国扶贫政策的演变，分析各阶段的扶贫工作特征和模式。其后，在此背景下回顾广东省改革开放以来农村贫困治理的历程，从而在全国和区域维度展现中国扶贫历程中的中国智慧和中国经验。

中华人民共和国成立以后，由于历史原因，中国经济重建和社会发展面临着巨大的挑战。同时，国内农业生产力低下、人口基数大，以及国外局部战争爆发、西方国家对中国禁运等复杂形势使中国面临普遍贫困的不利局面。这一时期，中国绝对贫困率较高，1949年中国居民人均可支配收入仅为49.70元。其中，城镇居民人均可支配收入仅99.50元，农村居民人均可支配收入仅44元。[3] 按照2010年农村贫困标准计算，1978年年末中国农村贫困人口达7.7亿人，农村贫困发生率高达97.5%。[4]

从中华人民共和国成立之初到改革开放前，由于整体低下的生产力水平和普遍贫困的特征，中国政府没有采取针对性的扶贫政策，而是通过制度创新来发展经济，以经济增长带动减贫。国家通过社会主义改造，逐步

---

[3]　国家统计局：《人民生活实现历史性跨越 阔步迈向全面小康——中华人民共和国成立70周年经济社会发展成就系列报告之十四》，2019年8月9日，http://www.stats.gov.cn/tjsj/zxfb/201908/t20190809_1690098.html，访问日期：2020年6月10日。

[4]　国家统计局：《人民生活实现历史性跨越 阔步迈向全面小康——中华人民共和国成立70周年经济社会发展成就系列报告之十四》，2019年8月9日，http://www.stats.gov.cn/tjsj/zxfb/201908/t20190809_1690098.html，访问日期：2020年6月10日。

构建了一个基于集体经济的社会安全网来保障农村居民的基本生活①：一是增强农民的土地权利，通过土地改革消灭了土地私有制，然后经过社会主义改造，建立了人民公社制度，将农民纳入集体生产和分配体系，为农民的福利保障和农村扶贫工作奠定制度基础；二是大力推动全国工业化建设，以工业发展刺激国民经济增长，从而在宏观层面缓解贫困的发生；三是开展农村基础设施建设，改善农村的交通和灌溉条件，为农业生产力的提升创造条件；四是构建从中央到农村的信用合作社网络，建立了一批农技推广站，一定程度上促进了农村生产力的发展。此外，国家也采取和建立了紧急救济计划和民政救济系统，对农村特困人口和受灾群众实施单纯性的实物生活救济。

虽然上述举措一定程度上缓解了中国全面贫困的局面，有效防止了全国贫困发生率的上涨。但是，由于1958年"大跃进"和1966年"文化大革命"等历史事件，削弱了中华人民共和国成立初期各项制度建设和扶贫政策带来的减贫效果，中国的绝对贫困人口数量依然庞大。此外，这一时期一方面客观上中国整体国力孱弱，难以为贫困人口提供多方位、大力度的救济和保障；另一方面，由于政府主观上受到历史条件的制约，对贫困和扶贫的认识水平相对有限，所建立的救济制度、实施的救济方式存在诸多需要进一步完善的地方。这一时期，中国政府主要采取单纯性救济式的扶贫保障措施，其单一性、分散性特征突出，是一种道义性的、慈善性的"输血式"救济行为。② 这些扶贫保障措施仅能保障贫困群体的临界生存需要，而缺乏将救助与增强贫困人口自我发展能力相联系，难以激发其积极性，不能在应对扶贫问题上长期发挥作用。改革开放后，这一弊端在中国的扶贫工作中被重点关注并着力应对，成为此后各个时期扶贫工作制定和开展的重要出发点。

1949年、1957年、1978年城镇、农村居民人均可支配收入情况如图2-1所示。

---

① 陈标平、胡传明：《建国60年中国农村反贫困模式演进与基本经验》，《求实》2009年第7期。

② 林卡、范晓光：《贫困和反贫困——对中国贫困类型变迁及反贫困政策的研究》，《社会科学战线》2006年第1期。

第二章 改革开放以来中国扶贫政策的演变

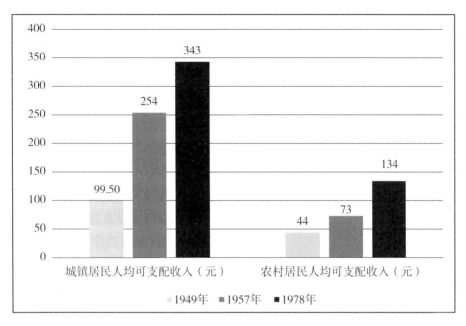

图 2-1 1949 年、1957 年、1978 年城镇、农村居民人均可支配收入情况

（资料来源：国家统计局：《人民生活实现历史性跨越 阔步迈向全面小康——中华人民共和国成立 70 周年经济社会发展成就系列报告之十四》，http://www.stats.gov.cn/tjsj/zxfb/201908/t20190809_1690098.html）

1954—1978 年全国农民每日营养摄入量见表 2-1。

表 2-1 1954—1978 年全国农民每日营养摄入量

年份	每日热量（千卡）
1954	1984.31
1956	2136.27
1957	1991.73
1965	2002.40
1973	2015.00
1974	1996.00
1975	2001.00

续表 2-1

年份	每日热量（千卡）
1976	1977.00
1977	2915.00
1978	2238.00

资料来源：周彬彬：《人民公社时期的贫困问题》，《经济研究参考》1992 年第 Z1 期。

第一节 改革开放以来中国扶贫政策的发展历程

一、经济体制改革推动扶贫阶段（1978—1985 年）

这一时期，中国面临的大范围贫困局面依然严重。1978 年，按中国政府确定的贫困标准统计，贫困人口为 2.5 亿人，占农村总人口的 30.7%。[①] 农业经营体制不适应生产力发展需要是导致贫困的主要原因。1958 年开始的"一大（规模大）二公（公有化程度高），实际上一平（平均主义）二调（无偿调拨）"的农村人民公社体制，挫伤了农民的生产积极性，导致了农村的大面积贫困。因此，制度的变革就成为缓解贫困的主要途径。1978 年年底，中共十一届三中全会召开，中国进入改革开放时期。中国的改革从推进农村经济体制改革起步。相应地，中国的农村扶贫工作进入了体制改革推动扶贫的新阶段。

在这一时期，中国致力于推动经济和社会的全面发展，设立了解决农村贫困人口温饱问题的扶贫目标。家庭联产承包责任制、乡镇企业和农产品价格放开等改革推动了这一时期的扶贫工作，带来了较大规模的减贫效应。一方面，家庭联产承包责任制这一土地经营制度的变革充分地激发了

[①] 国务院新闻办公室：《中国的农村扶贫开发》，2005 年 5 月 26 日，http://www.gov.cn/zhengce/2005-05/26/content_2615719.htm，访问日期：2020 年 6 月 17 日。

第二章　改革开放以来中国扶贫政策的演变

农民的劳动热情，从而极大地解放了生产力，提高了土地产出率。另一方面，政府放松对农村农产品价格的管控，大力发展乡镇企业，为解决农村的贫困问题打开了出路。这些改革措施通过农产品价格提升、农业产业结构升级及农村劳动力进入城市就业等途径推动农村经济快速发展。[①] 农民的收入随着农产品产量的大量增加而迅速提高，农民非农领域的就业方式丰富和补充了原本单一的收入结构，大规模的农村贫困状况相应地得到了缓解和改善。可以说，农村经济体制改革使得农村经济发展成果惠及大量贫困人口，极大地改善了农村的经济面貌，推动了农村贫困状态的全面改善。

在政策层面，这一阶段，中国有计划、有组织地针对部分极端贫困地区开展扶贫开发工作，出台了一些有针对性的扶贫政策。1978年，中国召开了全国民政工作会议，首次将扶贫工作从农村救济工作中分离出来，对农村的贫困标准进行了界定。此后，中共中央对《全国民政会议纪要》的批示和转发推动了各级党政领导对扶贫工作的关注，将扶贫工作提上政府日程。1979年，民政部通过转发地方实践经验，推动了各地扶贫政策的细化，例如，民政部转发了黑龙江省肇东县《关于太平公社扶贫工作的调查报告》。1980年后，国家有侧重地通过下拨7个专项资金来支援欠发达地区的建设，包括不发达地区发展资金、老（革命老区）少（少数民族地区）边（边境地区）穷（贫困地区）地区贷款、不发达地区发展经济贷款、农业建设资金、国家扶贫专项贴息贷款、牧区扶贫专项贴息贷款和县办企业专项贷款。[②] 1982年，国家把最为贫困的甘肃河西、定西和宁夏西海固地区确定为全国第一个区域性扶贫开发实验地。1984年，国务院发布《中共中央、国务院关于帮助贫困地区尽快改变面貌的通知》，重点关注"老、少、边、穷"地区的扶贫工作，强调激发群众的脱贫意识，主张各贫困地区因地制宜搞建设。1985年，民政部和中国科学技术协会联合发布的《关于开展科技扶贫工作的通知》，着力推动农业基础设施建设和农业技术的推广应用。

---

① 杨正辉：《没有硝烟的战争——新中国反贫困历史回眸》，《湘潮》2002年第4期。
② 唐超、罗明忠、张苇锟：《70年来中国扶贫政策演变及其优化路径》，《农林经济管理学报》2019年第3期。

总体来说，这一阶段的扶贫工作是在经济体制改革的基础上开展的，侧重于具有普遍性贫困的农村地区和极端贫困集中的连片地区，采用了专项资金转移的方式，对中国农村经济的发展和贫困人口的减少起到了关键性作用。农村经济体制改革极大地调动了农民的生产积极性，解放了农村生产力，有力地缓解了农村贫困问题，使中国农村发生了巨大的变化。统计数据显示，1978年至1985年间，全国农村人均粮食产量增长14%，棉花增长73.9%，油料增长176.4%，肉类增长87.8%；① 农民的年人均收入明显增加，自1978年的134元提高至1985年的397元，增幅接近3倍；以当时的农村贫困标准衡量②，1978年有2.5亿人不能满足基本温饱，而到了1985年，一半贫困人口的温饱问题得到了解决，平均每年减少贫困人口1786万人，尚未解决基本温饱的贫困人口减至1.25亿；贫困发生率从30.7%下降到14.8%（见表2-2）。③④若以现行农村贫困标准衡量⑤，农村贫困人口从1978年年末的7.7亿人减少到1985年年末的6.6亿人，农村贫困发生率从1978年年末的97.5%下降到1985年年末的78.3%（见表2-3）。⑥ 表2-2至表2-5显示了1978—1985年中国农村绝对贫困情况以及城乡居民人均收支和恩格尔系数。这一时期是中国贫困人口大规模减少的阶段，大多数农户的基本温饱问题得到了解决。

---

① 国务院新闻办公室：《中国的农村扶贫开发》，2005年5月26日，http://www.gov.cn/zhengce/2005-05/26/content_2615719.htm，访问日期：2020年6月17日。
② 指按照1984年价格确定的每人每年200元的贫困标准，是较低水平的生存标准。
③ 国务院扶贫开发领导小组办公室主编：《中国农村扶贫开发概要》，中国财政经济出版社2003年版，第32页。
④ 国家统计局住户调查办公室主编：《中国农村贫困监测报告》，中国统计出版社2019年版，《全国篇》第1页。
⑤ 指按照2010年价格制定的每人每年2300元的贫困标准，这是与小康社会相适应的稳定温饱标准。
⑥ 国家统计局住户调查办公室主编：《中国农村贫困监测报告》，中国统计出版社2019年版，《全国篇》第1页。

第二章 改革开放以来中国扶贫政策的演变

表2-2 中国农村绝对贫困人口和贫困发生率变动（1978—1985年）

年份	贫困线（元/人）	绝对贫困人口（万人）	贫困发生率（%）
1978	100	25000	30.7
1980	—	22000	26.8
1981	—	15200	18.5
1982	—	14500	17.5
1983	—	13500	16.2
1984	200	12800	15.1
1985	206	12500	14.8

资料来源：国家统计局住户调查办公室主编：《中国农村贫困监测报告》，北京：中国统计出版社2000年版，第7页；2001年版，第8页；2019年版，第296页。

表2-3 按现行农村贫困标准①衡量的农村贫困状况（1978—1985年）

年份	当年价贫困标准（元/年·人）	贫困人口规模（万人）	贫困发生率（%）
1978	366	77039	97.5
1980	403	76542	96.2
1985	482	66101	78.3

资料来源：国家统计局：《扶贫开发成就举世瞩目，脱贫攻坚取得决定性进展——改革开放40年经济社会发展成就系列报告之五》，http://www.stats.gov.cn/ztjc/ztfx/ggkf40n/201809/t20180903_1620407.html。

表2-4 1978—1985年全国城镇居民人均收支和恩格尔系数

年份	城镇居民家庭平均每人			
	可支配收入（元）	可支配收入指数（1978=100）	消费支出（元）	恩格尔系数（%）
1978	343.40	100.0	311.20	57.5
1979	405.00	115.7	—	—

---

① 现行农村贫困标准，是按照2010年价格制定的每人每年2300元的贫困标准，是与小康社会相适应的稳定温饱标准。参照2019年《中国农村贫困监测报告》中《全国篇》第1页脚注。

续表2-4

年份	城镇居民家庭平均每人			
	可支配收入（元）	可支配收入指数（1978=100）	消费支出（元）	恩格尔系数（%）
1980	477.60	127.0	412.40	56.9
1981	500.40	129.9	456.80	56.7
1982	535.30	136.3	471.00	58.6
1983	564.60	141.5	505.90	59.2
1984	652.10	158.7	559.40	58.0
1985	739.10	160.4	673.20	53.3

资料来源：国家统计局：《新中国六十五年数据表》，http://www.stats.gov.cn/ztjc/ztsj/201502/t20150212_682681.html。

表2-5 1978—1985年全国农村居民人均收支和恩格尔系数

年份	农村居民家庭平均每人			
	纯收入（元）	纯收入指数（1978=100）	消费支出（元）	恩格尔系数（%）
1978	133.60	100.0	116.10	67.7
1979	160.20	119.2	134.50	64.0
1980	191.30	139.0	162.20	61.8
1981	223.40	160.4	190.80	59.9
1982	270.10	192.3	220.20	60.7
1983	309.80	219.6	248.30	59.4
1984	355.30	249.5	273.80	59.2
1985	397.60	268.9	317.40	57.8

资料来源：国家统计局：《新中国六十五年数据表》，http://www.stats.gov.cn/ztjc/ztsj/201502/t20150212_682681.html。

二、大规模开发式扶贫阶段（1986—1993年）

进入20世纪80年代中期，农村经济体制改革所释放出来的生产力红利逐步耗尽，农村经济增长速度和农民增收幅度明显减速，农村居民收入差

第二章　改革开放以来中国扶贫政策的演变

距开始拉大。同时，随着经济体制改革的推进和市场经济的发展，中国居民收入也开始呈现出明显的城乡差距。此外，区域间发展不平衡的问题也逐渐显现，一些地区凭借自身的区位优势，在20世纪80年代中期实现了经济社会的快速发展，较好地应对了贫困问题；而另一部分地区由于历史、地理、经济、社会、自然等多种条件的限制，一直处于发展缓慢和滞后的状态，贫困问题凸显。在这些地区，相当一部分人的基本生存需要都无法满足，地区发展落后于全国平均水平，尤其与东部沿海地区在经济、社会、文化等方面的差距明显拉大。

为了解决逐渐扩大的中国农村发展不平衡、农村及城市发展差距大及区域间差异明显等问题，中央政府决心实施全国性的大规模农村扶贫开发，确立了"开发式扶贫"的方针，将解决贫困地区人口温饱问题与全面开发贫困地区结合起来。一方面，中央政府把扶贫开发作为一项主要内容列入了国民经济发展第七个五年计划（1986—1990年），以应对"老、少、边、穷"等地区的区域性贫困问题；另一方面，国务院于1986年成立贫困地区开发领导小组及其办公室，以保障大规模的农村扶贫计划的落地实施。此后，从中央至地方，各级贫困地区开发领导小组也全面建立。

这一时期，国家将扶贫政策和工作开展落实到县级层面，改变以往扶贫政策相对分散、单一的局面。1986年，中国政府第一次确定了国家重点扶持贫困县标准：以县为单位，1985年农民年人均纯收入低于150元的县[①]。在此标准下，中国确定了首批331个国家级贫困县，其中绝大多数均分布于集中连片的"老、少、边、穷"地区。此外，国家还针对性地出台了一系列有计划、有组织、大规模的扶贫政策，包括组织劳务输出、推进开发式移民、推进贫困地区基础设施建设等。同时，为了促进地区经济的协调发展，国家还制定了"对口帮扶"和"定点扶贫"的政策。这些举措标志着中国的扶贫工作进入了一个新的历史时期。

除了上述开创性的实践以外，中国也开始关注扶贫开发中的性别平等问题。1989年，中国开设了多个针对中国农村妇女的脱贫项目，具有代表

---

① 国务院新闻办公室：《中国的农村扶贫开发》，2005年5月26日，http://www.gov.cn/zhengce/2005-05/26/content_2615719.htm，访问日期：2020年6月17日。

性的是"双学双比"活动和"春蕾计划"。"双学双比"活动是指在全国各族农村妇女中开展的"学文化、学技术、比成绩、比贡献"竞赛活动。该活动是全国妇联联合农业部、林业部、国家教委、国家科委、国务院扶贫开发领导小组等12个部委（后增加为14个部委）组织开展的，内容主要包括对妇女进行文化科技培训、组织开展适合妇女特点的生产竞赛和为参赛妇女提供社会化服务三个方面。"春蕾计划"是在全国妇联领导下，中国儿童少年基金会发起并组织实施的儿童公益项目，以资助贫困地区失辍学女童继续学业、改善贫困地区办学条件为宗旨。虽然上述两个项目的实施仍在不断完善中，但一定程度上表明中国在扶贫开发中对性别维度的关注，有助于长期促进农村贫困妇女的脱困和发展。

这一时期的扶贫模式突出对地方自我发展能力的提升，通过对贫困地区人力资源的投资、产业结构的构建和优化及县域支柱型产业的培养，实现了传统单纯性的"输血式"扶贫向可持续性的"造血式"扶贫的特征转变。多项开发式扶贫政策促进了中国贫困人口的稳定下降，贫困地区的贫困状况得到明显改善。经过8年的不懈努力，国家重点扶持贫困县农民人均纯收入从1986年的206元增加到1993年的483.70元；农村贫困人口由1.25亿人减少到8000万人，平均每年减少640万人，年均递减6.2%；贫困人口占农村总人口的比重从14.8%下降到8.7%。[①] 表2-6至表2-9显示了1986—1993年中国农村绝对贫困情况以及城乡居民人均收支和恩格尔系数。

表2-6 中国农村绝对贫困人口和贫困发生率变动情况（1986—1993年）

年份	贫困线（元/人）	绝对贫困人口（万人）	贫困发生率（%）
1986	213	13100	15.5
1987	227	12200	14.3
1988	236	9600	11.1
1989	259	10200	11.6
1990	300	8500	9.4

---

① 国务院新闻办公室：《中国的农村扶贫开发》，2005年5月26日，http://www.gov.cn/zhengce/2005-05/26/content_2615719.htm，访问日期：2020年6月17日。

第二章　改革开放以来中国扶贫政策的演变

续表 2-6

年份	贫困线（元/人）	绝对贫困人口（万人）	贫困发生率（%）
1991	—	9400	10.4
1992	317	8066	8.8
1993	—	7500	8.2

资料来源：国家统计局住户调查办公室：《中国农村贫困监测报告》，中国统计出版社2000年版，第7页；2001年版，第8页；2019年版，第296页。①

表 2-7　按现行农村贫困标准衡量的农村贫困状况（1978—1995年）

年份	当年价贫困标准（元/年·人）	贫困人口规模（万人）	贫困发生率（%）
1978	366	77039	97.5
1980	403	76542	96.2
1985	482	66101	78.3
1990	807	65849	73.5
1995	1511	55463	60.5

资料来源：国家统计局：《扶贫开发成就举世瞩目，脱贫攻坚取得决定性进展——改革开放40年经济社会发展成就系列报告之五》，http://www.stats.gov.cn/ztjc/ztfx/ggkf40n/201809/t20180903_1620407.html。

表 2-8　1986—1993年全国城镇居民人均收支和恩格尔系数

年份	城镇居民家庭平均每人			
	可支配收入（元）	可支配收入指数（1978=100）	消费支出（元）	恩格尔系数（%）
1986	900.90	182.7	799.00	52.4
1987	1002.10	186.8	884.40	53.5
1988	1180.20	182.3	1104.00	51.4
1989	1373.90	182.5	1211.00	54.5
1990	1510.20	198.1	1278.90	54.2

---

① 1978—1999年称为农村贫困标准，2000—2007年称为农村绝对贫困标准。该标准的理论依据是绝对贫困理论，关注的是人们的基本生存问题，实质上是温饱标准。它包括两部分：一是满足最低营养标准（2100千卡/人·日）的基本食品需求，即食物贫困线；二是最低限度的衣着、住房、交通、医疗及其他社会服务的非食品消费需求，即非食物贫困线。

续表 2-8

年份	城镇居民家庭平均每人			
	可支配收入（元）	可支配收入指数（1978=100）	消费支出（元）	恩格尔系数（%）
1991	1700.60	212.4	1453.80	53.8
1992	2026.60	232.9	1671.70	53.0
1993	2577.40	255.1	2110.80	50.3

资料来源：国家统计局：《新中国六十五年数据表》，http://www.stats.gov.cn/ztjc/ztsj/201502/t20150212_682681.html。

表 2-9 1986—1993 年全国农村居民人均收支和恩格尔系数

年份	农村居民家庭平均每人			
	纯收入（元）	纯收入指数（1978=100）	消费支出（元）	恩格尔系数（%）
1986	423.80	277.6	357.00	56.4
1987	462.60	292.0	398.30	55.8
1988	544.90	310.7	476.70	54.0
1989	601.50	305.7	535.40	54.8
1990	686.30	311.2	584.60	58.8
1991	708.60	317.4	619.80	57.6
1992	784.00	336.2	659.20	57.6
1993	921.60	346.9	769.70	58.1

资料来源：国家统计局：《新中国六十五年数据表》，http://www.stats.gov.cn/ztjc/ztsj/201502/t20150212_682681.html。

三、扶贫攻坚阶段（1994—2000 年）

进入 20 世纪 90 年代中期，中国农村的贫困问题已得到显著缓解。贫困人口虽然占农村总人口的比重显著下降，但呈现出地缘性特征，主要分布在地域偏远、交通不便、生态失调、经济发展缓慢、文化教育落后、人畜

第二章　改革开放以来中国扶贫政策的演变

饮水困难、生产生活条件极为恶劣的中西部地区。具体来说，贫困人口集中分布在西南大石山区（缺土）、西北黄土高原区（严重缺水）、秦巴贫困山区（海拔落差大、耕地少、交通状况恶劣、水土流失严重）及青藏高寒区（积温严重不足）等几类地区。可想而知，针对这些贫困人口开展的扶贫工作是极具挑战性的。

为进一步解决这些地区的贫困问题，缩小东西部地区差距，1994年3月，国务院制定和发布了中国历史上第一个有明确目标、对象、措施和期限的扶贫开发工作纲领——《国家八七扶贫攻坚计划》，标志着中国的扶贫开发进入了攻坚阶段。[①] 这一纲领的核心内容是：从1994年到2000年，集中人力、物力、财力，动员社会各界力量，力争用7年左右的时间，到2000年年底基本解决全国农村8000万贫困人口的温饱问题。为了保障《国家八七扶贫攻坚计划》的实施，国家分别于1996年、1998年、1999年和2001年召开了4次全国扶贫开发工作会议。在这数次大会中，中共中央和国务院始终强调开发式扶贫的方针，提出了一系列的政策措施，包括动员中央各部门出台相关支持政策、逐渐增加财政投入、完善扶贫资金管理、扶贫到村到户、鼓励社会力量加入、开展与国际组织间的合作、促进跨区域协作等。

首先，国家在这一时期延续了重点以县为单位推进扶贫开发的工作特征。基于经济社会发展背景，中央政府于1994年重新调整了国家重点扶持贫困县的标准，同时更新了国家重点扶持贫困县的名单。一方面，国家将1992年农民人均纯收入低于400元的县全部纳入国家重点贫困县扶持范围；另一方面，将1992年人均纯收入高于700元的原国家重点扶持贫困县退出国家扶持范围（根据当时的典型测算，凡是超过700元的县，90%以上的贫困人口基本上解决温饱问题）。[②] 据此，《国家八七扶贫攻坚计划》中国家重点扶持的贫困县共有592个，分布在27个省、自治区、直辖市，涵盖了全

[①] 国务院新闻办公室：《中国的农村扶贫开发》，2005年5月26日，http://www.gov.cn/zhengce/2005-05/26/content_2615719.htm，访问日期：2020年6月17日。

[②] 国务院新闻办公室：《中国的农村扶贫开发》，2005年5月26日，http://www.gov.cn/zhengce/2005-05/26/content_2615719.htm，访问日期：2020年6月17日。

国72%以上的农村贫困人口。① 此后，中央政府集中资源、有针对性地重点解决这些贫困群众的温饱问题。

经过"八七"扶贫攻坚计划的实施，国家重点扶持贫困县的贫困人口从1994年的5858万人减少到2000年的1710万人。这些地区的农业经济增速显著提升：农业增加值增长54%，年均增长7.5%；工业增加值增长99.3%，年均增长12.2%；地方财政收入增加近1倍，年均增长12.9%；粮食产量增长12.3%，年均增长1.9%；农民人均纯收入从648元增加到1337元，年均增长12.8%。② 在教育方面，592个国家重点扶持贫困县中有318个实现了"两基"③目标。可以说，针对这一批国家重点扶持贫困县的扶贫成果大大改善了全国的贫困形势，中国的扶贫开发事业实现了阶段性的突破。

其次，除了从"点"上切入，这一时期中国政府加大了"面"上扶贫攻坚的推进。基于经济发展东部较快，中西部相对落后的国情，中国政府将扶贫重点向中西部区域倾斜，将扶贫攻坚与促进区域协调发展的战略融合起来。贫困程度与宏观区域发展态势相对应，中国中西部地区集中分布着绝大多数农村贫困人口，呈块状和片状分布于高原、山地、丘陵、沙漠等自然条件复杂恶劣的区域。据统计，1994年中国政府确定的592个国家重点扶持贫困县中，中西部地区占82%。④ 中西部特殊的地理位置和自然环境造成了其贫困程度最深、贫困结构最复杂的贫困特点。对此，中国政府采取专项扶贫资金、对口帮扶、移民搬迁、劳务输出、国际合作等多种模式应对贫困问题。经过大量的实践，这一时期总结出许多延续至今的扶贫模式，如财政扶贫模式、对口帮扶模式、移民搬迁模式、国际项目模式等。其中，财政帮扶模式的主要做法是通过政府专项扶贫资金的注入达到支援欠发达地区发展的目的。中国政府专项扶贫资金主要包括两大类：财政扶贫资金和信

---

① 国务院新闻办公室：《中国的农村扶贫开发》，2005年5月26日，http://www.gov.cn/zhengce/2005-05/26/content_2615719.htm，访问日期：2020年6月17日。
② 国务院新闻办公室：《中国的农村扶贫开发》，2005年5月26日，http://www.gov.cn/zhengce/2005-05/26/content_2615719.htm，访问日期：2020年6月17日。
③ "两基"：基本普及九年义务教育和基本扫除青壮年文盲。
④ 国务院新闻办公室：《中国的农村扶贫开发》，2005年5月26日，http://www.gov.cn/zhengce/2005-05/26/content_2615719.htm，访问日期：2020年6月17日。

第二章 改革开放以来中国扶贫政策的演变

贷扶贫资金。财政扶贫资金又包括支援不发达地区发展资金、新增财政扶贫资金、以工代赈资金等。① 1997年的《国家扶贫资金管理办法》对各类扶贫资金的使用做出规定，其中，财政扶贫资金主要用于建设基本农田、兴修小型水利工程、解决人畜饮水困难、修建乡村道路、科技培训和推广农业实用技术等；扶贫信贷资金主要用于增加贫困户当年收入的种养业项目。② 这一时期，中国加大了扶贫开发的投入力度，据统计，2000年中央各项扶贫专项资金达到248亿元，较1980年增加了30倍；中国政府安排的扶贫专项资金累计达到1680多亿元，其中财政资金800多亿元（含以工代赈资金390多亿元），信贷扶贫资金880亿元；按照中央要求的配套比例（1996年以后为30%~50%），地方政府扶贫投入的力度也相应加大。③ 在国家扶贫资金投放的地区结构上，这一时期中央政府做出明显调整，1994年起，把用于东部较发达省份的中央扶贫信贷资金转为用于中西部贫困状况严重的省、自治区，并新增了仅用于中西部贫困地区的财政扶贫资金。

同时，对口扶贫模式在这一时期的中西部扶贫开发中得到大力应用。党中央、国务院于1996年做出了开展东西部合作的重大战略决策，明确由东部发达地区对口帮扶西部贫困地区，以落实邓小平同志"先富带动后富，最终实现共同富裕"的思想，对口帮扶模式由此产生。在这一战略下，东西部省份根据"优势互补、互惠互利、长期合作、共同发展"的原则，重点着手改善贫困地区生产条件和自然环境，解决贫困群体温饱问题，在企业、项目合作和人才交流等方面均开展了合作。具体帮扶情况如下：北京帮扶内蒙古，天津帮扶甘肃，上海帮扶云南，广东帮扶广西，江苏帮扶陕西，浙江帮扶四川，山东帮扶新疆，辽宁帮扶青海，福建帮扶宁夏，大连、青岛、深圳、宁波帮扶贵州。④ 据统计，东部13个省、直辖市政府和社会

---

① 国务院新闻办公室：《中国的农村扶贫开发》，2005年5月26日，http://www.gov.cn/zhengce/2005-05/26/content_2615719.htm，访问日期：2020年6月17日。
② 国务院新闻办公室：《中国的农村扶贫开发》，2005年5月26日，http://www.gov.cn/zhengce/2005-05/26/content_2615719.htm，访问日期：2020年6月17日。
③ 国务院新闻办公室：《中国的农村扶贫开发》，2005年5月26日，http://www.gov.cn/zhengce/2005-05/26/content_2615719.htm，访问日期：2020年6月17日。
④ 国务院新闻办公室：《中国的农村扶贫开发》，2005年5月26日，http://www.gov.cn/zhengce/2005-05/26/content_2615719.htm，访问日期：2020年6月17日。

各界累计捐款、捐物折款近 21.4 亿元，双方签订项目协议 5745 个，协议投资 280 多亿元，实现投资 40 多亿元，从贫困地区输出劳动力 51.7 万人。[①] 除了东西部对口帮扶以外，对口帮扶模式还涉及两个方面：一是中央和各级国家机关、企事业单位与贫困县区进行对口帮扶；二是社会组织、民间团体和民主党派对贫困地区开展产业投资、合作和智力帮扶等。据统计，到 2000 年年底，定点帮扶的部门和单位达到 138 个，共派出 3000 多名干部到贫困县挂职扶贫，直接投入资金 44 亿元，帮助贫困地区引进国内外各种资金 105 亿元。[②] 1995—1999 年，各省、自治区、直辖市以及贫困地区先后有 4.6 万名干部到贫困县、村挂职扶贫，直接投入资金和物资折合人民币达 87.62 亿元；帮助引进各类扶持资金 103 亿元，实施扶贫项目 2 万余个，帮助引进技术人才 1.3 万余名，引进技术近 7000 项。[③]

此外，鉴于贫困地区人口分布和土地资源时空分布不均的特点，1994 年《国家八七扶贫攻坚计划》提出"对极少数生存和发展条件特别困难的村庄和农户，实行开发式移民"的思路，逐渐总结出移民搬迁模式。移民搬迁模式兴起于 20 世纪 70 年代后期的宁夏干旱地区。1982 年年底，中国在针对"三西"地区实施的扶贫开发计划中提到的"水旱不通另找出路"的措施就是移民扶贫，这可以看作移民搬迁模式在国家层面的开端。[④] 这一时期，移民扶贫开发遵循"群众自愿、就近安置、量力而行、适当补助"的原则，采用了插户移民[⑤]、政府建移民开发基地安置移民[⑥]和吊庄移民[⑦]三种方式。据统计，该时期中国共迁移安置了 260 万贫困人口，其中已稳定在迁入地居住的达 240 万，使全国需要移民搬迁的贫困人口由 750 万减少到

---

① 国务院新闻办公室：《中国的农村扶贫开发》，2005 年 5 月 26 日，http://www.gov.cn/zhengce/2005-05/26/content_2615719.htm，访问日期：2020 年 6 月 17 日。
② 国务院新闻办公室：《中国的农村扶贫开发》，2005 年 5 月 26 日，http://www.gov.cn/zhengce/2005-05/26/content_2615719.htm，访问日期：2020 年 6 月 17 日。
③ 国务院新闻办公室：《中国的农村扶贫开发》，2005 年 5 月 26 日，http://www.gov.cn/zhengce/2005-05/26/content_2615719.htm，访问日期：2020 年 6 月 17 日。
④ 檀学文：《中国移民扶贫 70 年变迁研究》，《中国农村经济》2019 年第 8 期。
⑤ 即由贫困户自行投亲靠友，分散安置，政府给予一定补助。
⑥ 这一方式既要保证可稳定解决迁入户的温饱问题，又要保证不破坏迁入地的生态环境。
⑦ 即采取搬迁初期两头有家的形式，待移民点得到开发，生产生活基本稳定后再完全搬迁。

第二章 改革开放以来中国扶贫政策的演变

500万左右。①

国际项目模式在这一时期也得到了实践。国际项目模式是指利用国外资金在贫困地区进行大农业、基础设施建设,第二、第三产业开发,劳务输出,教育卫生和贫困监测等项目建设,从而解决贫困问题的模式。自20世纪90年代以来,尤其是1994年《国家八七扶贫攻坚计划》实施后,为了完成"八七计划"的扶贫目标,各级政府开始广泛、积极地引进外资,将争取国际援助、开展扶贫领域的国际经济合作逐渐提上议事日程。其中,世界银行是中国最早展开合作的国际组织。1995年7月,世界银行与中国合作的西南贷款项目开始在云南、贵州、广西三省(区)最贫困的35个国定贫困县实施。这是当时利用外资规模最大的扶贫项目,总投资42.3亿元,其中,利用世界银行贷款2.475亿美元,国内相应的配套资金为21.8亿元。② 此外,中国也与其他国家、国际组织和非政府组织开展了广泛合作,改变了以往单纯依靠国内资金的传统方式,开拓了国内扶贫机构与国际组织相结合、国内扶贫资金与国际组织援助相结合的扶贫开发新格局。

在这一时期的扶贫开发工作中,中国除了从地理层面对贫困程度较深的区域展开扶贫以外,还将性别平等进一步纳入扶贫计划的考量。《国家八七扶贫攻坚计划》中明确提出:"妇联组织要进一步动员贫困地区妇女积极参与'双学双比'竞赛活动,兴办家庭副业,发展庭院经济;也要办一些劳动密集型和适合妇女特点的扶贫项目;组织妇女学习实用技术,提高脱贫致富的能力;配合教育部门扫除文盲;配合劳动部门组织妇女的劳务输出。"③ 除此之外,中国还开展了小额信贷扶贫④、"幸福工程"⑤、"春蕾计

---

① 国务院新闻办公室:《中国的农村扶贫开发》,2005年5月26日,http://www.gov.cn/zhengce/2005-05/26/content_2615719.htm,访问日期:2020年6月17日。

② 国务院新闻办公室:《中国的农村扶贫开发》,2005年5月26日,http://www.gov.cn/zhengce/2005-05/26/content_2615719.htm,访问日期:2020年6月17日。

③ 国务院扶贫开发领导小组办公室:《国家八七扶贫攻坚计划(1994—2000年)》,2016年7月14日,http://www.cpad.gov.cn/art/2016/7/14/art_343_141.html,访问日期:2020年6月21日。

④ 小额信贷扶贫最早可追溯到1989年山西吕梁地区妇联的相关实践。1994年,全国妇联开始有计划地开展小额信贷扶贫试点工作,并于1997年与国务院扶贫办在全国层面逐步推广。

⑤ 全称"幸福工程——救助贫困母亲行动",是中国人口福利基金会、中国计划生育协会、中国人口报社于1995年联合发起成立的,主要以贫困地区计划生育家庭的贫困母亲为救助对象,帮助她们发展家庭经济,脱贫致富。

划""母亲水窖工程"①等针对农村妇女脱困的项目。据统计,1999—2001年,全国各级妇联共组织发放农村小额信贷扶贫资金7.2亿元,帮助460万妇女摆脱了贫困;②截至2000年5月,"幸福工程"已投入资金1.45亿元,救助107472人,受惠人口达48.3万人;截至2000年7月,"春蕾计划"共集资3.3亿元,使105万失学女童重返学校。③这些项目均对加快中国农村妇女脱困发挥了积极作用。

> **专栏2-1 "春蕾计划"**
>
> 　　1989年,在全国妇联领导下,中国儿童少年基金会发起并组织实施了"春蕾计划"儿童公益项目,汇聚社会爱心,资助贫困地区失辍学女童继续学业,改善贫困地区办学条件,辅助国家发展儿童少年教育福利事业。截至2019年,该计划累计筹集社会爱心捐款21亿元,捐赠人数达2784万人次;在全国范围内资助春蕾女童超369万人次,捐建春蕾学校1811所,对52.7万人次女童进行职业教育培训。(中国儿童少年基金会:《"春蕾计划"30年筹款21亿元,资助女童超369万人次》,http://politics.gmw.cn/2019-09/06/content_33142401.htm)

在这一阶段,中国政府在方针政策、资金的使用和管理、组织安排和扶持方式等方面进行了统筹协调,集中了大量的人力、物力、财力,开展大规模的扶贫攻坚。经过7年的努力,中国农村贫困地区的生产、生活条件得到明显改善,经济发展速度明显加快,各项社会事业也取得了进步。到2000年年底,农村绝对贫困人口由1992年的8000多万人进一步减少到3000多万人,贫困发生率从8.8%下降到3.4%(见表2-10),国家"八七"扶贫攻坚目标基本实现。2001年5月24日,时任国务院副总理温家宝

---

① "母亲水窖"是一项集中供水工程,是中国妇女发展基金会2001年开始实施的慈善项目,重点帮助西部地区老百姓特别是妇女摆脱因严重缺水带来的贫困和落后。
② 全国妇联妇女发展部:《小额信贷帮妇女脱贫》2003年8月26日,http://www.women.org.cn/zhuanti/www.women.org.cn/zhuanti/9da/5ncgzz/huihuang/08.htm,访问日期:2020年6月21日。
③ 国务院新闻办公室:《中国的农村扶贫开发》,2005年5月26日,http://www.gov.cn/zhengce/2005-05/26/content_2615719.htm,访问日期:2020年6月17日。

第二章　改革开放以来中国扶贫政策的演变

在中央扶贫工作会议上说:"除了少数社会保障的对象和生活在自然条件恶劣地区的特困人口以及部分残疾人以外,全国农村贫困人口的温饱问题基本已经解决。"①

回顾自改革开放以来20多年的努力,中国的扶贫开发工作取得了巨大成果。第一,农村贫困人口的温饱问题得到了解决。农村尚未解决温饱问题的贫困人口由1978年的2.5亿人减少到2000年的3000万人,农村贫困发生率从30.7%下降到3%左右。其中,在1997—1999年,每年有800万贫困人口解决了温饱问题,这是进入20世纪90年代以来中国解决农村贫困人口年度数量的最高水平。② 第二,中国农村贫困地区的生产生活条件明显改善。1986—2000年有9915万亩基本农田建成,7725万多人和8398万多头大牲畜的饮水困难得到解决,2000年年底,贫困地区通电、通路、通邮、通电话的行政村分别达到95.5%、89%、69%和67.7%。③ 第三,贫困地区的各项社会事业得到了较快发展。在办学条件、"两基"工作、职业教育、成人教育、乡镇卫生院、农业实用技术、广播电视节目接通到村等方面均有不俗成绩。第四,集中连片贫困地区的贫困现象得到改善。革命老区如沂蒙山区、井冈山区、大别山区、闽西南地区的贫困群众温饱问题得到基本解决,甘肃定西地区和宁夏的西海固地区的基础设施与基本生产条件得到显著改善。表2-10至表2-13显示了1994—2000年我国农村绝对贫困情况以及城乡居民人均收支和恩格尔系数。

---

① 温家宝:《在中央扶贫开发工作会议上的讲话(全文)》,2001年9月20日,http://news.sohu.com/91/81/news146688191.shtml,访问日期:2020年5月31日。
② 国务院新闻办公室:《中国的农村扶贫开发》,2005年5月26日,http://www.gov.cn/zhengce/2005-05/26/content_2615719.htm,访问日期:2020年6月17日。
③ 国务院新闻办公室:《中国的农村扶贫开发》,2005年5月26日,http://www.gov.cn/zhengce/2005-05/26/content_2615719.htm,访问日期:2020年6月17日。

表2-10 中国农村绝对贫困人口和贫困发生率变动情况（1994—2000年）

年份	贫困线（元/人）	绝对贫困人口（万人）	贫困发生率（%）
1994	440	7000	7.6
1995	530	6500	7.1
1996	—	5800	6.3
1997	640	5000	5.4
1998	635	4200	4.6
1999	625	3412	3.7
2000	625	3209	3.4

资料来源：国家统计局住户调查办公室：《中国农村贫困监测报告》，中国统计出版社2000年版，第7页；2001年版，第8页；2019年版，第296页。

表2-11 按现行农村贫困标准衡量的农村贫困状况（1978—2000年）

年份	当年价贫困标准（元/年·人）	贫困人口规模（万人）	贫困发生率（%）
1978	366	77039	97.5
1980	403	76542	96.2
1985	482	66101	78.3
1990	807	65849	73.5
1995	1511	55463	60.5
2000	1528	46224	49.8

资料来源：国家统计局：《扶贫开发成就举世瞩目 脱贫攻坚取得决定性进展——改革开放40年经济社会发展成就系列报告之五》，http://www.stats.gov.cn/ztjc/ztfx/ggkf40n/201809/t20180903_1620407.html。

表2-12 1994—2000年全国城镇居民人均收支和恩格尔系数

年份	城镇居民家庭平均每人			
	可支配收入（元）	可支配收入指数（1978=100）	消费支出（元）	恩格尔系数（%）
1994	3496.20	276.8	2851.30	50.0
1995	4283.00	290.3	3537.60	50.1
1996	4838.90	301.6	3919.50	48.8

续表2-13

年份	城镇居民家庭平均每人			
	可支配收入（元）	可支配收入指数（1978=100）	消费支出（元）	恩格尔系数（%）
1997	5160.30	311.9	4185.60	46.6
1998	5425.10	329.9	4331.60	44.7
1999	5854.00	360.6	4615.90	42.1
2000	6280.00	383.7	4998.00	39.4

资料来源：国家统计局：《新中国六十五年数据表》，http://www.stats.gov.cn/ztjc/ztsj/201502/t20150212_682681.html。

表2-13　1994—2000年全国农村居民人均收支和恩格尔系数

年份	农村居民家庭平均每人			
	纯收入（元）	纯收入指数（1978=100）	消费支出（元）	恩格尔系数（%）
1994	1221.00	364.3	1016.80	58.9
1995	1577.70	383.6	1310.40	58.6
1996	1926.10	418.1	1572.10	56.3
1997	2090.10	437.3	1617.20	55.1
1998	2162.00	456.1	1590.30	53.4
1999	2210.30	473.5	1577.40	52.6
2000	2253.40	483.4	1670.10	49.1

资料来源：国家统计局：《新中国六十五年数据表》，http://www.stats.gov.cn/ztjc/ztsj/201502/t20150212_682681.html。

四、综合扶贫开发阶段（2001—2012年）

2000年之后，中国的扶贫开发工作进入新的阶段。截至2000年年底，中国农村尚未解决温饱问题的贫困人口有3000万人，低收入人口有6000多万。此时，全国贫困人口的分布特征已与之前有所不同，由原来的区域连片分布转变为点状分布,由原来的集中分布逐渐转为分散分布的趋势。对此,中国重新制定了扶贫计划和策略。2001年5月,中共中央、国务院颁布了《中国农村扶贫开发纲要(2001—2010年)》(以下简称《纲要》),《纲要》序言指出:"当前尚未解决温饱的贫困人口,虽然数量不多,但是解决的难度很大。初步解决温饱问题的群众,由于生产生活条件尚未得到根本改变,他们的温饱还不稳定,巩固温饱成果的任务仍很艰巨。基本解决温饱的贫困人口,其温饱的标准还很低,在这个基础上实现小康、进而过上比较宽裕的生活,需要一个较长期的奋斗过程。"由此可见,解决少数贫困人口的温饱问题、巩固已有的温饱成果、提升温饱标准成为这一阶段的扶贫开发目标。对此,中国政府在上一阶段工作的基础上,实施更系统、深入的扶贫开发举措。

首先,中国政府将扶贫开发工作纳入统筹城乡协调发展、区域间协调发展的大局。自改革开放以来,中国经济社会发生巨大变化,呈现出城乡发展及东、中西部发展不均衡的新特征。对此,中国政府一直将解决发展失衡问题纳入扶贫开发政策设计的考量,而这一意图在此时期尤为凸显。

一方面,中国政府制定实施各项支持农村和农民的政策。10余年间,中国实行统筹城乡经济社会发展的方略和工业反哺农业、城市支持农村与"多予少取放活"的方针,实现了农村人口的普遍受益。[①] 这一时期,中国取消了农业税、牧业税、生猪屠宰税和农林特产税,全面实行种粮农民直接补贴、良种补贴、农机具购置补贴和农资综合补贴等各类补贴。同时,中国政府建立和完善农村社会保障体系,于2002年提出建立以大病统筹为主的新型农村合作医疗制度(简称"新农合"),2009年将新农合确立为农村基本医疗保障制度;于2003年开始部署农村低保建设工作,于2007年决定在全国建立农村最低生活保障制度;于2009年决定开展新型农村社会养老保险试点,并很快在全国推广。此外,中国政府明显加大强农惠农富农的公共财政投入力度。据统计,中央财政用于"三农"的支出从2003年的2144.2亿元增加到2010年的8579.7亿元,年均增长21.9%,公共财政覆

---

① 国务院新闻办公室:《中国农村扶贫开发的新进展》白皮书(全文),2011年11月16日,http://www.scio.gov.cn/tt/Document/1048386/1048386_1.htm,访问日期:2020年6月22日。

第二章 改革开放以来中国扶贫政策的演变

盖农村的步伐明显加快。① 另一方面,中国政府率先在贫困地区实行强农惠农富农政策,并对中西部地区给予较大支持。例如,国家扶贫开发工作重点县率先享受了免征农业税、农村义务教育"两免一补"政策②、对国家新安排的公益性基本建设项目减少或取消县及县以下配套等政策试点。中西部地区在农村最低生活保障、新型农村合作医疗和新型农村社会养老保险的制度安排上得到中央财政的大力支持。据统计,2010 年,民政部门资助参加新型农村合作医疗 4615.4 万人次,资助资金 14 亿元,人均资助 30.3 元。③

专栏 2-2 新型农村合作医疗

新型农村合作医疗是指由政府组织、引导、支持,农民自愿参加,个人、集体和政府多方筹资,以大病统筹为主的农民医疗互助共济制度。其采取个人缴费、集体扶持和政府资助的方式筹集资金。2002 年 10 月,中国明确提出各级政府要积极引导农民建立以大病统筹为主的新型农村合作医疗制度。2009 年,中国做出深化医药卫生体制改革的重要战略部署,确立新农合作为农村基本医疗保障制度的地位。

其次,中国政府将提升农村公共服务纳入扶贫开发的思路中,将建立农村社会保障制度作为稳定解决贫困人口温饱问题的基本路径。一方面,2007 年中国政府全面建立了农村最低生活保障制度。县级以上地方政府根据当地农村居民全年基本生活所必需的费用设立当地低保标准,将家庭年人均纯收入低于标准线的所有农村居民纳入保障范围。在此制度下,农村人口的温饱问题得到了稳定、持久的保障。据统计,截至 2010 年年底,全国农村低保覆盖 2528.7 万户、5214 万人;2010 年全年共发放农村低保资金 445 亿元,其中,中央补助资金 269 亿元;全国农村低保平均标准为每人每

---

① 国务院新闻办公室:《中国农村扶贫开发的新进展》白皮书(全文),2011 年 11 月 16 日,http://www.scio.gov.cn/tt/Document/1048386/1048386_1.htm,访问日期:2020 年 6 月 22 日。
② 即对农村义务教育阶段贫困家庭学生免书本费、免杂费,补助寄宿生生活费。
③ 国务院新闻办公室:《中国农村扶贫开发的新进展》白皮书(全文),2011 年 11 月 16 日,http://www.scio.gov.cn/tt/Document/1048386/1048386_1.htm,访问日期:2020 年 6 月 22 日。

月117元，月人均补助水平为74元。① 另一方面，中国政府逐步将五保供养②纳入社会保障制度，由国家财政负担所需资金。截至2010年年底，全国农村得到五保供养的人数为534万户、556.3万人，基本实现"应保尽保"，全国各级财政共发放农村五保供养资金96.4亿元。③ 同时，中国政府于2009年开展新型农村社会养老保险试点工作，将493个国家扶贫开发工作重点县纳入试点，覆盖率达到83%，并由中央财政对中西部地区按中央确定的基础养老金给予全额补助。④

再次，中国政府将扶贫工作重点由曾经的"县"进一步落实到"村"。除了原来设立的592个国家扶贫开发重点县以外，2001年，中国政府新确立了14.8万个贫困村。这一阶段，中国政府尤其强调以村为单位，调动农民参与扶贫开发工作。一方面，中国政府逐村制定并实施扶贫规划，内容涵盖基本农田、人畜饮水、道路、贫困农户收入、社会事业等，截至2010年年底，已在12.6万个贫困村实施整村推进；另一方面，以提高农民参与度为切入点实施多元扶贫开发模式，如人力资源开发、产业化扶贫、以工代赈、易地扶贫搬迁和金融扶贫等。据统计，在人力资源开发方面，中央政府实施了"雨露计划"，为贫困家庭劳动力提供务工技能和务农技术培训，2004年至2010年间累计安排财政扶贫资金30亿元，培训超过400万人次。⑤ 在产业化扶贫方面，中国政府通过为贫困地区培养特色优势产业来带动农村合作经济，如马铃薯、经济林果、草地畜牧业、棉花等主导产业，带动贫困农户脱贫。在以工代赈方面，2001年至2010年，中央政府累计投

---

① 国务院新闻办公室：《中国农村扶贫开发的新进展》白皮书（全文），2011年11月16日，http://www.scio.gov.cn/tt/Document/1048386/1048386_1.htm，访问日期：2020年6月22日。
② 国家对农村丧失劳动能力和生活没有依靠的老、弱、孤、寡、残农民实行五保供养，即在吃、穿、住、医、葬等方面给予生活照顾和物质帮助。
③ 国务院新闻办公室：《中国农村扶贫开发的新进展》白皮书（全文），2011年11月16日，http://www.scio.gov.cn/tt/Document/1048386/1048386_1.htm，访问日期：2020年6月22日。
④ 国务院新闻办公室：《中国农村扶贫开发的新进展》白皮书（全文），2011年11月16日，http://www.scio.gov.cn/tt/Document/1048386/1048386_1.htm，访问日期：2020年6月22日。
⑤ 国务院新闻办公室：《中国农村扶贫开发的新进展》白皮书（全文），2011年11月16日，http://www.scio.gov.cn/tt/Document/1048386/1048386_1.htm，访问日期：2020年6月22日。

第二章　改革开放以来中国扶贫政策的演变

入以工代赈资金550多亿元,① 用于县乡村公路、农田水利、人畜饮水、基本农田、草场建设、小流域治理等农村小型基础设施建设,带动贫困农户短期就业并获得收入。此外,中国政府还开展了金融扶贫,为贫困村的发展提供财政扶贫资金,并开展扶贫贷款财政贴息改革,引导和撬动金融机构扩大贴息贷款投放规模。

最后,这一时期中国政府特别关注将妇女贫困与妇女发展规划结合起来,并制定了纲要性文件。中国政府组织实施了《中国妇女发展纲要(2001—2010年)》,明确将"缓解妇女贫困程度,减少贫困妇女数量"列为主要目标,实施了"母亲水窖""母亲健康快车"②、"两癌"救助计划③、"春蕾计划"等项目。此外,中国政府继续为贫困妇女提供小额贷款支持,截至2011年7月底,农村妇女获得贷款259.23亿元,贫困妇女成为扶贫资源的获得者和扶贫成果的直接受益者。据统计,592个国家扶贫开发工作重点县中,女性人口的贫困发生率从2005年的20.3%下降到2010年的9.8%,妇女贫困状况得到显著改善。④

总体来说,《中国农村扶贫开发纲要(2001—2010)》的实施极大推动了中国扶贫开发事业的发展。首先,中国农村居民的生存和温饱问题得到基本解决。按照2000年865元和2010年1274元的全国农村扶贫标准测算,中国农村贫困人口由2000年年底的9422万人减少到2010年年底的2688万人;贫困发生率从2000年的10.2%下降到2010年的2.8%(见表2-14)。⑤ 贫困地区经济获得全面发展。10年间,592个国家扶贫开发工作重点县人均地区生产总值从2658元增加到11170元,年均增长17%;人均地方财政一般预算

---

① 国务院新闻办公室:《中国农村扶贫开发的新进展》白皮书(全文),2011年11月16日,http://www.scio.gov.cn/tt/Document/1048386/1048386_1.htm,访问日期:2020年6月22日。

② "母亲健康快车"项目于2003年起由中国妇女发展基金会主导实施,为女性提供健康教育、妇科病检查、接转孕产妇、疾病救助、基层医师培训、妇幼服务能力建设等多种形式的健康服务,能极大地方便卫生院等医疗机构进入偏远村落进行疾病筛查、巡诊。

③ 中国政府于2009年开始启动实施了农村妇女的"两癌"(乳腺癌和宫颈癌)免费检查项目,为农村35岁到64岁适龄妇女进行免费的"两癌"检查。

④ 国务院新闻办公室:《中国性别平等与妇女发展》白皮书,2015年9月22日,http://www.gov.cn/zhengce/2015-09/22/content_2936783.htm,访问日期:2020年6月26日。

⑤ 国务院新闻办公室:《中国农村扶贫开发的新进展》白皮书(全文),2011年11月16日,http://www.scio.gov.cn/tt/Document/1048386/1048386_1.htm,访问日期:2020年6月22日。

收入从 123 元增加到 559 元，年均增长 18.3%；农民人均纯收入从 2001 年的 1276 元增加到 2010 年的 3273 元。① 其次，贫困地区基础设施和生产生活条件明显改善。从 2002—2010 年，592 个国家扶贫开发工作重点县新增基本农田 5245.6 万亩，新建及改扩建公路里程 95.2 万公里，新增教育卫生用房 3506.1 万平方米，5675.7 万人和 4999.3 万头大牲畜的饮水困难得到解决。② 最后，贫困地区各项社会事业不断进步。在教育方面，2010 年年底，国家扶贫开发工作重点县 7 至 15 岁学龄儿童入学率达到 97.7%，接近全国平均水平，青壮年文盲率为 7%，比 2002 年下降 5.4 个百分点；在医疗卫生方面，2010 年年底，国家扶贫开发工作重点县参加新农合的农户比例达到 93.3%，有病能及时就医的比重达到 91.4%，卫生院和卫生室在乡、村大范围建设起来。③ 表 2-14 至表 2-18 显示了 2000—2010 年中国农村绝对贫困情况以及城乡居民人均收支和恩格尔系数（部分年份数据有缺失）。

进一步地，2011 年 11 月 29 日，党中央召开的中央扶贫工作会议重新制定了新的国家扶贫标准，将贫困线提高至农民人均纯收入 2300 元，较 2009 年的扶贫标准提高了 92%。为进一步加快贫困人口脱贫，全面建设小康社会，促进共同富裕，2011 年年底，中共中央、国务院颁布了《中国农村扶贫开发纲要（2011—2020 年）》。这是中国继《国家八七扶贫攻坚计划（1994—2000 年）》和《中国农村扶贫开发纲要（2001—2010 年）》之后的又一个指导全国扶贫开发工作的纲领性文件。新纲要将中国新时期扶贫总体目标定为："到 2020 年，稳定实现扶贫对象不愁吃、不愁穿，保障其义务教育、基本医疗和住房。贫困地区农民人均纯收入增长幅度高于全国平均水平，基本公共服务主要领域指标接近全国平均水平，扭转发展差距扩大趋势。"可以说，这一文件的发布将扶贫开发又推上了一个新的台阶。

---

① 国务院新闻办公室：《中国农村扶贫开发的新进展》白皮书（全文），2011 年 11 月 16 日，http://www.scio.gov.cn/tt/Document/1048386/1048386_1.htm，访问日期：2020 年 6 月 22 日。
② 国务院新闻办公室：《中国农村扶贫开发的新进展》白皮书（全文），2011 年 11 月 16 日，http://www.scio.gov.cn/tt/Document/1048386/1048386_1.htm，访问日期：2020 年 6 月 22 日。
③ 国务院新闻办公室：《中国农村扶贫开发的新进展》白皮书（全文），2011 年 11 月 16 日，http://www.scio.gov.cn/tt/Document/1048386/1048386_1.htm，访问日期：2020 年 6 月 22 日。

第二章　改革开放以来中国扶贫政策的演变

表2-14　中国农村低收入标准①下的农村贫困状况（2000—2010年）

年份	贫困线（元/人）	绝对贫困人口（万人）	贫困发生率（%）
2000	865	9422	10.2
2001	865	9029	9.8
2002	865	8645	9.2
2003	865	8517	9.1
2004	865	7587	8.1
2005	865	6432	6.8
2006	865	5698	6
2007	865	4320	4.6
2008	865	4007	4.2
2009	865	3597	3.8
2010	1274	2688	2.8

资料来源：国家统计局住户调查办公室：《中国农村贫困监测报告》，中国统计出版社2019年版，第296页。

表2-15　中国农村绝对贫困人口和贫困发生率变动情况（2001—2007年）

年份	贫困线（元/人）	绝对贫困人口（万人）	贫困发生率（%）
2001	1274	2927	3.2
2002	1274	2820	3.0
2003	1274	2900	3.1
2004	1274	2610	2.8
2005	1274	2365	2.5
2006	1274	2148	2.3
2007	1274	1479	1.6

资料来源：国家统计局住户调查办公室：《中国农村贫困监测报告》，中国统计出版社2000年版，第7页；2001年版，第8页；2019年版，第296页。

---

① 2000—2007年称为农村低收入标准，2008—2010年称为农村贫困标准。

表2-16 按现行农村贫困标准衡量的农村贫困状况（2000—2010年）

年份	当年价贫困标准（元/年·人）	贫困人口规模（万人）	贫困发生率（%）
2000	1528	46224	49.8
2005	1742	28662	30.2
2010	2300	16567	17.2

资料来源：国家统计局：《扶贫开发成就举世瞩目 脱贫攻坚取得决定性进展——改革开放40年经济社会发展成就系列报告之五》，http://www.stats.gov.cn/ztjc/ztfx/ggkf40n/201809/t20180903_1620407.html。

表2-17 2001—2010年全国城镇居民人均收支和恩格尔系数

年份	城镇居民家庭平均每人			
	可支配收入（元）	可支配收入指数（1978=100）	消费支出（元）	恩格尔系数（%）
2001	6859.60	416.3	5309.00	38.2
2002	7702.80	472.1	6029.90	37.7
2003	8472.20	514.6	6510.90	37.1
2004	9421.60	554.2	7182.10	37.7
2005	10493.00	607.4	7942.90	36.7
2006	11759.50	670.7	8696.60	35.8
2007	13785.80	752.5	9997.50	36.3
2008	15780.80	815.7	11242.90	37.9
2009	17174.70	895.4	12264.60	36.5
2010	19109.40	965.2	13471.50	35.7

资料来源：国家统计局：《新中国六十五年数据表》，http://www.stats.gov.cn/ztjc/ztsj/201502/t20150212_682681.html。

表2-18 2001—2010年全国农村居民人均收支和恩格尔系数

年份	农村居民家庭平均每人			
	纯收入（元）	纯收入指数（1978=100）	消费支出（元）	恩格尔系数（%）
2001	2366.40	503.7	1741.10	47.7
2002	2475.60	527.9	1834.30	46.3

续表 2-18

年份	农村居民家庭平均每人			
	纯收入（元）	纯收入指数（1978=100）	消费支出（元）	恩格尔系数（%）
2003	2622.20	550.6	1943.30	45.6
2004	2936.40	588.0	2184.70	47.2
2005	3254.90	624.5	2555.40	45.5
2006	3587.00	670.7	2829.00	43.0
2007	4140.40	734.4	3223.90	43.1
2008	4760.60	793.2	3660.70	43.7
2009	5153.20	860.6	3993.50	41.0
2010	5919.00	954.4	4381.80	41.1

资料来源：国家统计局：《新中国六十五年数据表》，http://www.stats.gov.cn/ztjc/ztsj/201502/t20150212_682681.html。

五、精准扶贫阶段（2013—2020 年）

党的十八大以来，以习近平同志为核心的党中央把脱贫攻坚放在治国理政的突出位置，对全国范围内的扶贫工作给予了前所未有的关注。通过对以往扶贫开发事业的充分研究，针对传统粗放型开发扶贫方式所固有的问题，如贫困人口底数不清、情况不明，项目安排"大水漫灌"，资金使用"撒胡椒面"，帮扶工作"走马观花"，贫困县不愿"摘帽"等，习近平提出了精准扶贫的思想，针对"扶持谁，谁来扶，怎么扶，如何退"四个扶贫关键性问题做出了详细论述。习近平精准扶贫思想的提出和精准扶贫、精准脱贫方略的实施使中国扶贫开发事业进入全新阶段。

2013 年，精准扶贫的思想由习近平总书记在湖南省湘西州十八洞村调研时首次提出，他针对扶贫工作做出了"实事求是、因地制宜、分类指导、精准扶贫"十六个字的重要指示。2015 年 6 月，习近平总书记在贵州调研期间专门主持召开的部分省区市党委主要负责同志座谈会上指出，要坚持专项扶贫、行业扶贫、社会扶贫等多方力量、多种举措有机结合和互为支撑的"三位一体"大扶贫格局,这表明精准扶贫的思想内涵逐渐形成。① 此后,习近平总书记在2015减贫与发展高层论坛上宣布:"未来5年,我们将使中国现有标准下7000多万贫困人口全部脱贫。"这意味着脱贫攻坚即将进入实施阶段。2015年11月27日至28日,习近平总书记在中央扶贫开发工作会议上对精准扶贫精准脱贫思想进行系统阐述。会后,中共中央、国务院颁布了《关于打赢脱贫攻坚战的决定》,要求各级党委和政府要把扶贫开发工作作为重大政治任务来抓,提出"到2020年中国现行标准下农村贫困人口实现脱贫,贫困县全部摘帽,解决区域性整体贫困"的目标任务。这一文件的颁布标志着精准扶贫、精准脱贫方略的全面实施。2016年12月,国务院印发《"十三五"脱贫攻坚规划》,相关配套政策文件相继出台,精准扶贫思想的顶层设计逐步完善。2018年,《习近平扶贫论述摘编》出版,至此,习近平精准扶贫思想得到系统梳理和展现。习近平精准扶贫思想的提出和实施,大力推动了中国扶贫开发工作由传统粗放型扶贫向精准型扶贫的转型。

这一时期,中国扶贫开发工作进一步瞄准至"扶贫到户、精准到人",在"扶持谁""谁来扶""怎么扶"和"如何退"四个方面进行了大范围的探索和实践。首先,针对"扶持谁"的问题,中国政府对贫困人口、贫困程度和贫困原因进行了明晰,并做到因户施策、因人施策。其次,针对"谁来扶"的问题,中国政府建立了中央统筹、省(自治区、直辖市)负总责、市(地)县抓落实的扶贫开发工作机制,在省、市、县、乡、村五级书记共抓扶贫的工作模式下,将任务和责任明确到人,严格考核,使扶贫开发工作得以层层落实。在"怎么扶"的问题上,中国政府按照贫困地区和贫困人口的具体情况,实施"五个一批"工程,即"发展生产脱贫一批,易地搬迁脱贫一批,生态补偿脱贫一批,发展教育脱贫一批,社会保障兜底一批"。在"怎么退"的问题上,中国政府建立了贫困户脱贫和贫困县摘帽评估机制,明确退出标准、程序、核查办法和后续扶持政策,确保贫困人口识别和退出的准确率。总体来说,"扶持对象精准、项目安排精准、资金使用精准、措施到户精准、因村派人精准、脱贫成效精准"是这一时期精准扶贫工作的主要内容和基本要求。

---

① 郑风田:《习近平精准扶贫思想的内涵与脉络》,《人民论坛》2020年第2期。

第二章 改革开放以来中国扶贫政策的演变

此外,中国政府应对妇女贫困的实践在此时期持续取得进展。早在2011年7月30日,国务院就印发了《中国妇女发展纲要(2011—2020年)》。这是实行男女平等基本国策,保障妇女合法权益,优化妇女发展环境,提高妇女社会地位,推动妇女平等依法行使民主权利,平等参与经济社会发展,平等享有改革发展成果的指导性文件。这份文件在"妇女与经济"的发展领域中,明确指出"妇女贫困程度明显降低"的主要目标,并针对性地提出"加大对贫困妇女的扶持力度:制订有利于贫困妇女的扶贫措施,保障贫困妇女的资源供给;帮助、支持农村贫困妇女实施扶贫项目;小额担保贷款等项目资金向城乡贫困妇女倾斜"等策略措施。[1]

这一文件的实施明显推进了贫困妇女的脱贫进程(见表2-19)。2013年,全国城乡享受"低保"及农村"五保"的居民达7990万人,其中,女性为2836万人,比2010年增加98万多人。[2] 按照年人均收入2300元(2010年不变价)的农村贫困标准计算,2014年,全国农村贫困人口为7017万人,比2010年减少9550万人,其中约一半为女性。[3] 2015年,全国农村贫困人口为5575万人,比2010年减少1.1亿人,其中,约一半为女性;全国城乡享受"低保"及农村"五保"的居民7121余万人,其中女性超过2609万人,所占比重36.6%,比2010年提高2.8个百分点。[4] 2016年,全国农村贫困人口为4335万人,比2010年减少1.2亿多人,其中约一半为女性;全国城乡享受"低保"及农村特困人员6564万人,其中女性2494万人,所占比重为38%,比2010年提高4.1个百分点。[5] 2017年,全

---

[1] 国务院:《国务院关于印发中国妇女发展纲要和中国儿童发展纲要的通知》,2011年8月5日,http://www.gov.cn/zhengce/content/2011-08/05/content_6549.htm,访问日期:2020年6月26日。

[2] 国家统计局:《2013年〈中国妇女发展纲要(2011&2020年)〉实施情况统计报告》,2015年2月3日,http://www.stats.gov.cn/tjsj/zxfb/201501/t20150122_672472.html,访问日期:2020年6月26日。

[3] 国家统计局:《2014年〈中国妇女发展纲要(2011—2020年)〉实施情况统计报告》,2015年11月27日,http://www.stats.gov.cn/tjsj/zxfb/201511/t20151127_1282257.html,访问日期:2020年6月26日。

[4] 国家统计局:《〈中国妇女发展纲要(2011—2020年)〉中期统计监测报告》,2016年11月3日,http://www.stats.gov.cn/tjsj/zxfb/201611/t20161103_1423701.html,访问日期:2020年6月26日。

[5] 国家统计局:《2016年〈中国妇女发展纲要(2011—2020年)〉统计监测报告》,2017年10月27日,http://www.stats.gov.cn/tjsj/zxfb/201710/t20171026_1546608.html,访问日期:2020年6月26日。

国农村贫困人口为3046万人，比2010年减少近1.4亿人，在减少人数中约一半为女性；2017年，贫困发生率为3.1%，贫困发生率男女无明显差异。[①] 2018年，全国农村贫困人口为1660万人，比2010年减少近1.5亿人，其中约一半为女性；2018年，全国城乡享受"低保"和得到救助的农村特困人员共4981.1万人，其中女性1985.1万人，占比近4成。[②] 通过这些数据可以看出，中国政府对贫困妇女的保障力度不断加大，全国城乡享受"低保"及农村"五保"的女性居民越来越多，同时，中国贫困女性的数量也在快速减少。（见表2-19）

表2-19 全国城乡享受"低保"及农村"五保"的女性居民（2013—2018年）

年份	"低保"及"五保"的女性居民（万人）	占比（%）
2013	2836	—
2014	—	—
2015	2609	36.6
2016	2494	38
2017	—	—
2018	1985.1	40

资料来源：国家统计局：《2018年〈中国妇女发展纲要（2011—2020年）〉统计监测报告》，http://www.stats.gov.cn/tjsj/zxfb/201912/t20191206_1715998.html。

总的来说，自"精准扶贫"提出以来，扶贫开发工作在中国上升到了前所未有的政治高度。习近平总书记要求"脱贫攻坚任务重的地区，党委和政府要把脱贫攻坚作为'十三五'期间头等大事和第一民生工程来抓，坚持以脱贫攻坚统揽经济社会发展全局"。[③] 相较于此前的扶贫开发阶段，精准扶贫

[①] 国家统计局：《2017年〈中国妇女发展纲要（2011—2020年）〉统计监测报告》，2018年11月9日，http://www.stats.gov.cn/tjsj/zxfb/201811/t20181109_1632537.html，访问日期：2020年6月26日。

[②] 国家统计局：《2018年〈中国妇女发展纲要（2011—2020年）〉统计监测报告》，2019年12月6日，http://www.stats.gov.cn/tjsj/zxfb/201912/t20191206_1715998.html，访问日期：2020年6月26日。

[③] 刘乐：《习近平出席中央扶贫开发工作会议并作重要讲话》，2015年11月29日，http://china.cnr.cn/news/20151129/t20151129_520628571.shtml，访问日期：2020年6月23日。

第二章　改革开放以来中国扶贫政策的演变

阶段既是此前工作的延续，也是一次更高标准、更高质量的扶贫开发实践。这一阶段的扶贫工作打破了过去只重视扶贫进展程度和扶贫总结果的定式思维，更加注重扶贫领域的作风建设，同时，建立脱贫动态考察机制，全方位推进精准扶贫。①

这一时期，按照 2011 年新的国家扶贫标准 2300 元进行计算，中国农村贫困人口由 2011 年的 12238 万人减至 2019 年的 551 万人，年平均减贫超过 1000 万人（见表 2-20）。截至 2019 年年底，全国农村贫困人口累计减少 11687 万人，贫困发生率下降至 0.6%，贫困地区农村居民人均可支配收入达到 11567 元。② 表 2-20 显示了 2011—2019 年按现行农村贫困标准衡量的农村贫困状况，表 2-21 显示了 2013—2018 年全国农村常住居民人均收支情况及增速。

表 2-20　按现行农村贫困标准衡量的农村贫困状况（2011—2019 年）

年份	当年价贫困标准（元/年·人）	贫困人口规模（万人）	贫困发生率（%）
2011	2536	12238	12.7
2012	2625	9899	10.2
2013	2736	8249	8.5
2014	2800	7017	7.2
2015	2855	5575	5.7
2016	2952	4335	4.5
2017	2952	3046	3.1
2018	—	1660	1.7
2019	—	551	0.6

资料来源：国家统计局：《扶贫开发成就举世瞩目 脱贫攻坚取得决定性进展——改革开放 40 年经济社会发展成就系列报告之五》，http://www.stats.gov.cn/ztjc/ztfx/ggkf40n/201809/t20180903_1620407.html；国家统计局：《中华人民共和国 2018 年国民经济和社会发展统计公报》，http://www.stats.gov.cn/tjsj/zxfb/201902/t20190228_1651265.html；国家统计局：《中华人民共和国 2019 年国民经济和社会发展统计公报》，2020 年 2 月 28 日，http://www.stats.gov.cn/tjsj/zxfb/202002/t20200228_1728913.html。

---

① 周晓唯、宋二行：《中国扶贫历程与新时代精准扶贫的路径选择》，《牡丹江师范学院学报》（社会科学版）2020 年第 2 期。
② 国家统计局：《中华人民共和国 2019 年国民经济和社会发展统计公报》，2020 年 2 月 28 日，http://www.stats.gov.cn/tjsj/zxfb/202002/t20200228_1728913.html，访问日期：2020 年 5 月 31 日。

表 2-21 2013—2018 年全国农村常住居民人均收支情况及增速

年份	人均可支配收入（元）	人均可支配收入名义增速（%）	人均可支配收入实际增速（%）	人均消费支出（元）	人均消费支出名义增速（%）	人均消费支出实际增速（%）
2013	9430	12.4	9.3	7485	12.1	9.0
2014	10489	11.2	9.2	8383	12.0	10.0
2015	11422	8.9	7.5	9223	10.0	8.6
2016	12363	8.2	6.2	10130	9.8	7.8
2017	13432	8.6	7.3	10955	8.1	6.8
2018	14617	8.8	6.6	12124	10.7	8.4

资料来源：国家统计局住户调查办公室：《中国农村贫困监测报告》，中国统计出版社 2019 年版，第 299-301 页。

纵观中国的扶贫历程，能够发现整个历程从"输血"到"造血"，从物质到文化，从帮扶绝对贫困到发展脱贫能力，成效显著。在帮扶绝对贫困方面，改革开放的 40 多年来，中国的绝对贫困人口从数量到比重都有大幅下降，绝对贫困现象在中国已得到了很大程度的缓解。但是，在看到成绩的同时我们也应注意到，中国的扶贫开发工作在加大对相对贫困问题的重视、强化社会力量参与、推动扶贫专业化等许多方面均有进一步完善的空间。

第二节 广东省农村扶贫历程回顾

改革开放以来，广东省委、省政府十分重视农村地区的扶贫开发工作，在加快推进经济快速发展的同时，通过地区间结对帮扶、开发式扶贫和建立社会保障制度等措施，努力改善欠发达地区的面貌，不断缓解农村贫困状况，改善农村居民生活，走出了独具特色的农村扶贫道路。本节梳理了广东省自 1985 年以来的扶贫历程，将其分为四个阶段：①1985—1997 年政府主导的"输血"扶贫阶段；②1998—2008 年政府全覆盖的"造血"扶贫

第二章　改革开放以来中国扶贫政策的演变

阶段；③2009—2015年"规划到户、责任到人"的"'双到'扶贫"阶段；④2016—2020年"精准扶贫"的脱贫攻坚阶段。

一、温饱兜底：政府主导的"输血"扶贫阶段（1985—1997年）

广东省的地理特征可以用"七山一水两分田"来概括，这一地理特征所反映的区域资源禀赋和地理位置差异造成了广东省内区域间发展不平衡的现象。从地域上来看，广东省可分两大地区，分别是地势平坦开阔、地理位置优越的珠江三角洲地区和山区广布、相对偏远的粤东西北地区。因此，改革开放以来，广东作为前沿阵地虽然在整体上发展迅猛，但是省内珠三角地区和粤东西北地区的经济发展差异却十分明显。前者经济较为发达、充满活力，后者发展滞缓、活力不足，这一差异成为制约广东经济社会全面发展的"短板"和"软肋"。因此，广东省扶贫工作的开展主要集中于对粤东西北地区的帮扶。

广东多山，主要分布在东西两翼及北部，这些山区腹地不仅自然资源缺乏，而且自然风光一般，旅游开发潜力不足，因而陷入了"绿水青山枉自多"的尴尬境地，居民难以通过发展旅游脱贫致富。据统计，1985年广东省121个县级行政单位中有50个是山区县（市、区），其面积和人口分别占全省65%和42%。然而，占地超过全省一半、人口近全省半数的50个山区县，其人均国内生产总值、人均工农业总产值和人均工业总产值分别只占全省平均数的38.1%、43.5%和26.1%；其人均国民收入、人均城乡居民储蓄和人均农民纯收入分别仅有450元、93元和418元，与全省人均水平分别相差376元、181元和77.3元。其中，农村人均纯收入在300元以下的贫困县有31个，未解决温饱的农民（年人均纯收入低于250元）有420万人，占当年全省总人口的7.1%。从全省范围来看，广东省北部的石灰岩地区是最贫困的地区，该地区有85万人口，1985年人均纯收入还不到200元。[①]

[①] 崔健、陈国珊、郑宏宣、赵兴齐：《广东扶贫开发工作的回顾与前瞻》，《中国贫困地区》1998年第7期。

从"'双到'扶贫"到"精准扶贫"——基于广东经验的中国扶贫之路

1984年,国务院发布《中共中央、国务院关于帮助贫困地区尽快改变面貌的通知》,要求重点关注"老、少、边、穷"地区的扶贫工作,号召各贫困地区因地制宜搞建设,尽快改变贫穷面貌。基于大部分贫困人口主要集中在边远山区的分布特征,1985年起,广东省开始将山区建设纳入系统的扶贫工程体系当中,着重对贫困山区采取针对性的扶贫措施。这一时期的扶贫工作又可以分为三个阶段:一是1985—1990年实施造林绿化工程;二是1991—1996年对山区交通、通讯、能源、开发性农业和乡镇企业的建设;三是1996—1997年按照《国家八七扶贫攻坚计划》要求开展的针对尚存60万绝对贫困人口的扶贫攻坚工作。从扶贫工作内容来看,这一时期广东建立了多层次、多渠道的扶贫开发机制,包括省直机关挂钩扶贫、沿海对口扶持山区、拓展民间扶贫、实施"异地开发、异地安置、异地就业"等扶贫方针。这一时期总体来说呈现出政府主导的"输血式"扶贫特点。

1985年6月,广东省人民政府转发《国务院批转民政部等部门关于扶持农村贫困户发展生产治穷致富的请示的通知》,强调要提高贫困人口生产力的工作要求,广东省各级党委、政府由此开始有侧重地开展和落实各项扶贫工作,将其纳入农村经济和社会发展总体规划,为贫困户发展生产、治穷致富提供政策支持。1985年11月,广东省提出"五年消灭宜林荒山,十年绿化广东省大地"的口号,强调了"治山致富"的指导方针并出台相关政策措施,致力于通过对山区特殊地理环境的治理来促进贫困山区经济发展和脱贫致富。1990年5月,广东省人民政府转发《国务院批转国务院贫困地区经济开发领导小组关于九十年代进一步加强扶贫开发工作请示的通知》,要求各地政府基于当地实际成立扶贫机构和出台扶贫开发工作实施方案。广东省扶贫工作重点转向贫困山区的能源、信息、交通等基础设施建设,着力促进贫困山区开发式农业和乡镇企业的发展,为当地经济发展奠定基础。1994年7月,广东省人民政府转发国务院《关于印发国家八七扶贫攻坚计划的通知》。基于此,广东省提出要在1997年年底基本解决全省农村贫困人口的温饱问题,完成国家要求的各项扶贫攻坚任务。广东省所设定的时间期限比国家要求的提前了3年。

经过12年的扶贫工作,广东省50个山区县各项经济社会指标有了飞跃式的发展。据统计,截至1997年年底,广东省50个山区县的地区生产总值

第二章 改革开放以来中国扶贫政策的演变

较 1985 年翻了两番多;农村人均纯收入有了飞跃式的提升,从 418 元提高到 2860 元;主要经济指标增长速度大幅提升,甚至超过全省平均水平。此外,"八五"时期被列入国家"八七"扶贫攻坚计划的广东省三个贫困县均已达到国家标准,实现脱贫;31 个省定贫困县中有 21 个摘掉了贫困帽子,脱贫占比超过三分之二。①

1997 年年底,广东全省实现了基本解决温饱问题的目标(以户为单位计算,绝对贫困发生率在 1% 以下),成为全国实现国家"八七"扶贫攻坚计划目标的首批省份。与此同时,广东省山区贫困管理区(即行政村)集体经济发展壮大。据统计,1997 年年底,50 个山区 11167 个管理区中有 11086 个管理区的集体经济达到或超过省定 3 万元标准,达标率高达 94.6%;乡镇机动财力明显增加,50 个山区县的 957 个乡镇中有 949 个乡镇机动财力达到省定 30 万元以上的要求,达标率 99.2%;贫困县本级财政也有一定增长。50 个山区县中已有 40 个在"四个层次""五项指标"上实现脱贫达标。②

在这一阶段后期的扶贫工作中,广东省对农村贫困户针对性地采取了"六个到户"的特色举措,成效明显。1997 年全省筹集扶贫专项资金 3 亿多元(含省扶贫基金 1.1 亿多元),作为 1996 年年底统计尚存的 60 万绝对贫困人口解决温饱的生产启动资金,实行无偿扶持。在此基础上,广东省采取了"六个到户"的攻坚举措,分别为对象认定到户、资金结算到户、干部挂扶到户、项目落实到户、服务到户和检查验收到户。具体来说,一是对象认定到户。1998 年省重点扶持的 33 个县(市)的 60 万绝对贫困人口,都是经过逐户核查认定的,共 126776 户。二是资金结算到户。其中 16 个特困县每户省扶持 1000 元;17 个非特困县每户省扶持 800 元,市、县扶持 200 元,通过提供生产资料的形式结算到户。三是干部挂扶到户。33 个县及所在市共组织了 10 多万名干部与 12 万贫困户结成帮扶对子。四是项目落实到户。共落实了生产项目 22 万多个,做到每户至少 1 个,多者 2 至 3 个。五是服务到户。通过县和乡镇的服务部门或专业性合作经济组织将种子

---

① 崔健、陈国珊、郑宏宣、赵兴齐:《广东扶贫开发工作的回顾与前瞻》,《中国贫困地区》1998 年第 7 期。

② 崔健、陈国珊、郑宏宣、赵兴齐:《广东扶贫开发工作的回顾与前瞻》,《中国贫困地区》1998 年第 7 期。

（种苗）、肥料（饲料）、技术指导，以及产品销售等产前、产中、产后服务直接提供到户。六是检查验收到户。年终时逐户验收其温饱解决的情况。

这一时期，广东省的扶贫开发工作取得了突出成果，获得了多方的肯定。在这一阶段，广东省采取的是"输血型"扶贫，主要由政府财政兜底贫困群体的温饱问题，由政府职能部门帮扶困难群众生产生活，由干部直接负责贫困户的脱贫，即"千干扶千户"。这一时期整个扶贫过程都是由政府强力主导的。

二、开发治理：政府全覆盖的"造血"扶贫阶段（1998—2008年）

1997年，随着广东省提前3年实现国家"八七"扶贫攻坚计划的目标，广东省农村贫困问题呈现新特征，温饱问题已经成为过去，进一步改善贫困户的生产生活条件、提升贫困人口的生活质量、解决区域贫困问题成为新的扶贫目标。这一时期，由于国家自上而下对扶贫开发方针的强调，广东省扶贫工作主要呈现出开发治理的特征。这一阶段，广东主要开展了"两大会战""智力扶贫""对口扶贫"、建设全省最低生活保障制度、十项民心工程等扶贫开发工作，强力推进了山区贫困地区的工业化、城镇化和农业产业化，贫困人口持续减少。

专栏2-3 "智力扶贫"

"扶贫先扶智"，这是广东十几年扶贫工作的经验总结，也是广东的首创。在最初，广东对北部山区的扶贫主要采用"输血式"的送钱送物，并给无业青年安排工作，但效果并不理想。1994年7月，清远遭受了百年不遇的洪涝灾害，时任中共中央政治局委员、广东省委书记谢非到清远考察灾情时指出："扶贫先扶智，治穷先治愚。"确定了智力扶贫工作首先在清远市技工学校开始。由此，广东省的"智力扶贫"正式开启。（蒋大志：《广东智力扶贫喜结硕果15000名贫困生"走出山门"》，2007年9月27日，http://news.southcn.com/gdnews/gdnfw/content/2007-09/27/content_4252234.htm，访问日期：2020年6月22日）

第二章 改革开放以来中国扶贫政策的演变

2000年,广东省针对贫困农村基础设施落后和贫困农民"保命田"的两大问题,动员各级党委、政府干部与绝对贫困户结对帮扶,形成"两大会战"。"两大会战"主要指完成全省所有行政村的"四通",即通电话、通机动车、通广播电视和通邮;实现贫困农户"四个一目标",即每户输出一个劳动力、每户掌握一门致富技术、贫困户人均半亩"保命田"和每户挂上一家农业龙头企业,从而解决制约山区经济进一步发展的瓶颈问题。

2001年8月,广东省人民政府转发国务院关于印发《中国农村扶贫开发纲要(2001—2010年)》的通知,通知再次明确提出要坚持开发式扶贫方针,强调通过加强基础设施建设、改善生态环境等措施来进一步改善贫困地区的基本条件,增强农村贫困人口素质,提高生活质量,逐步缩小贫困山区在各方面的贫困差距。[1] 此后,广东省扶贫工作按照分类指导、统筹规划的指导思路,对"一保五难"(农村低保、行路难、看病难、读书难、饮水难、住房难)问题进行全面攻坚,全方位扶持山区贫困地区的发展。广东具体实施了"智力扶贫""对口扶贫"和建设全省最低生活保障制度等项目,以此推进山区贫困地区的工业化、城镇化和农业产业化,促进贫困人口持续减少。

2003年8月30日,广东省委、省政府发出关于实施《十项民心工程》的通知,要求深入贯彻"三个代表"重要思想,落实胡锦涛总书记视察广东省时的指示精神,坚持立党为公、执政为民,全面建设小康社会,确保全省人民无饥寒。广东通过在全省实施十项民心工程。至2007年年底,50个山区县农民纯收入从3210元提高到5126元,人均纯收入1500元以下的贫困农民下降到304万人。在十项民心工程的实施期间,广东省累计投入各类基础设施建设资金和配套扶持资金51.6亿元,共完成农村危房改造任务14.124万户。

梳理上述两个阶段可以看到,此时,广东省扶贫工作表现出明显的政府主导的工作特征。从1985年到2008年,广东省扶贫工作的政策措施和开

---

[1] 国务院:《国务院关于印发中国农村扶贫开发纲要(2001—2010年)的通知》(国发〔2001〕23号),2016年9月23日,http://www.gov.cn/zhengce/content/2016-09/23/content_5111138.htm,访问日期:2020年5月31日。

展路径具有明显的阶段性、整体性和连续性。1985年起，广东省扶贫在全国首先从"救济式"扶贫向"开发式"扶贫的逐步转变，扶贫开发工作由此取得了显著成效，贫困地区的发展条件和生产生活环境有所改善。1997年后，由于广东省提前3年实现国家扶贫攻坚的各项任务要求，扶贫工作便进入新的阶段。此后，加大基础设施建设的投入力度，解决"一保五难"问题成为广东省扶贫开发的新命题。一系列区域扶贫推进工作有效带动了山区贫困地区各方面的发展，提高了贫困农民的自我脱贫能力，维护了社会和谐稳定，增加了贫困农民的经济收入。

然而，在上述两个阶段中，广东省的扶贫开发也存在不可忽视的问题。一是区域发展不平衡和贫富差距较大的问题突出。二是贫困面仍然比较大，基础设施建设仍较薄弱。三是一些地方和部门对扶贫工作的重要性、艰巨性和长期性认识不足，出现了不同程度的松懈、厌战和畏难情绪。四是扶贫工作基本上是"授人以鱼"，仍是以扶为主，过于注重短期上缓解贫困农户生产、生活的贫困，而且容易催生"等、靠、要"的懒惰思想。五是扶贫工作没有充分调动企业和社会力量的积极性，在"输血"和"造血"阶段几乎都是由政府全部主导。这些问题，与广东省推动科学发展、促进社会和谐、全面建设小康社会和率先基本实现现代化的目标要求不相适应。

因此，进入下一轮扶贫工作时期，一方面，广东省开始加强对贫困农户自我脱贫能力、自身"造血"功能的发展，实现向"授人以渔"的转变；另一方面，广东省不再仅仅发挥政府的主导作用，而是动员激发社会各界力量参与全省的扶贫开发工作。由此，广东省扶贫进入"规划到户、责任到人"的"'双到'扶贫"阶段。

三、多方动员："规划到户、责任到人"的"'双到'扶贫"阶段（2009—2015年）

（一）"'双到'扶贫"的提出

经过上述两个扶贫阶段的工作，广东省的农村贫困状况得到了明显的改善。然而，广东省的扶贫工作仍然面临严峻的挑战，任重而道远。

第二章　改革开放以来中国扶贫政策的演变

一方面，广东省珠三角地区和粤东西北地区在经济发展水平和居民生活质量上依然存在明显的发展差距。另一方面，广东省的农村贫困状况依然不容乐观。据统计，2008年全省粤东西北地区集体经济收入低于3万元的贫困村有3407个，占全省行政村总数的16%；生活在贫困线以下的农户达70万、农村人口达316万。不仅如此，大部分贫困户的住房条件也令人担忧，高达54万户贫困户仍居住在残危房和土坯房中，生活十分困难。此外，广东省的山区县域经济十分薄弱。2008年，珠江三角洲15个县（市）的人均国内生产总值为22790元，而粤西山区12个县（市）仅13497元，粤北山区30个县（市）仅12987元，粤东山区10个县（市）仅12026元，分别相当于珠三角县（市）的59.2%、56.9%和52.8%。珠三角县（市）的人均地方财政收入为2119元，而粤北、粤西、粤东分别只有787元、596元和492元，分别仅相当于珠三角的37.1%、28.1%和23.2%。[①]

这些数据表明，作为改革开放以来经济社会发展最快的省份，广东省内存在着突出的地区发展不平衡问题。广东省既是全国经济最为发达的省份，同时也面临着全国范围内较为严峻的贫困问题。原本经济增速较慢的粤东西北山区县（市），在高贫困发生率的扶贫压力下，其财政收支不平衡和赤字问题更加突出，更难以在自身"造血"能力薄弱的情况下有效开展扶贫工作。

在此背景下，"规划到户、责任到人"这一创新型的"'双到'扶贫"模式应运而生。这一概念最早酝酿于2007年年底，成熟于2009年年中。它是广东省委、省政府针对此前扶贫开发工作进行反思和创新的产物，是对以往扶贫重心尚不够深入基层、对扶贫对象的瞄准不够精准、扶贫措施落地不扎实等问题的积极应对。自2009年正式部署和实施以来，"'双到'扶贫"已经落地为一项有组织、有计划、大规模的农村扶贫系统工程。

"'双到'扶贫"共包含两轮扶贫工作：第一轮是在2009—2012年，第二轮是在2013—2015年。在"'双到'扶贫"实施期间，"谁来扶贫、扶谁的贫、用什么扶贫、如何扶贫"等问题得到了较为集中的统筹协调。

[①] 国务院扶贫办：《广东省"'双到'扶贫"模式》，2014年10月14日，http://f.china.com.cn/2014-10/14/content_33761499.htm，访问日期：2020年5月31日。

(二)"'双到'扶贫"的特征

总体来说,"'双到'扶贫"遵循了"靶向疗法,定村定户,定责定人,驻村帮扶,一村一策,一户一法,一定三年,限期脱贫,分轮分批地解决农村贫困问题"的工作思路。其中,"精准扶贫、定点清除"是贯穿两轮扶贫工作的核心理念。

第一,"'双到'扶贫"建立了动态贫困标准,在目标定位上较为清晰和精准。两轮"'双到'扶贫"呈递进式地缩小贫困范围,分批次地开展贫困定点清除工作。第一轮"'双到'扶贫"的重点帮扶对象是粤东西北欠发达地区14个地级市和恩平市等83个县(市、区)的3407个贫困村,以及这些贫困村内家庭年人均纯收入低于2500元的36.7万户贫困户、158.6万贫困人口。第二轮"'双到'扶贫"的重点帮扶对象为粤东西北欠发达地区的2571个贫困村,这些贫困村在2011年年末时集体经济收入均低于3万元,全村农民人均纯收入均低于当年全省农民人均纯收入9372元的60%(即5623.2元)。此外,政府对于这些贫困村内2011年年末家庭年人均纯收入低于全省农民人均纯收入9372元的33%(即3092.76元)的有劳动能力的贫困户和贫困人口也进行了重点帮扶,分别为20.9万户、90.6万人。

第二,两轮"'双到'扶贫"设定的帮扶内容不断丰富,实现了从以提高收入为主的单维度帮扶到多维度的帮扶。具体来说,第一轮"'双到'扶贫"的帮扶任务是:用3年时间确保被帮扶的贫困户基本实现稳定脱贫,人均纯收入达到2500元以上;确保被帮扶的贫困村基本改变落后面貌,村集体经济收入达到5万元以上。而进入第二轮"'双到'扶贫"时期,帮扶内容则增加了新型农村合作医疗、新型农村社会养老保险、最低生活保障制度、义务教育和高等教育支持、住房改建、移民搬迁等内容。由此可见,广东省的扶贫工作逐渐从重点解决绝对贫困向缓解相对贫困,从重点关注收入贫困向关注多维贫困转变。

第三,"'双到'扶贫"的责任落实更加明确,职能划分更为清晰。在这一扶贫阶段,省直、中直驻广东省单位和企事业单位、各市县都成立了专门领导机构和扶贫工作机构,安排了专职人员负责挂扶贫困村的工作。此外,广东省还制订了较为细致的帮扶计划,将帮扶工作落实到具体城市、

第二章　改革开放以来中国扶贫政策的演变

具体单位和具体负责人。对此，广东省还配套了一系列保障措施，以保障扶贫工作开展的精确性，包括出台考评办法，明确帮扶与被帮扶双方的工作责任等，专门印发了《广东省扶贫开发"规划到户、责任到人"工作考评办法》《广东省扶贫开发"规划到户、责任到人"帮扶与被帮扶双方工作责任》等文件。

第四，"'双到'扶贫"着力规避了以往帮扶措施分散的弊端，更大程度整合和利用了政府资源。一方面，省扶贫开发领导小组各职能部门对各类帮扶资金进行了梳理和整合，包括农村道路、农村饮水、农田基建、农民培训、农村生产发展、农村危房改造、山水田林路综合治理的"大禹杯"竞赛、产业化扶贫、农村贫困户实用技术培训、革命老区建设、扶持搬迁和水库移民扶持等专项资金，对贫困村和贫困户提供优先扶持，每年投入的资金高达35亿多元。另一方面，承担定点帮扶任务的各个单位对各自负责帮扶的贫困村展开资金筹措工作，丰富了扶贫资源。如在第一轮"'双到'扶贫"期间，省纪委筹措资金达600多万元，省委统战部筹集资金1100多万元，省农业厅筹措扶持资金500多万元，省民政厅筹措资金300多万元，这些资金均投入了扶贫项目中。

第五，"'双到'扶贫"与以往的扶贫工作相比，更大程度地利用了社会资源。这一时期，政府广泛动员和号召社会力量对扶贫事业的参与：一是号召社会各界在自愿基础上为贫困地区献爱心、济贫困，参与扶贫慈善捐助，争取为每一贫困村募捐、认捐到100万元；二是广泛开展各类群众性访贫问苦活动，除了组织群众性旅游扶贫以外，各级党政机关、企事业单位还适时组织干部职工、企业员工、部队官兵及其家属亲友走访慰问贫困户，体验农家生活，吸引各界、各阶层对贫困地区的关注；三是推动产业、智力扶贫和行业扶贫，发动各行各业的力量，动员更多的组织与个人参与扶贫事业。

第六，"'双到'扶贫"在聚焦帮扶目标的基础上，进一步明确了每个帮扶个体的实际情况，并实施统一记录和管理。这一举措使得广东省在全省范围内上实现了对于贫困个体系统性、精确性的信息掌握。具体来说，广东省对扶贫个体开展了情况摸查，并对扶贫对象进行电脑的信息化、系统化管理。各帮扶单位派出了工作小组、工作队，多次深入贫困村开展调查，会同村干部、村民，逐村逐户进行核实、登记，全面摸清情况；此后，对所搜集的个体情况，建立具体到人的动态档案和帮扶台账，登记造册，并录入系统实施电脑管理。外界也可在省扶贫数字化信息网上查到各村各户的情况和挂扶单位的帮扶情况、帮扶措施等。

第七，"'双到'扶贫"中对不同地区的贫困类型进行了划分，并实施"靶向疗法"。这与以往"大水漫灌"的工作特点形成鲜明的对比。一方面，广东省实现了扶贫与低保政策的有效衔接，对于低保救济群体中有自我发展能力的贫困户，支持其同时享受低保救济政策和扶贫开发政策，让他们脱贫致富，摆脱低保，从而在整体上减少低保人数。另一方面，对有条件脱贫的人群，广东省核准帮扶对象、摸清致贫类型，采取相关政策措施，帮助他们在两三年内脱贫。

第八，"'双到'扶贫"规避了以往"一刀切"的粗放型扶贫方法，更关注地区特色条件，因地制宜、科学规划地开展扶贫工作。广东省针对扶贫对象不同类型的需求和发展意愿制定了具体的扶持措施，实行"一村一策、一户一法"，做到"远期、近期结合，大、小项目结合，产业扶贫和培训转移就业结合"的科学扶贫规划。这些实施方案和村级发展规划非常详细，具体到每一贫困户对应的干部挂扶人员及联系方式、该户具体的生产发展措施、贫困原因和帮扶办法等，极大地提高了扶贫成效，是扶贫开发方式的重大转变和突破。

（三）"'双到'扶贫"的政策效果

面对贫富差距大、贫困人口多的"广东之痛"，结合财政扶贫资金数量少、农村从业人员文化素质低、农民生产生活的基础设施薄弱、公共服务欠缺等现状，广东省结合多年扶贫工作实践，深化对口扶贫的内涵，创造性地提出"规划到户、责任到人"的扶贫开发新举措，以点对点的"靶向疗法"整合社会各类资源、发挥扶贫资金效能，并取得了实效。

首先，被帮扶的贫困群体的收入大幅增加，基本脱贫。第一轮"'双到'扶贫"工作结束后，被帮扶贫困户人均纯收入达到7762元，比2009年增长近4倍；第二轮"'双到'扶贫"结束后，帮扶村贫困户人均可支配收入较3年前增长了3.6倍，达到9220元。其次，贫困村的集体经济实力明显增强，集体收入大幅提升。第一轮"'双到'扶贫"工作结束后，3407个省定贫困村村集体经济收入全部超过3万元，贫困村平均集体收入11.09万元，比2009年增加10.50万元；第二轮"'双到'扶贫"工作结束后，2571个贫困村集体经济收入从2012年的平均1.14万元提高到10.2万元，实现了"行政村集体经济收入达到或超过5万元"的目标。再次，贫困村的生产生活条件、基础设施得到了明显改善。"'双到'扶贫"落实了农田灌溉水渠、村道建设、公共文化设施、公共厕所、卫生室等多项基础设施的建设，贫困村的面貌焕然一新。最后，"'双到'扶贫"通过整合扶贫及民生保障的各项政策，实现了对贫困群体的多重保障。贫困群体的脱贫压力得到减轻，脱贫动力增加，贫困在代际间的传递得到了一定的遏制。

"规划到户、责任到人"的扶贫开发模式作为对传统扶贫开发模式的一种深化和创新，是多年来探索实践的成果。实践充分证明，"'双到'扶贫"对广东省消除农村绝对贫困、缩小地区差距、促进社会和谐、全面建设小康社会发挥了重要作用。"'双到'扶贫"所开创的瞄准式扶贫的思路，为中国下一阶段全面开展"精准扶贫"、实施坚决打赢脱贫攻坚的战略提供了重要的启发和示范意义。

四、政府引领、多方深入："精准扶贫"的脱贫攻坚阶段（2016—2020年）

党的十八大以来，习近平总书记多次就扶贫工作发表重要讲话，并到贫困地区调研考察，几次专门召开扶贫开发座谈会。在这些论述和实践中，中国"精准扶贫"的思想体系逐渐形成，可以用六个"精准"概括，即"扶贫对象精准、项目安排精准、资金使用精准、措施到户精准、因村派人精准、脱贫成效精准"。在这一成熟的思想体系指导下，广东省继续保持因人因地施策、因贫困原因施策、因贫困类型施策的经验和做法，并开展具有自身特色的"精准扶贫"实践。

广东省"精准扶贫"时期与"'双到'扶贫"扶贫时期相比，虽然都注重扶贫工作开展的精细化，但"精准扶贫"时期广东省扶贫工作的开展有着更系统、更科学、更规范的思想体系指导,扶贫工作的精准度更进一步。可以说,"精准扶贫"时期广东省的扶贫工作上升到前所未有的政治地位,获得前所未有的关注度及各类资源投入。

(一)"精准扶贫"的现实背景

广东省经过多年的扶贫工作,仍然面临着地区间发展差距大的问题。面对党中央对扶贫工作提出的更高要求,面对2018年率先全面建成小康社会的发展目标,广东省亟须补齐扶贫开发工作的短板,面临着时间紧、任务重的双重考验。

第一,广东省面临着严峻的贫困现实。一是贫困面依然较大。按农村居民年人均可支配收入低于4000元(2014年不变价)的标准,全省农村的相对贫困人口为70.8万户、176.5万人。按村年人均可支配收入低于8000元(2014年不变价)、相对贫困人口占全村户籍人口5%以上的认定标准,全省相对贫困村为2277个。二是贫困程度相对较深。经过"八七"扶贫攻坚和两轮"'双到'扶贫",广东省大部分容易脱贫的地区和人口已经基本实现了稳定脱贫,剩下的贫困户大多是"硬骨头",居住分散,自我发展的基础和能力十分薄弱。基于当时的贫困现实,广东省的脱贫计划按年度分三步走:到2016年年底,50万相对贫困人口实现脱贫;到2017年年底,60万相对贫困人口实现脱贫;到2018年年底,66.5万相对贫困人口实现脱贫,全部相对贫困村摘帽。

第二,政策目标倒逼。2016年广东省委、省政府确定了脱贫攻坚的目标任务:确保到2018年,广东省70.8万户、176.5万相对贫困人口增收脱贫,稳定实现"两不愁、三保障、一相当",即农村贫困人口不愁吃、不愁穿,义务教育、基本医疗和住房安全有保障,基本公共服务主要指标相当于全省平均水平。同时,广东省"十三五"规划中明确提出:城乡居民收入增长不低于同期经济增长速度(7%)。根据这个标准,按今后3年年均增长不低于7%计算,2018年全省农村居民人均可支配收入须不低于16367元。经过3年的脱贫攻坚,至2018年年底,广东省要实现有劳动能力的相对贫困人口人均可支配收入不低于当年全省农村居民人均可支配收入的45%,即不低于7365.15元;符合政策的全部或部分丧失劳动能力的相对贫困人口纳入低保,确保全部实现稳定脱贫;相对贫困村人均可支配收入不低于当年全省农村居民人均可支配收入的60%,即不低于9820.2元,确保全部出列。

(二)"精准扶贫"的工作特征

第一,广东省制订了详细科学的精准扶贫工作计划,把"'双到'扶贫"时期的工作经验以政策文本的形式呈现出来。广东省梳理了各类帮扶政策及配套措施,构建起了一套多维度的脱贫攻坚政策措施体系。2016年6月,广东省正式出台《中共广东省委、广东省人民政府关于新时期精准扶贫精准脱贫三年攻坚的实施意见》,提出要实施八项工程,打出政策组合拳。文件从财政人均拨款、资产收益扶持、产业扶持、就业扶持、社会保障、文化教育、医保、住房、基础设施、人居环境及发挥金融机构和企业作用等方面展开了规划。此外,广东省还要求相关部门制定八项工程的配套政策,以构建脱贫攻坚广东省"1+N"政策措施体系,集中对贫困村内和分散在贫困村外的贫困人口实施同步帮扶。在这一文件的要求下,广东省各职能部门、各层级脱贫工作的规范化、系统化程度大大提升。

第二,广东省加大了督导考核力度,进一步压实了各层级一把手的工作责任。省一级对全省脱贫攻坚负总责,牵头抓总,确定目标任务,加强督导考核;市、县负主体责任,市委书记和市长、县委书记和县长是当地脱贫攻坚第一责任人;处于脱贫攻坚第一线的镇、村具体落实责任,确保脱贫工作落地见效。此外,广东省各层级政府均签订了脱贫攻坚责任书、立下了军令状,将工作任务、目标和进度一一细化。各级党政主要负责人还要将脱贫任务的进度、项目和资金的落实情况、人力调配情况作为年度述职的重要内容,对上级进行汇报。

第三,广东省采取了点面结合的扶贫思路,在以往集中推进贫困村脱贫的基础上,将分散在村外的贫困群体也纳入进来,实现全省贫困人口的全覆盖;同时,继续实施精细化管理,确保脱贫工作精准到村、到户、到人。对于贫困问题集中、贫困人口集聚的贫困村,广东省集中力量各个突破,对于其他广泛分散分布的贫困户和贫困人口,广东省从面上推进,进行同步帮扶,以保证帮扶资源和举措覆盖到每个个体。在此基础上,广东省坚持"一户一策",对贫困人口进行了分类,基于是否具备劳动能力采取相应的帮扶措施。

第四,广东省在更大程度上动员了社会各界的力量,推动社会扶贫,并将"精准化理念"贯穿其中。基于社会各界扶贫意愿高涨的社会背景,广东省积极引导有能力、有意愿参与扶贫的企业、组织和个人,使其越来越多地参与扶贫工作。由此,社会扶贫在精准扶贫时期成为政府的一项重要工作内容。例如,广东省开展了"万企帮万村"、扶贫志愿者行动等一系列扶贫活动,完善了社会资金使用监督机制,积极引导社会捐助;引导金融机构发挥金融助推脱贫攻坚的作用,鼓励其推出针对贫困户需求特点的新金融产品和服务方式;为企业参与扶贫创造空间,基于当地区域特色,扶持和培育了一批龙头企业。在这一系列的举措下,广东省逐渐形成了全社会齐心协力扶贫攻坚的生动局面。

(三)"精准扶贫"的政策效果

广东省委、省政府按照中央统一部署,深入实施精准扶贫精准脱贫基本方略,进一步加大工作力度,严格落实脱贫攻坚责任,完善政策举措,强化精准聚焦,深化精准施策,注重与企业和社会组织的合作扶贫,在精准扶贫工作中与企业建立紧密联系,同时赋权于企业和社会组织,脱贫攻坚继续保持良好态势,取得了突出成效。截至2018年年底,累计150万相对贫困人口达到脱贫标准,贫困发生率从2016年年初的4.54%降至2018年年底的0.3%以下,有劳动能力的贫困户人均可支配收入由不到4000元提高到9600多元,贫困群众"两不愁、三保障"的目标总体实现。①

具体来说,首先,广东将产业扶贫作为稳定脱贫的根本之策,通过实施特色产业扶贫,广东省促进了贫困人口的就地就业,实现收入稳定增长。通过建设现代农业产业园、一村一品、一镇一业三大平台,发展特色种养、农产品加工和乡村旅游三大产业,广东省在3年攻坚期间共带动在家有劳动能力的相对贫困户19万户,共70.4万人,获得了14.8亿元的产业项目收益。

---

① 广东省农业农村厅:《一图读懂 | 2018年广东省精准扶贫脱贫工作》,2019年3月13日,https://xw.qq.com/cmsid/20190313A152W500,访问日期:2020年5月31日。

第二章 改革开放以来中国扶贫政策的演变

其次，广东省通过就业指导服务的加强使得一批转移就业的贫困户获得增收。据统计，3年攻坚期间，广东制定实施了就业扶贫、技能扶贫3年行动计划，创建了"扶贫车间"和"扶贫工作坊"等就地就业车间，全省实现就业的贫困人口达29.8万人，就业贫困人员人均就业增收1.8万元。

最后，广东省通过开发式扶贫与保障性扶贫结合的举措，使得贫困人口的民生保障网更加牢固。在教育扶贫方面，广东省通过对建档立卡学生发放教育补助，明显遏制了因贫辍学的现象。在健康扶贫方面，广东省全额资助建档立卡贫困人口，将符合条件的对象全部纳入医保范围，政策范围内对贫困人口的基本医疗救助比例达80%以上。在危房改造方面，2016年至2018年，广东省累计完成了25.8万户的贫困户危房改造，基本满足了全省范围内贫困户危房改造的需求。

回顾1985年以来广东省的扶贫工作历程，早期广东省采取政府全覆盖的"输血式"扶贫，虽能解决一些贫困户眼前的生产生活困难，但容易让被扶贫对象产生"等、靠、要"的依赖心理；同时，其他主体对脱贫工作的参与度极低，扶贫工作成为政府"一头热"的独角戏。此后，广东实施了政府主导的"造血式"扶贫，通过改善外部条件，使农民自身再生产的能力有所提高，但是缺乏与市场及社会力量的有机结合。2009年起，广东省政府主导的"'双到'扶贫"工作针对以往的扶贫短板进行了创新和改进，推动了广东省"大扶贫"工作格局的基本形成，取得的成效也比较显著，为全国推行精准扶贫提供了比较好的实践探索。到了2016年开始的精准扶贫时期，政府强力引领、多方深度介入的"精准扶贫"工作则使广东省的扶贫政策更为系统、多方参与程度更深，民生改善与公共服务水平提升到新高度。梳理这一历程可以发现，广东省在扶贫的道路上一直保持着探索与创新的精神，始终处于全国扶贫事业的前沿，为全国提供了具有实践意义的经验参考。在这当中，广东省"规划到户、责任到人"的"'双到'扶贫"和"精准扶贫"的经验尤具特色，因此，本书将在下文中重点对此展开分析和梳理。

第三章 广东省"'双到'扶贫"模式分析

自 20 世纪 80 年代中期以来,伴随着党中央和国务院大规模农村扶贫开发战略的实施,广东省也借助这股东风,部署了本地区的扶贫开发战略。彼时,开发式扶贫作为贫困治理的主导方式,对温饱问题的解决发挥了重要作用。然而,随着贫困人口的减少,开发式扶贫在扶贫精度不足方面的弊端日益凸显,减贫效应日益减弱。对广东而言,区域发展失衡和严峻的农村贫困问题未能在开发式扶贫的实施中得以有效缓解,成为困扰广东可持续发展的主要障碍。在这样的背景下,为了解决省内突出的农村贫困问题,提高贫困治理的绩效,广东省于 2009 年正式提出"规划到户、责任到人"的新型扶贫模式。本章分三节对"'双到'扶贫"模式进行全面分析:第一节主要分析"'双到'扶贫"模式实施的背景与决策过程,指出广东省当时面临的贫困现状亟须新的扶贫模式来加以应对,而广东省则在深入调研、精心谋划和顶层设计的基础上提出了"'双到'扶贫"模式;第二节分两轮总结了"'双到'扶贫"模式的实施过程,阐明了各阶段的政策重点;第三节分四点介绍了"'双到'扶贫"模式的主要内容,这些内容集中体现了"'双到'扶贫"模式的特色与优势所在。

第一节 "'双到'扶贫"模式实施的背景与决策过程

一、"'双到'扶贫"模式实施的背景

为了体现社会主义制度的优越性,实现共同富裕的目标,自 20 世纪 80

第三章 广东省"'双到'扶贫"模式分析

年代中期以来,党中央和国务院开始有计划、有组织、大规模地开展农村扶贫开发战略,先后制定和实施了一系列纲领性文件。2001年出台实施的《中国农村扶贫开发纲要(2001—2010年)》指出,到2000年年底,除少数社会保障对象和生活在自然环境恶劣地区的特困人口,以及部分残疾人以外,全国农村贫困人口的温饱问题已经基本解决。① 因此,21世纪前10年扶贫开发工作的重点就放到了解决特困人口的温饱问题上。各个地区要在此基础上结合本地区实际,研究如何将扶贫开发向纵深推进。

另外,作为改革开放的前沿阵地,广东省在扶贫开发领域也肩负着先行先试的重要使命。在党中央和国务院的有力领导下,历届广东省委、省政府,结合广东省省情,创造性地开展了一系列扶贫开发工作,并取得了显著的成绩。进入21世纪后,广东省继续深化对扶贫方式(教育扶贫、旅游扶贫、产业扶贫等)的探索,不断研究对贫困群体(残疾人扶贫、"巾帼扶贫"等)的帮扶策略。从政策层面来看,广东省委、省政府在2001年即出台了《广东省农村"十五"扶贫开发纲要》,明确以年人均纯收入1500元以下的农村贫困人口作为本省扶贫开发的主要对象。② 2005年,《中共广东省委、广东省人民政府关于构建和谐广东的若干意见》也明确提出,要把加大对欠发达地区的扶贫开发力度、推动欠发达地区的发展,作为构建和谐广东的重要内容。③ 2007年,《广东省财政厅关于印发〈广东省"大禹杯"专项资金管理办法〉的通知》发布,对贫困村的基础设施建设给予了力度极大的专项资金支持。④ 然而,尽管广东省的扶贫开发政策出台时间较早,规模和力度也较大,但广东仍然面临着十分严峻的区域发展失衡和农村贫困问题。

---

① 国务院:《国务院关于印发中国农村扶贫开发纲要(2001—2010年)的通知》,2001年6月13日,http://www.gov.cn/zhengce/content/2016-09/23/content_5111138.htm,访问日期:2020年3月31日。

② 广东省人民政府办公厅:《印发广东省农村"十五"扶贫开发纲要的通知》,2001年10月31日,http://www.gd.gov.cn/gkmlpt/content/0/136/post_136085.html#5,访问日期:2020年3月31日。

③ 中共广东省委、广东省人民政府:《省委、省政府发出〈意见〉,提出构建和谐广东目标》,2005年9月14日,http://www.gdjct.gd.gov.cn/zhyw/9986.jhtml,访问日期:2020年3月31日。

④ 广东省财政厅:《广东省财政厅关于印发〈广东省"大禹杯"专项资金管理办法〉的通知》,2007年8月16日,http://www.gdfp.gov.cn/gdsfpb/fpkf/dyb/200807/t20080720_2796.htm,访问日期:2020年3月31日。

首先是区域发展的严重失衡。2007年珠三角9市（即广州、深圳、珠海、佛山、东莞、中山、江门、惠州和肇庆）的土地面积和人口数量分别约占广东全省总量的30%和50%，然而其国内生产总值（GDP）却占全省总量的将近80%。相比之下，粤东西北12个地级市占全省近70%的土地面积和50%的人口数量，GDP总量却只有全省的20%（见表3-1）。

表3-1 2007年广东省内珠三角与粤东西北地区主要指标对比

珠三角地区	土地面积（平方千米）	人口数量（万人）	地区生产总值（万元）
广州	7434	1004.58	71091814
深圳	1953	861.55	68015706
珠海	1688	145.44	8959010
佛山	3848	592.33	36051142
东莞	2465	694.72	31519126
中山	1800	251.00	12380456
江门	9541	412.64	11070736
惠州	11158	387.50	11049758
肇庆	14856	375.20	5930975
总量	54743	4724.96	256068723
省内占比	30.5%	50.0%	79.7%
粤东西北地区	土地面积（平方千米）	人口数量（万人）	地区生产总值（万元）
汕头	2064	500.13	8501019
韶关	18385	294.88	4716931
河源	15826	281.82	3280853
梅州	15908	411.10	4106236
汕尾	5271	287.22	2912525
阳江	7813	235.73	4078569
湛江	12471	680.79	8925611
茂名	11458	604.68	10246000
清远	19153	365.87	5939484
潮州	3100	254.70	3802248

第三章 广东省"'双到'扶贫"模式分析

续表 3-1

粤东西北地区	土地面积（平方千米）	人口数量（万人）	地区生产总值（万元）
揭阳	5240	569.91	5858984
云浮	7779	237.21	2710105
总量	124468	4724.04	65078565
省内占比	69.5%	50.0%	20.3%

资料来源：广东省统计局：《广东统计年鉴2008年》，2008年11月13日，http://stats.gd.gov.cn/gdtjnj/content/post_1424886.html，其中"总量"与"省内占比"两项为作者计算得出。

2008年，广东省与世界银行联合开展了名为"缩小广东城乡贫富差距"的专项课题研究。课题报告统计，2007年广东省区域发展差异系数为0.75，高于全国0.62的平均水平，已经接近国际上0.80的临界值。粤东西北与珠三角之间的巨大差距可见一斑。实证研究表明，改革开放以来，珠三角与粤东西北地区的经济差异尽管在不同时间段出现波动性变化，但总体上仍呈现出不断增大的趋势。[①] 有学者认为，广东省内的区域差异实际上是由一种极为矛盾的心态造成的：一方面，广东省自1989年以来就一直占据着全国GDP第一的位置，其中珠三角凭借超高的投入产出收益为这一成绩做出了巨大贡献，因此，保证珠三角的快速发展是稳固广东省GDP总量全国第一位置的重要基础。另一方面，区域协调发展的目标要求广东省加大对粤东西北地区的投资建设，但粤东西北地区的投入产出收益与珠三角相比存在较大差距，一旦广东省的GDP排名受到影响，则区域协调发展就要让位于GDP排名的政绩观。[②] 由此，广东省经济发展的政策重心始终在"保住GDP总量第一"和"促进区域协调发展"间摇摆，导致珠三角和粤东西北地区之间的发展差距难以在短时间内缩小。

其次是严峻的农村贫困问题。2007年，广东省内粤东西北地区集体经济收入低于3万元的贫困村有3409个（实际为3407个）[③]，65.5万户、316

[①] 王少剑、方创琳、王洋等：《广东省区域经济差异的方向及影响机制》，《地理研究》2013年第12期。

[②] 蒋文锋、张长生、冯文鹏：《2000年以来广东四大区域财政收支差异演变态势初析》，《南方经济》2014年第6期。

[③] 有2个村因工业项目搬迁取消。

万人口的年人均纯收入不及 1500 元，占全省农村人口的 6.14%。① 此外，贫困户中有 54 万户的居住条件十分恶劣，其居所基本属于残危房、土坯房，生产生活难以为继。尽管广东自 1989 年以来 GDP 总量就一直位居全国第一，但农村贫困问题的存在仍然给高速的经济增长亮起了一盏红灯。

以上问题的存在，特别是粤东西北地区与珠三角之间的巨大差距，让人仿佛置身于两个广东。全国"最富的地方在广东，最穷的地方也在广东"俨然成为一个对广东省来说难以接受却又无法否认的精确描述，贫富差距大、贫困人口多，已经成为广东省的切肤之痛。事实上，诸如开发式扶贫等各类扶贫模式所产生的政策效应日益减弱，既定资源投入带动的人口脱贫数量越来越少，扶贫开发已经陷入了瓶颈。研究表明，开发式扶贫的问题集中反映在三个方面：一是过分依赖政府主导，未能有效借助政府之外的扶贫力量，影响了扶贫开发的资源供给和减贫效率；二是扶贫的重点放在了区域，影响了扶贫开发的覆盖范围和实施精度；三是制度建设的落后，开发式扶贫注重以经济增长带动减贫，相对而言疏于出台针对性的扶贫政策，影响了扶贫效果。②④ 这些问题的存在呼唤新的扶贫模式出台。为此，作为一段时期内指导广东省国民经济和社会发展的重要文件，2006 年出台的《广东省国民经济和社会发展十一五规划纲要》中已经明确提出了"创新扶贫开发机制"的表述。⑤ 进一步地，2007 年党的十七大报告在贯彻落实科学发展观、全面建设小康社会、加强社会主义新农村建设等部分也多次谈及扶贫开发问题，突出了扶贫开发在新时期的重要性。⑥

对于当时的广东而言，如果无法解决区域发展失衡和严峻的农村贫困问题，全省建设小康社会和实现现代化的目标就只能成为纸上谈兵。在这样的

---

① 后续各地在重新核查贫困户基本情况时，有部分地方核定的贫困人口户数与原上报数差距较大，但为了保持统计口径，各地仍以原报数字作为扶贫基数。

② 王朝明：《中国农村 30 年开发式扶贫：政策实践与理论反思》，《贵州财经学院学报》2008 年第 6 期。

④ 杨宜勇、吴香雪：《中国扶贫问题的过去、现在和未来》，《中国人口科学》2016 年第 5 期。

⑤ 广东省人民政府：《广东省国民经济和社会发展十一五规划纲要》，2006 年 6 月 29 日，http://www.gd.gov.cn/govpub/jhgh/sywgy/200607/t20060726_5543.htm，访问日期：2020 年 3 月 31 日。

⑥ 胡锦涛：《在中国共产党第十七次全国代表大会上的报告》，2007 年 10 月 25 日，http://cpc.people.com.cn/GB/104019/104099/6429414.html，访问日期：2020 年 3 月 31 日。

第三章 广东省"'双到'扶贫"模式分析

背景下,时任中共中央政治局委员、重庆市委书记汪洋于2007年年末调任广东省委书记。汪洋曾在安徽和重庆有过就职经历,从地形上来看,这两个地区都有较多的山地分布,其中,重庆更是有"山城"之称,而居住在山区的人口往往是扶贫开发的重点对象。从实际情况来看,安徽和重庆一直以来也饱受山区贫困之扰,与广东对扶贫开发有较为充足的资源供给相比,这两个地区由于经济发展尚不充分,用于扶贫的资源投入则更为有限。在严峻的形势下,为了应对贫困问题,安徽省和重庆市的各级政府倾注了较多的精力,制定了一系列行之有效的扶贫开发具体举措。地理条件的相似,使得不同地区的山区居民在致贫原因上存在共性,与之相对应的政府扶贫策略也能够在一定程度上互相借鉴。由是观之,在安徽省和重庆市长期担任主要领导人的经历,已经使汪洋积累了应对山区贫困问题的宝贵经验,形成了针对山区扶贫开发的清晰思路,这是他能够提出"'双到'扶贫"(即"规划到户、责任到人")模式的重要基础。在多方面因素的共同作用下,广东省走上了深入推进扶贫的"'双到'扶贫"之路,也正是"'双到'扶贫"工作的实施及各项配套政策的出台,为广东全省的扶贫开发工作打开了新局面。

二、"'双到'扶贫"模式的决策过程

广东省扶贫开发工作全面实施"规划到户、责任到人"的思路起源于2007年12月。2007年12月11日至13日,刚到任广东省委书记不久的中共中央政治局委员汪洋在清远市阳山县、连南瑶族自治县进行他上任后的首次调研。汪洋表示,之所以将粤北山区作为自己上任以来的第一站,就是要表明省委、省政府助力山区居民脱贫的决心,今后将不断加大粤东西北欠发达地区的扶贫开发工作力度。[①] 在了解了这些贫困山区的基本情况后,汪洋进一步指出,改革开放以来,为了发展山区经济、改变山区贫困落后的面貌,全省各级政府已经制定了为数不少的政策,开展了一轮又一轮的工作。然而,各项政策的实施效果却始终未达预期,原因就在于扶贫

---

① 胡键:《汪洋赴任广东后首次调研:让山区群众过上好日子》,2007年12月14日,http://www.chinanews.com/gn/news/2007/12-14/1105237.shtml,访问日期:2020年3月31日。

从"'双到'扶贫"到"精准扶贫"——基于广东经验的中国扶贫之路

重心不够下移,扶贫对象不够精确,政策举措不够落实,有关扶贫主体、扶贫对象和扶贫手段的许多问题,都未能经由有效的抓手或平台得到妥善解决。针对这种情况,汪洋凭借多年的工作经验并结合调研实际,认为可以通过电子化的手段将山区贫困户的基本信息登记在册,并据此制定扶贫开发的具体办法,同时将扶贫开发的责任落实到单位和个人。这实际上就是明确了"解决谁的脱贫、谁去解决脱贫"的问题。调研结束后,汪洋随即在清远市扶贫办召开会议,指出在偏远山区的扶贫开发中可以通过"靶向疗法"精准施策,以提高扶贫开发的政策效果。① 总的来说,通过这次调研,汪洋事实上提出了"规划到户、责任到人、登记造册、电脑管理"的扶贫开发新思路,明确对于尚存的贫困户,要在摸清其贫困情况的基础上以具体而细致的扶贫举措分别加以帮扶。

清远调研对后续系统的"'双到'扶贫"政策的出台产生了深远的影响,但值得注意的是,由于公共政策对分配社会资源和引导社会行为发挥着重要的规范性作用,因此公共政策的出台往往慎之又慎。相应地,从公共问题的出现到与之匹配的政策实施,其中存在许多环节,每个环节都有可能对政策的最终出台产生影响。为了保证公共政策能够切实维护公共利益,作为公共政策重要一环的公共决策往往被置于一个突出的位置。实际上,狭义的公共政策过程指的就是公共政策的决策过程,同时也是政策方案的制定过程。一般而言,一个合理的公共决策往往体现了科学性和民主性的统一,其要求是政府官员、专家学者、普通民众和大众传媒等主体对决策过程的充分参与。② 对于"'双到'扶贫"而言,为了实现政策效果的最大化,首先必须确保决策过程的合理性。"'双到'扶贫"从最初的思想萌芽到具体而系统的工作方案出台,也不可避免地经历政策问题识别、政策议程确立、政策方案设计及政策最终出台这一过程的"洗礼"。

首先,从政策问题识别来看,广东省内特别是粤东西北地区居民的贫困问题,一直以来都令广东省各级政府头疼不已。汪洋的调研讲话,指出了长

---

① 国务院扶贫办:《广东省"'双到'扶贫"模式》,2014年10月14日,http://f.china.com.cn/2014-10/14/content_33761499.htm,访问日期:2020年5月31日。

② 曾志敏、李乐:《论公共理性决策模型的理论构建》,《公共管理学报》2014年第2期。

第三章　广东省"'双到'扶贫"模式分析

期以来扶贫工作不尽如人意的原因在于以往的扶贫措施流于粗放,并明确了当前扶贫政策的要点就是思考如何通过"规划到户、责任到人"提高扶贫的绩效。这实际上已经指明了"'双到'扶贫"的主要对象和政策方向。

其次,从政策议程确立来看,汪洋将上任以来调研的第一站放到贫困山区,实际上就已经表明自己主政期间将要把扶贫作为一项重点工作来抓。与此同时,"'双到'扶贫"的提出则正中广东扶贫开发的症结,因此在这一思路提出的 2007 年 12 月 30 日,汪洋就在广东省扶贫办《落实汪书记在清远调研时关于扶贫工作指示的情况报告》上批示:"希望专门就扶贫工作'规划到户、责任到人'的事专门做出方案。"① 实践证明,主政领导的批示对议程设置具有重要影响。② 主要决策者在上报的各类文件中做出的批示,实际上体现了其对某些议题的高度重视,随之而来的极有可能是注意力的集中分配与资金、人力等各项资源的倾斜。③ 省委书记汪洋的政策倡议在行政系统内很快达成了共识。在批示的指令要求下,广东省扶贫办及相关部门对"'双到'扶贫"的可行性问题开展了多次调研,广泛征求各方意见,并多次在省委常委会汇报调研情况和各项工作的进展。此时,广东省内各级政府已经就"'双到'扶贫"的政策出台达成了共识,只待具体实施方案的成形。

再次,从政策方案设计来看,通过深入调研和社会各界的广泛参与,广东省扶贫办拿出了《新时期扶贫开发工作意见的汇报(初稿)》《广东省扶贫开发"规划到户、责任到人"实施方案(初稿)》及《新时期广东省农村贫困问题对策研究》等多项重要的调研成果。④ 汪洋在批示这些文件的过程中进一步阐明了"'双到'扶贫"的内涵,他指出,应该依靠全社会而不仅仅是政府的力量进行扶贫开发。现有的贫困居民应该在周密规划的基础上,对口安排到省直和省内珠三角等较为发达的地区的政府机关与企事

---

① 程东升、曹金姗、陈冲、陈桂芸:《广东扶贫"双到"模式调查:贫困村里的中国减贫故事》,2013 年 8 月 3 日,https://finance.sina.com.cn/roll/20130803/074416335331.shtml,访问日期:2020 年 3 月 31 日。
② 王绍光:《中国公共政策议程设置的模式》,《中国社会科学》2006 年第 5 期。
③ 庞明礼:《领导高度重视:一种科层运作的注意力分配方式》,《中国行政管理》2019 年第 4 期。
④ 万林华:《英德山区"'双到'扶贫"模式的问题及对策研究》,华中科技大学硕士学位论文,2014 年。

业单位。这些单位及相关责任人应该拟定扶贫开发的具体举措，并以明确的责任机制安排专人开展定点扶贫。此外，省委、省政府还可以对帮扶单位及个人的工作进展进行考核评比，鼓励单位及个人不断提高扶贫能力。① 这些举措极大地促进了"先富帮后富"这一共同富裕的理念贯彻。

在大量调研成果上报省委、省政府的同时，从 2007 年年底开始，广东省也在个别县、市开展了先期试点工作。政策试点作为带有"中国特色"的公共政策实践活动，已经成为政策全面铺开前不可或缺的重要步骤。② 尽管"'双到'扶贫"的试点主要是在省政府的主导下进行的，但各试点区域在工作方式的探索方面受到的制度约束较少，相对来说具有较大的自主性。通过上下级政府间的互动，信息不对称的情况得到了缓解，一些突出的问题也得到了暴露。③ 更为重要的是，"'双到'扶贫"试点工作开展的具体情况，已经成为省委、省政府对拟出台的政策方案进行完善与修正时所参考的重要信息。

专栏 3-1　广东省内对口帮扶的由来

对口帮扶作为中国贫困治理中的重要机制，在广东省实施已久。根据广东省委农村工作部和广东省统计局 1985 年年终统计的数据，全省 47 个山区县中有 30 个属于贫困县。为了扭转广大山区的贫困局面，广东省委、省政府于 1986 年决定在 30 个省直机关中选调 500 名干部组成扶贫工作组到 30 个贫困山区县实行挂钩扶贫，以挂钩县实现脱贫为目标，工作组人员可以一年一换，不脱贫，不脱钩。1987 年 1 月中旬，广东省委、省政府举办了为期 5 天的培训班，对 500 名扶贫工作组成员进行集中培训。培训结束后，30 个工作组分别进驻 30 个贫困县开展为期一年的扶贫工作，由此正式揭开了广东省内对口扶贫的序幕。（方刚：《广东全面开展扶贫工作初期的三大举措》，《源流》2019 年第 12 期）

---

① 刘俊、邓圣耀：《"双到"三年撒播幸福种子》，2012 年 11 月 6 日，http://epaper.southcn.com/nfdaily/html/2012-11/06/content_7139102.htm?COLLCC=1609357196&，访问日期：2020 年 3 月 31 日。

② 刘伟：《政策试点：发生机制与内在逻辑——基于我国公共部门绩效管理政策的案例研究》，《中国行政管理》2015 年第 5 期。

③ 苏利阳、王毅：《中国"央地互动型"决策过程研究——基于节能政策制定过程的分析》，《公共管理学报》2016 年第 3 期。

第三章 广东省"'双到'扶贫"模式分析

最后，从政策最终出台来看，"'双到'扶贫"试点工作开展一段时间后，政策实施的预备工作几近完成。清远市于2008年9月率先在广东全省出台《关于扶贫开发"规划到户、责任到人"工作的实施意见》，已经明确提出"规划到户、责任到人"工作的目标任务，要求把帮扶责任落实到单位和个人。这实际上可以看作对"'双到'扶贫"在全省全面实施前所进行的一场政策预演。与此同时，2008年《中共广东省委、广东省人民政府关于争当实践科学发展观排头兵的决定》（以下简称《决定》）发布。为贯彻《决定》精神，减少贫富差距，实现全省居民共同的小康和现代化目标，广东省委、省政府顺应时代要求和人民期盼，适时提出了"规划到户、责任到人"扶贫新模式。经过一年多的深入调研、精心谋划和顶层设计，经广东省委、省政府同意，省委办公厅、省政府办公厅于2009年6月22日正式出台《关于我省扶贫开发"规划到户、责任到人"工作的实施意见》（粤办发〔2009〕20号）（以下简称《意见》），对"'双到'扶贫"工作进行了全面部署。

《意见》确立了"'双到'扶贫"应完成的目标任务：从《意见》印发的2009年开始，"力争用3年时间，对粤东西北欠发达地区14个地级市和恩平市等83个县（市、区）的3409个贫困村，以及农村家庭年人均纯收入1500元（含1500元）以下的农户，通过实施'规划到户、责任到人'扶贫开发工作责任制，采取'一村一策、一户一法'等综合扶贫措施，确保被帮扶的贫困户基本实现稳定脱贫，80%以上被帮扶的贫困人口达到农村人均纯收入2500元以上，被帮扶的贫困村基本改变落后面貌"[1]。2009年6月25日，广东省委、省政府专门召开了全省扶贫开发"规划到户、责任到人"工作电视电话会议。这次会议参加人员涉及省、市、县的党委、人大、政府、政协、军分区的主要负责同志，扶贫开发领导小组成员单位，乡镇主要负责人共8000多人。这是历次扶贫开发会议中规模最大、规格最高的一次重要会议。会议统一了思想，提高了认识，明确了任务，落实了责任，

---

[1] 中共广东省委办公厅、广东省人民政府办公厅：《广东省委办公厅、广东省人民政府办公厅关于我省扶贫开发"规划到户责任到人"工作的实施意见》，2009年12月27日，http://www.gdfupin.org.cn/new31.asp?id=49，访问日期：2020年4月2日。

自此打响了新一轮声势浩大的脱贫攻坚战,标志着广东省扶贫开发工作进入新阶段。

专栏 3-2　第一轮"'双到'扶贫"时期的广东贫困标准与全国贫困标准的比较

中国在 2008 年前有 2 个贫困标准,第一个是 1986 年制定的绝对贫困标准,将农民年人均纯收入低于 206 元的农村居民定为扶贫对象。此后,该标准随物价调整,到 2007 年年底为 785 元。第二个是 2000 年制定的低收入标准,即农民年人均纯收入低于 865 元,收入水平在绝对贫困标准和低收入标准之间的农村居民为低收入人口,到 2007 年年底,低收入标准调整为 1067 元。2008 年,中国宣布上调贫困标准,把绝对贫困标准与低收入标准合二为一,从 2008 年起,开始实施农民年人均纯收入 1196 元的新贫困标准,该标准是在 2007 年低收入标准的基础上根据 2008 年度物价指数做出的最新调整。第一轮"'双到'扶贫"时期的广东贫困标准为农民年人均纯收入 2500 元。显然,广东省的贫困标准远远高于全国贫困标准,体现了广东省坚定的扶贫决心与责任担当。(蒋晓华:《解读 1196 元新扶贫标准》,《北京农业》2009 年第 13 期)

第二节　"'双到'扶贫"模式的实施过程

自 2009 年 6 月《意见》印发以来,广东省"'双到'扶贫"工作正式在省内全面铺开。其后,根据广东省扶贫开发的具体成效及经济社会发展的综合情况,广东省委、省政府实际上分别于 2009 年和 2013 年开展了两轮"'双到'扶贫"工作。由于目标要求、政策措施、工作内容上的不同,这两轮工作的实施过程也存在一定差异。本节将对两轮"'双到'扶贫"工作的实施过程分别进行具体的描述与分析。

第三章 广东省"'双到'扶贫"模式分析

一、第一轮"'双到'扶贫"实施阶段(2009—2012年)

如前所述,2009年6月,广东省委、省政府在时任省委书记汪洋提出的"'双到'扶贫"新理念的指引下,在全省开启了"'双到'扶贫"的帮扶探索。第一轮"'双到'扶贫"的探索以农民年人均纯收入2500元作为扶贫标准,全省认定贫困村3407个、贫困户36.7万户共158.6万人。为了实现帮扶目标,广东省委、省政府出台了一系列配套的政策文件,全省各地也进行了积极的响应。尤为值得注意的是,在"'双到'扶贫"的实施过程中,帮扶方与被帮扶方之间的协同配合,使帮扶成效得到了快速的显现。

(一)"'双到'扶贫"配套政策的出台

在《意见》出台后,为了对《意见》中的一些重要问题进行整理和补充,广东省委、省政府相继发布了《关于切实做好我省扶贫开发"规划到户、责任到人"工作有关问题的通知》及《关于新时期我省扶贫开发"规划到户、责任到人"的实施意见解读》这两份文件,对"'双到'扶贫"中的帮扶对象、帮扶责任、信息化管理、资源整合、考核验收等主要内容进行了较为详细的说明。鉴于帮扶责任的确定是"双到"能否成功的关键要素,《广东省扶贫开发"规划到户、责任到人"帮扶与被帮扶双方工作责任》的出台明晰了帮扶与被帮扶的群体划分及工作责任,有力地推动了"双到"中具体行动的开展。[①] 其后,广东省委、省政府通过《广东省建立健全扶贫开发信息管理系统工作实施方案》的发布,对"双到"中信息管理工作的各项要求进行了及时的传达,要求各地应在2009年9月中旬前完成贫困户的建档立卡工作,10月底前完成扶贫信息网站的建设工作,同时定期更新帮扶台账。此外,为了保证扶贫资金及时到位,《广东省产业化扶贫专项资金项目申报指南》《广东省扶贫培训专项资金项目申报指南》等文

---

① 广东省扶贫办:《广东省扶贫开发"规划到户、责任到人"帮扶与被帮扶双方工作责任》,2009年6月30日,http://www.gddpf.org.cn/fpsb/fp/sdgz/200906/t20090630_650226.htm,访问日期:2020年4月2日。

件适时发布。相关文件肯定了扶贫专项资金设置的重要性与必要性，指出了专项资金的补助对象、补助范围、补助标准、预期绩效等内容，为"'双到'扶贫"的资金供给提供了有力的政策保障。

在"'双到'扶贫"工作开启一段时间后，广东省政府于2009年年底在"'双到'扶贫"理念的诞生地清远召开了一场工作现场会，试图总结当前工作开展的典型经验，同时研究部署下一步的工作。结合《广东省产业转移区域布局指导意见》《关于印发〈广东省产业转移工业园发展资金使用管理办法〉的通知》《鼓励珠三角向东西两翼和粤北山区转移产品目录》《广东省产业转移和劳动力转移目标责任考核评价试行办法》《关于加快发展农业产业化经营的意见》等一系列相关文件的出台，这次会议提出要实现扶贫开发与"双转移"，及农业产业化经营的结合。所谓"双转移"，指的是产业转移与劳动力转移。作为广东省于2008年开启的一项政策创举，实施"双转移"战略的目的是优化资源配置，促进广东的可持续发展。具体而言，珠三角地区劳动密集型产业要向东西两翼、粤北山区转移；而东西两翼、粤北山区的劳动力，一方面向当地第二、第三产业转移，另一方面，其中的一些较高素质劳动力向发达的珠三角地区转移。农业产业化则指涉农民组织化和农业现代化，其要求是在农业龙头企业的带动下提高产业化扶贫水平和农户来自产业化经营的收入。"'双到'扶贫"与这些战略的对接，极大提升了既有政策的协同性，充分发挥了政策的联动效应，有力促进了政策目标的实现。

为了引起广东全省对扶贫工作的重视与参与，经汪洋倡议、国务院批准，确定自2010年起，每年的6月30日为"广东扶贫济困日"。以此为契机，广东省每年都会围绕特定主题举办类型丰富的扶贫活动。为了鼓励企业、个人和团体在"广东扶贫济困日"的系列活动中积极捐赠，做出贡献，广东省还特别出台《广东扶贫济困红棉杯认定办法（暂行）》，对在"广东扶贫济困日"活动中表现突出的对象进行集中的荣誉授予。此外，在"双到"的考核评估方面，为了促进和监督党政领导干部对"'双到'扶贫"工作的重视，推进各项扶贫工作的有序开展，确保定点帮扶目标的如期实现，省委、省政府通过《广东省扶贫开发"规划到户、责任到人"工作考评办法》和《广东省扶贫开发工作问责暂行办法》明晰了"'双到'扶贫"工作中考评和问责的对象、办法、内容及奖惩措施。

第三章 广东省"'双到'扶贫"模式分析

随着"'双到'扶贫"工作的快速推进，越来越需要系统的关于扶贫开发的法律法规来与之协调配合，并对各项成果予以巩固。在这样的现实要求下，2011年11月，广东省人大常委会制定并出台了《广东省农村扶贫开发条例》（以下简称《条例》）。作为面向农村地区扶贫开发的地方法规，《条例》对扶贫开发的目标群体、主要策略、资金安排、监督管理、法律责任等相关内容做出了较为清晰地说明与规定，奠定了本省农村扶贫开发工作的法律基础，在一定程度上指明了扶贫开发的发展方向。其后，在具体的扶贫开发实践中，广东省发布《关于建设2012年100个广东省扶贫农业产业示范园（村）的通知》，试图通过示范园（村）表率作用的发挥，实现扶贫开发以点带面的功效。

围绕"双到"的相关政策文件出台后，广东全省各地进行了积极的响应。省内各地级市、县（市、区）、乡镇基本都召开了专题工作会议，出台了一系列对接的政策文件，编制了定期成文的扶贫简报。如云浮市出台了《中共云浮市委办公室、云浮市人民政府办公室关于云浮市扶贫开发"规划到户、责任到人"工作的实施意见》，指出要从该市87个贫困村的实际出发，贯彻落实"'双到'扶贫"工作责任制。河源市出台了《河源市动员社会力量参与扶贫"双到"活动实施方案》，对热心参与扶贫济困的企业和社会各界人士给予宣传表彰。广州市出台了《中共广州市委办公厅、广州市人民政府办公厅关于落实我省扶贫开发"规划到户、责任到人"工作的实施意见》，以一系列综合扶贫举措定点帮扶梅州市、阳江市和茂名市3个市16个县（市、区）的335个贫困村。各级党委、政府部门、企业、高校等相关单位也积极投身定点帮扶工作。如广东省直机关工委帮扶汕尾市陆河县河口镇田墩村，广州市花都区教育局帮扶阳江市阳东县大八镇大陂村，肇庆市水务集团帮扶肇庆市广宁县赤坑镇合坑村，南方医科大学帮扶揭阳市揭西县灰寨镇后洋村。可以说，全省各地以出台对接政策和开展定点帮扶等方式做出的积极响应，成为"'双到'扶贫"工作在省内快速落实的重要基础，也是"'双到'扶贫"工作取得预期成效的必要条件。

（二）"'双到'扶贫"帮扶方与被帮扶方的协同

根据《广东省扶贫开发"规划到户、责任到人"帮扶与被帮扶双方工作责任》的规定,整个"'双到'扶贫"模式中的行为主体大致可分为帮扶方与被帮扶方这两类。帮扶方主要包括:①承担帮扶任务的省直和中直驻粤单位、企业、学校、科研院所、军队和社会团体;②承担跨地区帮扶任务的广州、深圳、珠海、佛山、东莞、中山、江门7个地级市党委、政府;③承担本辖区内帮扶任务的汕头、韶关、河源、梅州、惠州、汕尾、江门、阳江、湛江、茂名、肇庆、清远、潮州、揭阳、云浮市的党委、政府及所辖有关县(市、区)、镇党委和政府;④承担定点帮扶贫困村任务的帮扶单位及其驻县、驻村及扶户干部;⑤主动承担帮扶任务的社会各界人士。被帮扶方主要包括:①接受省直和中直驻粤单位、事业企业单位、社会团体和珠江三角洲7个地级市帮扶贫困村所在的韶关、梅州、河源、汕尾、阳江、茂名、湛江、肇庆、清远、揭阳、云浮11个地级市及下辖有关县(市、区)、镇党委和政府;②接受汕头、潮州、惠州市及江门恩平市直属机关、企事业单位帮扶的贫困村所在的县(区)、镇党委和政府;③全省分布在粤东西北地区14个地级市83个县(市、区)859个镇的3407个贫困村和村内的贫困农户;④各地自行安排帮扶的贫困村以外的贫困农户。[①]

> **专栏3-3 "'双到'扶贫"时期珠三角地区与粤东西北地区间的市级结对帮扶关系**
>
> "'双到'扶贫"时期,珠三角地区与粤东西北地区建立了市级结对帮扶关系。在此之前,广东省内已经建立了市级合作产业转移园结对关系:①广州市对口帮扶阳江市、湛江市、梅州市;②深圳市对口帮扶汕尾市、潮州市;③珠海市对口帮扶茂名市、揭阳市;④佛山市对口帮扶清远市、云浮市;⑤东莞市对口帮扶韶关市、惠州市;⑥中山市对口帮扶肇庆市、河源市;⑦江门市和汕头市自行负责本市产业转移工作。由于产业转移和"双到"扶贫的结对关系存在交叉情况,为了避免管理协调难度增大和帮扶资源不够集中等问题,广东省人民政府办公厅以合作

[①] 《广东省扶贫开发"规划到户责任到人"帮扶与被帮扶双方工作责任》,2009年6月30日,http://www.gddpf.org.cn/fpsb/fp/sdgz/200906/t20090630_650226.htm,访问日期:2020年4月2日。

第三章　广东省"'双到'扶贫"模式分析

> 产业转移园的结对帮扶关系为主，对应调整了第二轮"'双到'扶贫"对口帮扶关系：①广州市对口帮扶梅州市、湛江市、清远市；②深圳市对口帮扶汕尾市、潮州市；③珠海市对口帮扶阳江市、茂名市；④佛山市对口帮扶清远市、云浮市；⑤东莞市对口帮扶韶关市、揭阳市；⑥中山市对口帮扶肇庆市、河源市；⑦汕头市、惠州市、江门市自行负责本市产业转移和"'双到'扶贫"工作。（唐柳雯、谢思佳：《省政府调整"双到"帮扶关系》，2013年3月23日，http://epaper.southcn.com/nfdaily/html/2013-03/23/content_7175953.htm）

具体来说，帮扶方与被帮扶方涉及各级党委、政府及其下设的扶贫办等有关职能部门、驻村工作组、贫困村及贫困户等，其中的领导关系、服务协调关系较为复杂。从某种意义上来说，帮扶方的尽职尽责是"'双到'扶贫"中的关键一步，甚至可以说关系到"'双到'扶贫"的成败。与此同时，帮扶方的职责履行也需要依靠被帮扶方的积极配合与主动作为。从现实情况来看，差异化价值倾向下的各类主体有着不同的行动策略，因此建立一个跨级别、跨部门、跨领域的协同机制殊为不易。然而，在"'双到'扶贫"工作的开展过程中，帮扶方与被帮扶方的协同配合又是一个无法回避的重要问题。可以这样认为，只有双方充分实现彼此间的协同配合，才能完成既定的帮扶目标。考虑到这一点，广东省在确立帮扶方工作责任时明确了各级党委、政府、各部门和各帮扶单位的主要领导始终是"'双到'扶贫"工作的第一责任人。这是中国现行政治体制下"一把手主抓"的典型体现。这种职责上的明确界定有利于激发相关领导对"'双到'扶贫"工作的高度重视，从而充分调动各级各部门各帮扶单位对"'双到'扶贫"工作的积极性。作为被帮扶方的粤东西北地区各市及有关县（市、区）、镇的党委和政府，其身份定位是"'双到'扶贫"工作的主要组织者、实施者和责任者。通过"领导高度重视"的责任督导，帮扶方与被帮扶方能够在一定程度上实现协同配合。

具体而言，在"'双到'扶贫"中，帮扶方要在了解帮扶对象具体情况的基础上制定帮扶措施、积极筹集资金、做好登记管理、定期汇报情况、开展跟踪检查。与之相对应，被帮扶方也要积极配合对接，提供工作便利，转变思想观念。协同配合促进了帮扶方与被帮扶方职责的有效发挥，在"'双到'扶贫"的实施之初，基本上所有的帮扶单位都奔赴定点帮扶的贫困村开展了专题调研，并派驻了专门的工作组或驻村干部，与当地的有关部门和人员共同探讨扶贫对策。与此同时，帮扶单位的每一次帮扶活动都记入了"帮扶记录卡"，形成了帮扶台账。

综上所述，"'双到'扶贫"模式作为一项新的扶贫开发政策举措，其每一项具体工作的推进都伴随着相关配套文件的同步出台，政策体系的稳步构建是"双到"成效产出的重要制度保障。与此同时，扶贫开发绝不能仅凭"双到"这项单一战略，作为一项系统性工作，其内在要求是实现"双到"与既有的区域协调、产业发展等策略的衔接。此外，伴随着"双到"实施的全过程，帮扶方与被帮扶方之间的协同配合有力地促进了帮扶成效的显现。

值得一提的是，新闻媒体在第一轮"双到"阶段也扮演了重要的角色。2010年，《南方日报》7位记者分别深入粤东西北和珠三角7个不同类型的贫困村进行驻村采访，获取了大量真实客观的新闻素材。其后，在这些新闻素材的基础上，《南方日报》推出了《"穷广东"调查》系列深度报道，展示了教育落后、因病返贫、交通制约等阻碍广东科学发展的"贫困七痛"，为公众呈现了财富光环下一个陌生却又现实的"穷广东"。更为重要的一点在于，该报道设置了"扶贫攻坚进行时"这一栏目，旨在将报道的最终落脚点放在"如何脱贫"，通过记者的观察和手记及干部与村民的讲述，向全社会介绍了广东为改变贫困村落后面貌所做出的努力。《"穷广东"调查》系列报道的刊发在广东全省乃至全国引起了巨大的社会反响，一定程度上改变了人们对广东"全省皆富"的刻板印象，动员公众关注贫困问题，助力扶贫开发。这无疑是新闻媒体在"'双到'扶贫"实施中作用发挥的真实写照。

总的来说，第一轮"'双到'扶贫"通过建档立卡、电脑管理、瞄准机制、"一对一"帮扶，"靶向疗法"、定点清除贫困等手段，极大地提高了扶贫成效，可以说是中国扶贫开发方式的重大转变和突破。2009—2012年，广东省各级帮扶单位累计投入帮扶资金227.3亿元，平均每个贫困村的村集体和贫困户落实帮扶资金667.2万元，帮助发展经济项目和基础设施建设等项目共 28868 个。① 到 2012 年年底，随着第一轮"'双到'扶贫"临近尾声，广东省被帮扶的 37 万贫困户、157 万贫困人口人均纯收入达到 7028 元，3407 个贫困村村均集体经济收入达到 11.09 万元，基本改变了其落后面貌，实现了 3 年脱贫的预期目标。②

二、第二轮"'双到'扶贫"实施阶段（2013—2015 年）

2013 年，为贯彻落实党的十八大和《中国农村扶贫开发纲要（2011—2020 年）》《广东省农村扶贫开发实施意见》精神，进一步统筹城乡区域协调发展，保障和改善民生，促进共同富裕，广东省继续深化"'双到'扶贫"探索，以农民年人均可支配收入 3480 元为新的扶贫标准，③ 认定全省重点帮扶村 2571 个，有劳动能力的相对贫困户 20.9 万户共 90.6 万人，推动"一村一策、一户一法"的"靶向疗法"向纵深发展。具体而言，第二轮"'双到'扶贫"在实施过程中的特征主要表现为扶贫目标的提高、扶贫指标的多元化设置，以及扶贫政策的深化探索。

（一）扶贫目标的提高与扶贫指标的多元化

作为新一轮"'双到'扶贫"的纲领性文件，《广东省新一轮扶贫开发"规划到户、责任到人"及重点县（市）帮扶工作实施方案（摘要）》（以下简称《方案》）对扶贫目标做出了新的规定。

第一，新的扶贫目标聚焦于重点县（市）、贫困村和贫困户这三个层面，涉及重点县（市）的经济发展、产业结构、财政状况，贫困村的集体经济收入、生产生活设施、民主管理制度和贫困户人均纯收入、参保情况、住房情况等多方面内容。其中，针对贫困户人均纯收入这一项，新的扶贫

---

① 邓圣耀：《广东扶贫开发经验获全国认可》，2014 年 10 月 17 日，http://epaper.southcn.com/nfdaily/html/2014-10/17/content_7359898.htm，访问日期：2020 年 4 月 6 日。
② 中共广东省委办公厅、广东省人民政府办公厅：《广东省新一轮扶贫开发"规划到户、责任到人"及重点县（市）帮扶工作实施方案（摘要）》，2013 年 5 月 10 日，http://www.gdfupin.org.cn/new31.asp?id=53，访问日期：2020 年 4 月 6 日。
③ 从中央的有关规定来看，中央明确地方扶贫标准可在当地农民人均纯收入的 30%～50% 范围内确定。2012 年，广东省农村居民全年纯收入为 10542.84 元，3480 元的扶贫标准约为其 33%。

目标要求到 2015 年，被帮扶的有劳动能力的贫困户人均纯收入达到或超过当年全省农村人均纯收入的 45%，并实现稳定脱贫。2012 年 1 月正式实施的《广东省农村扶贫开发实施意见》提出，2013—2015 年应实现的扶贫目标是被帮扶的贫困户收入达到当年全省农民人均纯收入的 33% 以上。显然，前述目标相较于此目标更进了一步。随着经济的快速发展，广东省农村居民人均纯收入在全国范围内已经处于一个较高的水平。因此，《方案》中的新目标不仅是数字的增加，而且彰显了广东省推进扶贫开发的决心，但更高的目标也对政府的治理能力带来了挑战。这意味着广东省需要出台更多的政策、投入更多的资源、开发更多的项目。

第二，如前所述，除了关注到贫困户的人均纯收入这一指标外，诸如，贫困户是否按规定全部参加新型农村合作医疗和新型农村社会养老保险，符合最低生活保障条件的贫困户是否全部纳入最低生活保障范围，低收入住房困难户住房改建和不具备生产生活条件的贫困村庄移民搬迁安置任务是否全部完成等，关系到贫困户实际生活质量的其他指标，也被纳入新一轮"'双到'扶贫"的目标任务中。回望第一轮"'双到'扶贫"实施阶段，当时的目标任务还仅仅停留在提高贫困户人均纯收入这一项上，而此时指标的多元化则更多地考虑到了贫困户的真实生活情境，如因病致贫、老无所依、居无定所……根据马斯洛需求层次理论，人的需求从低到高可以依次分为生理需求、安全需求、社交需求、尊重需求和自我实现需求这五种。如果说第一轮"'双到'扶贫"关注的仅仅是维持生存的生理需求，那么第二轮"'双到'扶贫"就已经上升到了追求健康保障等安全层面的需求。从这个角度来看，"'双到'扶贫"指标设置"扩容"的意义不仅仅在于从重点关注收入贫困向关注多维贫困的转变，更为重要的是超越了治理绝对贫困，迈向了解决相对贫困的范畴。这在一定程度上体现了扶贫思路的进步，有利于切实提高脱贫质量。

在具体的实施过程中，无论是扶贫目标的提高还是指标的多元化设置，其目的都是解决阻碍经济社会良性发展的贫困问题。第一轮"'双到'扶贫"的成果为第二轮"'双到'扶贫"工作的开展奠定了良好的基础，而第二轮"'双到'扶贫"在扶贫目标和具体举措上所体现出的整体性、层次性和多样性则是其相比于第一轮"'双到'扶贫"的最大进步。

第三章 广东省"'双到'扶贫"模式分析

(二) 扶贫政策的深化探索

第一轮"'双到'扶贫"在具体实施过程中表现出了很强的"试验"性质,初始阶段的各项政策帮扶手段相对来说较为笼统、不够细致。为此,第二轮"'双到'扶贫"在扶贫政策方面开展了深化探索。

首先是对口定点帮扶的细化分类。相较于第一轮"'双到'扶贫"在定点帮扶方面较为粗放的分配,第二轮"'双到'扶贫"按照帮扶难度将贫困村分为重点帮扶村与非重点帮扶村,将贫困户分为有劳动能力和无劳动能力,并据此分配不同的单位进行定点帮扶。同时,定点帮扶的成效最终也由省市两级组织分别予以考核验收。对于驻村干部的选派和管理,广东省委组织部和广东省扶贫办出台《关于做好新一轮扶贫开发"规划到户、责任到人"驻村干部选派和管理工作的意见》进行具体的规定。定点帮扶的细化分类在避免资源浪费的同时,进一步保证了帮扶成效的获取。

其次是加大资金扶持力度。根据贫困程度和贫困人口规模,省级单位及省内欠发达市、县(市、区)帮扶的重点贫困村能够得到不同标准的省级财政资金补助,一般而言主要划分为90万元、75万元和60万元三个档次。珠三角地区负有帮扶任务的城市则要参照此标准落实补助资金。这些帮扶资金主要用于贫困村内的基础设施建设(如道路整修、水利兴建)、环境维护、产业培育、民生保障等项目。此外,第二轮"'双到'扶贫"还对重点帮扶的贫困村实施扶贫小额贷款贴息制度,由省财政按照各地财政实际贴息支出的40%给予补助。

再次是加大行业扶贫力度。广东省扶贫办发布《关于组织扶贫开发"规划到户、责任到人"行业扶贫项目申报工作的通知》,明确重点帮扶村内的生产生活基础设施和公共服务建设项目需要经过项目申报和审批(村委会申报、逐级审核上报、省级相关主管部门的优先安排)、项目实施和验收的固定流程,而各级扶贫办、相关行业主管部门及各帮扶单位也要加强项目申报指导、资金扶持力度和信息协调汇总。

最后是加大基础设施建设扶持力度。这一举措着力于提高重点帮扶村的整体生活质量,包括供应安全饮水、搭建信息网络、开通村内道路等具体行动。结合《广东省创建幸福村居五年行动计划》,本轮"'双到'扶贫"完成了建设 700 个"整村推进幸福安居示范村"的预期目标。在此基础上，广东省同步推进了公共基础设施配套升级和村容村貌、环境卫生整治等工作的开展。

此外，第二轮"'双到'扶贫"还在产业扶持、技能培训、转移就业、基本民生保障等方面深化对贫困村和贫困户的帮扶探索。这些扶贫政策在实践过程中不断得以修正和完善，成为实现稳定脱贫的重要手段。

从政策效果来看，在第二轮"'双到'扶贫"实施的 2013—2015 年，全省 3599 个帮扶单位共派出 7986 名干部驻村，投入各类帮扶资金 202.95 亿元，平均每个贫困村的村集体和贫困户落实帮扶资金 789.4 万元，帮助发展民生类项目 23828 个，生产经营项目 9452 个。到 2015 年年底，全省被帮扶的 2571 个贫困村村集体经济收入平均达到 10 万元以上，比 2012 年增长近 7.8 倍；贫困人口实现年人均可支配收入达 9220 元，比 2012 年增长近 2.6 倍，实现了稳定脱贫的既定目标。[①] 表 3-2 显示了两轮"'双到'扶贫"的主要内容比较。

表 3-2 两轮"'双到'扶贫"的主要内容比较

主要内容	第一轮"'双到'扶贫"	第二轮"'双到'扶贫"
指导文件	《中国农村扶贫开发纲要（2001—2010 年）》《中共广东省委、广东省人民政府关于争当实践科学发展观排头兵的决定》	《中国农村扶贫开发纲要（2011—2020 年）》《广东省农村扶贫开发实施意见》
实施期限	2009—2012 年	2013—2015 年
扶贫标准	①贫困户标准：家庭年人均纯收入低于 2500 元（其中年人均纯收入低于 1500 元以下有劳动能力的贫困户，应作为重点帮扶对象） ②贫困村标准：行政村集体经济收入低于 3 万元	①贫困户标准：家庭年人均纯收入低于 3480 元 ②贫困村标准：全村农民人均纯收入低于 5623 元、行政村集体经济收入低于 3 万元（不含 3 万元） ③贫困县（市）：确定 21 个县（市）为新一轮扶贫开发重点县（市）

---

① 黄应来、胡新科、胡慧颖：《4 年来广东 147 万人稳定脱贫》，2017 年 7 月 6 日，http://epaper.southcn.com/nfdaily/html/2017-07/06/content_7650856.htm?type=pc，访问日期：2020 年 4 月 6 日。

续表 3-2

主要内容	第一轮"'双到'扶贫"	第二轮"'双到'扶贫"
目标任务	从 2009 年开始，用 3 年时间，对粤东西北欠发达地区 14 个地级市和恩平市等 83 个县（市、区）的 3407 个贫困村，以及农村家庭年人均纯收入 1500 元（含 1500 元）以下的农户，通过实施"规划到户、责任到人"扶贫开发工作责任制，采取"一村一策、一户一法"等综合扶贫措施，确保被帮扶的贫困户基本实现稳定脱贫，80% 以上被帮扶的贫困人口达到农村人均纯收入 2500 元以上，被帮扶的贫困村基本改变落后面貌，村集体经济收入达到 5 万元以上	①到 2015 年，被帮扶的有劳动能力的贫困户人均纯收入达到或超过当年全省农村人均纯收入的 45%，并实现稳定脱贫；贫困家庭成员按规定全部参加新型农村合作医疗和新型农村社会养老保险，符合最低生活保障条件的贫困家庭成员全部纳入最低生活保障范围；低收入住房困难户住房改建和不具备生产生活条件的贫困村庄移民搬迁安置任务全部完成 ②到 2015 年，重点帮扶村全村农民人均纯收入超过当年全省农民人均收入的 60%，行政村集体经济收入达到或超过 5 万元，生产生活基础设施建设基本完善，民主管理制度健全 ③到 2015 年，重点县（市）县域经济发展明显加快，产业结构逐步优化，特色优势产业快速发展，县级财政状况明显好转，综合实力显著增强；人均地区生产总值增幅高于全省平均水平，农民人均纯收入超过当年全省农民人均纯收入的 75%；区域发展环境和生态环境进一步优化，经济与人口、资源、环境协调发展
工作要求	①定点帮扶，动态管理　②明确任务，责任到人 ③加大投入，专款专用　④广泛动员，社会参与 ⑤建好班子，夯实基础　⑥加强考核，严格问责	

续表 3-2

主要内容	第一轮"'双到'扶贫"	第二轮"'双到'扶贫"
主要差异	两轮"'双到'扶贫"的差异主要体现在扶贫标准和目标任务上。相比于第一轮"'双到'扶贫",第二轮"'双到'扶贫"不仅提出了更高的目标任务,而且在内涵上更加丰富。其中,定量目标的比例化和定性目标的多元化已经表明,第二轮"'双到'扶贫"的政策重点发生了两大变化:其一是由解决绝对贫困向缓解相对贫困转变,其二是由关注收入贫困向关注多维贫困转变	

资料来源:中共广东省委办公厅、广东省人民政府办公厅:《广东省委办公厅、广东省人民政府办公厅关于我省扶贫开发"规划到户责任到人"工作的实施意见》,2009 年 12 月 27 日,http://www.gdfupin.org.cn/new31.asp?id=49,访问日期:2020 年 4 月 9 日;中共广东省委办公厅、广东省人民政府办公厅:《广东省新一轮扶贫开发"规划到户、责任到人"及重点县(市)帮扶工作实施方案(摘要)》,http://www.gdfupin.org.cn/new31.asp?id=53。

第三节 "'双到'扶贫"模式的主要内容

以往的扶贫开发策略在识别贫困和责任落实上安排得不尽合理,导致只有大量投入资源才能实现既定的扶贫目标。对于尚存的贫困人口而言,如果不能精确地识别和判定他们的贫困原因与生存状况,不能采取合理有效的扶贫举措,那么扶贫开发只能被低水平锁定。综观两轮"'双到'扶贫"从政策出台到政策实施的全过程,不难发现,该模式始终坚持从广东省贫困人口的特点出发制定各项政策举措。为了完成较高标准的扶贫任务,在吸取以往扶贫开发策略经验教训的基础上,广东省"'双到'扶贫"模式的主要内容突出体现在以下四个方面。

一、精准识别,信息化管理

扶贫开发的第一步是识别贫困群体。在信息不对称的条件下,对贫困

第三章　广东省"'双到'扶贫"模式分析

户识别偏离的情况屡见不鲜，究其原因，行为主体间的利益分歧需要对这一问题负主要责任。① 在此类研究看来，为了维护自身的利益诉求，基层行政组织可能会借助相对于上级的信息优势，自主决定如何识别和上报贫困户。这种诠释提供了一种看待贫困户识别偏离的补充视角。然而，实际存在的识别偏离在很大程度上可以看作以往区域扶贫所带来的次生问题。在区域扶贫的思路下，基层行政组织享有很大的自由裁量权，但其自身却缺乏准确识别贫困群体的能力，导致扶贫对象的瞄准性低。正是对这一问题的及时觉察，使得广东省适时开展"'双到'扶贫"，以较为清晰明确的扶贫标准识别贫困人口。随着时间推移和实践经验的累积，扶贫标准还不断地进行自我完善，从单一的收入指标扩充为涵盖参保情况、住房情况等更多内容的综合指标。在此基础上，各帮扶单位派出工作小组、工作队，多次深入贫困村开展调查，会同村干部、村民，逐村逐户进行核实、登记，全面摸清贫困户的真实情况。在获取了贫困户的具体信息后，相关单位需要据此建立动态档案和帮扶台账，实行电脑管理，及时将帮扶内容录入省扶贫信息系统并主动更新。做到户有卡、村有册，省、市、县（市、区）和乡镇有数据库，建立实时联网监测系统。为确保建档立卡、电脑管理工作落实到位，广东省财政厅安排专项资金作为建档立卡工作经费，在第一轮"'双到'扶贫"阶段就安排了专项工作经费1550万元。

为了提高"'双到'扶贫"的信息化管理水平，由广东省扶贫开发办公室主导建立、广东省农村信息中心提供技术支持的广东省扶贫信息网在2009年建成使用。该网站设有政务之窗、扶贫咨询、扶贫政策、扶贫开发、业务系统、老区建设、社会扶贫等多个板块，实际上成为一个集信息发布、成果展示、经验交流、公众互动的综合性平台。第二轮"'双到'扶贫"开启后，21个扶贫开发重点县（市）在统一领导下分别建立了标准一致的扶贫信息子站，在与省级网站进行对接的同时，各地在自己的网站内部还设有扶贫项目、帮扶成效、建档立卡、对口帮扶等具体可查的详细信息。可以说，精准识别贫困户信息并通过信息化管理手段推进"信息上网"的一

---

① 陆汉文、李文君：《信息不对称条件下贫困户识别偏离的过程与逻辑——以豫西一个建档立卡贫困村为例》，《中国农村经济》2016年第7期。

系列活动,既实现了各项信息的公开透明,又保证了后续帮扶措施的有的放矢。

二、对口帮扶,责任落实

精确识别贫困户家庭情况、致贫原因等具体信息后,下一步就是做好责任落实工作,即确定不同单位的帮扶责任。广东省委、省政府以"两办"名义制定了"'双到'扶贫"的帮扶责任清单,该清单实现了贫困村及村内贫困户与帮扶单位的一一对应,并一次性分解下达给相关的帮扶单位,责任一定3年不变。在第一轮"'双到'扶贫"中,贫困村所在市、县帮扶2000个贫困村,珠三角7个经济发达市帮扶1160个贫困村,余下的247个贫困村则由省直和中直驻粤单位负责帮扶。① 在第二轮"'双到'扶贫"中,贫困村所在市、县帮扶1469个贫困村,珠三角6个经济发达市(与第一轮相比,不含江门)帮扶875个贫困村,省直和中直驻粤单位帮扶227个贫困村。

此外,珠三角地区与粤东西北地区还建立了市级结对帮扶关系。在第二轮"'双到'扶贫"中,对口帮扶的责任落实则要求得更为细致,以是否为重点帮扶村、是否有劳动能力等条件分配帮扶单位,落实帮扶责任。同时,各帮扶单位积极推动干部长期驻村制度的实施,保证至少1名优秀干部驻重点帮扶村工作。为了降低对口定点帮扶中的管理协调难度、提高资源集中程度,广东省委、省政府还以原共建产业转移园的结对帮扶关系为主,对应调整了新一轮扶贫开发对口帮扶关系。②

在广东省委、省政府的高度重视下,省直、中直驻粤单位,各市、县都成立了专门的领导机构和扶贫工作机构,并安排专职人员负责贫困村的工作。如前所述,广东省委、省政府以《广东省扶贫开发"规划到户、责任到人"帮扶与被帮扶双方工作责任》《关于做好新一轮扶贫开发"规划到

---

① 陈先锋:《粤扶贫"双到"显成效 要助3000余贫困村"脱穷帽"》,2010年6月10日,http://www.gov.cn/jrzg/2010-06/10/content_1625022.htm,访问日期:2020年4月15日。
② 广东省人民政府办公厅:《广东省人民政府办公厅关于调整合并对口帮扶关系的通知》,2013年3月17日,http://www.gdfupin.org.cn/new31.asp?id=55,访问日期:2020年4月15日。

户、责任到人"驻村干部选派和管理工作的意见》等文件对帮扶方、被帮扶方和驻村干部的责任进行了较为全面、明确的界定。除上述文件的规定以外,帮扶方与被帮扶方还建立了双向互动机制,双方签订扶贫协议,明确彼此的责任和义务,对积极参与和主动配合帮扶单位完成任务的帮扶对象优先安排扶持项目和资金,对不主动或不配合帮扶单位工作的,暂缓安排帮扶项目和资金。仅在第一轮"'双到'扶贫"期间,定点帮扶的相关单位就向贫困村派出了11524名干部,组成了3541个扶贫工作队。[①] 在相关文件的要求下,帮扶单位对帮扶责任进行了妥善而周密的落实,保证了每个贫困村都有帮扶单位和扶贫工作队,每个贫困户都有专门的帮扶责任人挂钩联系。如省委办公厅各局处与帮扶村的贫困户建立结对帮扶关系,各局处一把手为对口帮扶工作第一责任人;省委统战部、省农业厅、省财政厅、省民政厅等很多单位把帮扶措施和帮扶的贫困户落实到具体的部门和处室,指定责任人负责落实。可以说,帮扶方、被帮扶方、驻村干部等相关主体间的责任明确与互相配合,既践行了先富帮后富的共同富裕理念,又保证了"'双到'扶贫"工作的顺利进行,无疑是取得扶贫成效的关键一步。

三、"靶向疗法",一户一法

对于贫困户而言,即使生活在同一地区,其致贫原因也可能存在较大差异。如果忽略个体差异而不加辨别地采取同质化的扶贫措施,那么帮扶成效将难以取得预期效果,甚至是事倍功半。从这个角度来看,"靶向疗法"的实施有其必然性。以第一轮"'双到'扶贫"的实施为例,一方面,广东省委、省政府将农村人均纯收入1200元以下和1500元以下的贫困农户分别纳入低保救济对象和重点扶贫对象。在纳入低保救济的群体中,对有自我发展能力的,既享受低保救济政策,也享受扶贫开发政策,帮助他们脱贫致富,从而在整体上减少低保人数,实现扶贫与低保政策的有效衔接。另一方面,对有条件脱贫的人群,帮扶单位要核准帮扶对象,摸清致贫类

---

① 邓圣耀、韦浩、邓鸽:《广东"精准扶贫"成全国经验》,2014年3月26日,http://ccn.people.com.cn/big5/n/2014/0326/c366510-24737874.html,访问日期:2020年4月15日。

型，采取相关措施帮助他们在3年内脱贫。从实际实施的情况来看，两轮"'双到'扶贫"中，各帮扶单位主要围绕特色产业发展、基础设施建设、社会服务事业、基本民生保障四个方面的重点帮扶项目，形成项目进度计划和落地实施清单。具体而言，对自然资源丰富但缺乏主导产业和发展资金的，就帮助筹措资金、建立发展主导产业，实施开发式扶贫；对因基础设施落后而致贫的，以修路筑桥、兴建水利等方式改善通行条件和务农条件；对有劳动能力却缺乏劳动技能的，开展职业技能培训并实施劳动力转移，增加其非农收入；对不具备生产生活条件的贫困村、贫困户，则有计划地实施住房改造、安全饮水或移民搬迁政策。

在"靶向疗法"思路的引导下，广东省各帮扶单位围绕脱贫的目标任务，在两轮的"'双到'扶贫"中，针对扶贫对象不同类型的需求和发展意愿既制订了较为可行的帮扶总规划，又细化了年度帮扶工作计划，基本实现了"一村一策、一户一法"。例如：佛山市实施了产业扶贫和转移就业等措施，重在解决贫困户的增收问题；省委办公厅建立了"组建一个扶贫工作班子、制定一个帮扶工作方案、探索一个脱贫长效机制、创建一套干部培养办法、打造一个帮扶联系平台"的"五个一"工作机制；省公安厅提出"五、四、三、二"总体扶贫思路，制订了推动劳务输出、实施"就业扶贫"、发展养殖种植业等工作方案；省财政厅以实现"六有"和"八个确保"为目标，确定了一批帮扶项目，落实了一批帮扶资金；许多高校依据专业优势和智力优势开展智力扶贫等教育培训活动；还有为数不少的企业凭借市场化手段积极参与"'双到'扶贫"工作，针对定点帮扶贫困村、贫困户的具体情况，或是提高本地知名度开展旅游扶贫，或是开辟农产品销售渠道实施产业扶贫，或是以金融扶贫的方式破解贫困户发展生产面临的资金不足的难题。总的来说，"靶向疗法"的实施保证了每一贫困村和贫困户都有具体的发展规划和脱贫措施，促进了扶贫工作的有效开展。

四、设定目标，加强考评

广东省在确立实施"'双到'扶贫"政策之后，随即成立了相关负责部门，并完善配套机制以快速推动工作落实。其中，《广东省扶贫开发"规划

第三章 广东省"'双到'扶贫"模式分析

到户、责任到人"工作考评办法》《广东省扶贫开发工作问责暂行办法》及《广东省扶贫"双到"单兵教练工作的通知》等文件就对"'双到'扶贫"工作的考评问题做出了较为详尽的规定。依据这些制度,相关部门对"'双到'扶贫"工作除日常督查以外,还会实行1年一考核、3年结硬账策略。对于考核不合格的市、县和帮扶单位的相关责任人,实行通报、点名或单兵教练约谈。相应地,地方各级政府也制定了配套的考评办法,对考评的对象、内容和奖惩措施等进行了周密的安排。考核机制的合理安排对于整个"'双到'扶贫"工作意义重大,它直接影响到"'双到'扶贫"工作是否能够落到实处、取得实效。具体而言,可以从考评对象与方法、考核的奖惩措施这两方面对考核机制进行归纳。

首先,考评对象和考评办法较为全面。广东省"'双到'扶贫"工作考评采用的是考核"领导+帮扶责任人"模式。"领导"包括省内各市、其他帮扶单位、被帮扶的82个县(市、区)的党政班子、主要领导及分管领导。"帮扶责任人"指帮扶单位派出的驻村干部。其中,考评对象均由省扶贫办、省委组织部、省监察厅、省人力资源和社会保障厅及省财政厅等部门组成的考评工作办公室负责考核,考评结果结合省的检查考评情况予以认定。在考评方法上,结合"双到"实施的不同阶段,广东省"'双到'扶贫"工作领导小组制定了不同版本的考评办法。2010年,初始实施的考评办法围绕督促各帮扶单位落实帮扶项目、加大帮扶工作力度展开,这一阶段的考核未将具体的帮扶项目、投入资金、帮扶成效列入考核范围。2011年,更新后的考评办法主要考核各帮扶单位具体的帮扶项目、投入帮扶资金的多少、帮扶项目的进展情况,并按完成比例评分。2012年作为第一轮"'双到'扶贫"工作的"决战年",广东省"'双到'扶贫"工作领导小组制定的《广东省扶贫开发"规划到户、责任到人"工作考核验收办法》与之前有较大的不同,该办法针对各个帮扶项目制定了严格的考核标准,以量化考核的方式通过各类指标对帮扶单位具体帮扶项目的完成情况进行评分。与之前制定的考核办法相比,该考核更加细化,特别是对部分重要项目实施了"不完成不得分"的措施。值得一提的是,2012年的考核验收办法由省扶贫开发办公室和省统计局在总结两年考核工作的基础上共同拟就,并由省"'双到'扶贫"工作考核验收办公室组织实施。在帮扶项目调查方面,广东省"'双到'扶贫"工作领导小组制定了《广东省扶贫开发监测调查制度》，并配套实施《广东省扶贫"双到"工作考核验收指标体系》，保证了考核验收的可操作性。调查过程中采用5份调查表（贫困村扶贫开发情况调查表、贫困户扶贫开发情况调查表、扶贫开发综合调查表、扶贫开发工作群众民意测评调查表、扶贫开发工作帮扶方民意测评表），调查结果以网上直报的方式进行上报。2013年第二轮"'双到'扶贫"实施后，考评工作依然被作为一项重点工作开展。由于既有的考评办法经历了实践的检验，已经被证明行之有效，因此第二轮"双到"在简单修订的基础上沿用了之前的考评办法，同时健全扶贫开发目标责任考核制度，每年考核结果与各级党政领导班子和领导干部落实科学发展观指标体系考核评价相挂钩。

其次，考评奖罚措施分明。为确保"'双到'扶贫"工作顺利推进，广东省"'双到'扶贫"工作领导小组制定了详尽的问责机制。"双到"的考评结果将纳入各级各部门领导班子贯彻落实科学发展观的实绩考核，作为干部奖惩和任用的依据。此外，省委、省政府对先进单位和个人进行表彰，对未完成年度责任目标、考评结果60分以下的单位进行书面批评，并限期1个月提出整改措施。值得一提的是，"双到"考评既"软硬兼备"，又富有"节奏感"。所谓"软硬兼备"，指的是考评内容既涉及水利灌溉、道路硬化、通电通邮等农村生产生活必备的基础设施建设，也涵盖培训、教育、就业指导、基层党建等能力发展要素。所谓"节奏感"，主要体现在考评实施的分阶段、分步骤、有计划，不盲目地一蹴而就。

总的来说，广东省"'双到'扶贫"工作的考评体系较为科学，在实践中有较强的可操作性，其考评对象细化、考评组织周密、考评指标详尽、考评结果奖惩分明，有效激励了各级帮扶方对"'双到'扶贫"工作的切实推进。此外，领导高度重视下各种细化的标准和严格的问责制度也让相关单位不敢也不能以"走过场"的心态应对考评，对防止考评流于形式起到了重要作用。

"'双到'扶贫"的四部分主要内容互相配合，形成了一个有效脱贫的政策体系。其中，精准识别、信息化管理是政策效应发挥的前提，只有正确瞄准贫困群体，扶贫政策才有可能取得预期成效；对口帮扶、责任落实是政策快速推进的关键，人员与任务的一一对应便于工作的快速开展；"靶向疗法"、一户一法是提高扶贫质量的手段，各帮扶单位从贫困村、贫困户

第三章　广东省"'双到'扶贫"模式分析

的实际出发,因地制宜地科学规划脱贫方式,帮助贫困群体快速脱贫;设定目标、加强考评是完成政策任务的保证,考评奖惩的可信承诺提高了相关单位推进政策实施的积极性与主动性,有利于政策落实。此外,"'双到'扶贫"在实施中还涉及完善组织建设、规范资金使用、扩大社会参与、加强信息公开等内容,这些内容往往都会内化到以上四部分中,具体表现为对帮扶方与被帮扶方的各类工作要求。

"'双到'扶贫"作为2009—2015年广东开展的一种扶贫模式创新,其不同于以往的特点主要在于这一模式准确把握了广东贫困治理的工作重心,将贫困治理的重心从贫困县下移至贫困村乃至贫困户。与此同时,"双到"经由"广东扶贫济困日"及一系列相关活动的实施,推动扶贫由"政府强主导,社会弱参与"向"政府强主导,社会广泛深入参与"转变。有学者以"统合型治理"来描述广东的"'双到'扶贫"模式,指出这一模式体现了三个多元化:扶贫主体多元化、资源供给多元化和运作方式多元化。在多元化的扶贫主体中,这一模式最为认同政府的核心地位,强调政府的政策引导与治理能力是确保"三个多元化"实现统合的主导因素。[①] 实际上,"'双到'扶贫"作为一种由政府主导和统筹、社会力量广泛深入参与的扶贫模式,不仅弥补了扶贫资金投入不足的问题,而且有效解决了政府单一主导的扶贫模式中常出现的扶贫对象漏出、管理效率低、需求回应慢、帮扶项目短期化和专业化欠缺等问题。更为重要的是,这一扶贫模式所强调的"一村一策、一户一法"等因村因户制宜的综合扶贫措施及严格落实相关责任机制的工作要求,突出了识别精准、措施有效和责任落实的政策优势。因此,广东省的"'双到'扶贫"模式在实践中取得了显著成效。

[①] 罗德:《统合型治理:公共管理的中国模式——以广东省"双到扶贫"为例》,《科学经济社会》2015年第3期。

第四章 广东省"'双到'扶贫"模式的典型案例：梅州市五华县

"'双到'扶贫"提出后，广东省各级政府立刻在相关文件的指导下推进扶贫工作的全方位开展。在粤东西北地区扶贫的重点市中，梅州市是贫困村数量最多的一个市，而其下辖的五华县又是该市贫困状况最为严重的县。为此，五华县"'双到'扶贫"的实施，同时得到了省、市、县级单位对口帮扶力量的注入，成为落实"'双到'扶贫"政策的典型代表。从这个角度来看，以五华县为案例来分析"'双到'扶贫"模式，能够较为清晰地梳理顺该模式的政策内容与实施特征，这也为作者将其作为调研访谈的主要地区提供了充分的理由。本章即分两节分析梅州市五华县"'双到'扶贫"的实施，第一节简要介绍梅州市和五华县的贫困概况，第二节全面展示五华县第一轮"'双到'扶贫"的主要做法、政策特点和实施成效，同时对第二轮"'双到'扶贫"的实施情况进行了简要的介绍。

第一节 梅州市市情与五华县县情

一、梅州市市情

梅州市位于广东省东北部，于1988年设立地级市，目前下辖梅江区、梅县区、平远县、蕉岭县、大埔县、丰顺县、五华县7个县区，并代管县级市兴宁市。梅州市占地1.58万平方千米，2009年全市生产总值509.51亿

第四章　广东省"'双到'扶贫"模式的典型案例：梅州市五华县

元，比 2008 年增长 9.8%，人均生产总值 12321 元，增长 9.3%。[①] 2009 年生产总值中三次产业构成为 20.8∶40.4∶38.8。其中，第一产业增加值 105.98 亿元，增长 6.3%；第二产业增加值 205.92 亿元，增长 9.3%；第三产业增加值 197.61 亿元，增长 11.9%。2009 年全市税收 82.56 亿元，比 2008 年增长 3.8%。[②] 截至 2009 年年底，全市常住人口为 414.49 万人，户籍人口为 507.36 万人，其中，非农户籍人口 125.17 万人。[③] 据抽样调查，2009 年，梅州市区居民年人均可支配收入为 13113 元，剔除价格上涨因素，实际增长 11.6%；农村居民年人均纯收入 5390 元，剔除价格上涨因素，实际增长 12.0%；市区和农村居民家庭恩格尔系数分别为 44.1% 和 45.9%，分别比 2008 年降低 0.9 个百分点和 0.1 个百分点。[④] 2009 年全年，梅州市城乡各种社会救济对象得到各级政府救济人数 24.8 万人次，全市享受低保救济的困难群众达 228865 人，其中城镇 18543 人，农村 210322 人。[⑤]

梅州是广东的重点革命老区、原中央苏区、扶贫开发地区。梅州市山区众多，林地广阔，面积达 117.99 万公顷，森林覆盖率达 74.35%，森林蓄积量 413.73 万公顷。[⑥] 在此自然条件下，梅州市的贫困形势不容乐观。2009 年，经广东省核定，梅州市共有贫困村 551 个，贫困户 44315 户 17.89 万人，贫困村总数约占全省的六分之一，[⑦] 是全省贫困村数量最多的

[①] 梅州市统计局：《梅州市 2009 年国民经济和社会发展统计公报》，2010 年 3 月 31 日，http://www.tjcn.org/tjgb/19gd/10613_2.html，访问日期：2020 年 6 月 25 日。

[②] 梅州市统计局：《梅州市 2009 年国民经济和社会发展统计公报》，2010 年 3 月 31 日，http://www.tjcn.org/tjgb/19gd/10613_2.html，访问日期：2020 年 6 月 25 日。

[③] 梅州市统计局：《梅州市 2009 年国民经济和社会发展统计公报》，2010 年 3 月 31 日，http://www.tjcn.org/tjgb/19gd/10613_2.html，访问日期：2020 年 6 月 25 日。

[④] 梅州市统计局：《梅州市 2009 年国民经济和社会发展统计公报》，2010 年 3 月 31 日，http://www.tjcn.org/tjgb/19gd/10613_2.html，访问日期：2020 年 6 月 25 日。

[⑤] 梅州市统计局：《梅州市 2009 年国民经济和社会发展统计公报》，2010 年 3 月 31 日，http://www.tjcn.org/tjgb/19gd/10613_2.html，访问日期：2020 年 6 月 25 日。

[⑥] 梅州市地方志办公室：《梅州概况》，2020 年 4 月 4 日，https://www.meizhou.gov.cn/zjmz/mzgk/mzgk/content/post_2030887.html，访问日期：2020 年 6 月 24 日。

[⑦] 梅州市人民政府办公室：《三年产业帮扶带动全市贫困村贫困户人均纯收入增长 3 倍多，村集体经济收入平均逾 10 万元强经济，撑起脱贫致富蓝天》，2013 年 5 月 6 日，https://www.meizhou.gov.cn/gkmlpt/content/1/1539/post_1539407.html#442，访问日期：2020 年 6 月 25 日。

地级市。①

2009年至2015年，梅州市开展了两轮"'双到'扶贫"工作，成果显著。2009年至2012年年底的第一轮"'双到'扶贫"，梅州市落实帮扶资金34亿元（其中，帮扶单位投入近13亿元，带动项目资金、社会资金20多亿元），实施经济发展项目4991个，551个省定贫困村和4.4万户共17.89万贫困人口全部实现脱贫目标。②第二轮"'双到'扶贫"，梅州市投入资金27.05亿元，实施贫困村扶贫项目12418个，实施贫困户扶持项目33.4万个；至2015年年底，386个贫困村3.71万户共14.6万贫困人口实现脱贫，帮扶村贫困户年人均纯收入8892.59元，比帮扶前增长2.36倍，达到全省农民人均纯收入的66.5%；386个贫困村集体经济收入从2012年的平均0.62万元提高到9.87万元，比帮扶前增长14.8倍。③此外，梅州市将贫困村内符合"低保""五保"条件的贫困户全部纳入保障，将全部贫困人口纳入城乡居民养老保险和城乡居民基本医疗保险，实现应保尽保。

二、五华县县情

五华县位于广东省东部，韩江上游，是"世界客都"梅州通往珠三角经济发达地区的门户。全县总面积3238.9平方千米，其中山地367万亩，耕地60.9万亩。2010年年末户籍人口131.1万人，农业人口113.1万人，城镇人口18万人，常住人口105.35万人，劳动力54万人。现辖16个镇，445个村（居委），是人口大县、财政穷县，是全省16个扶贫开发重点县之一，也是梅州市扶贫工作的"主战场"。

从地质条件来看，五华县情况较为复杂，主要有侵入岩、喷出岩、砂质岩、石灰岩、花岗岩等五大类岩石构成山地、丘陵、盆地三大地貌类型。

---

① 赵洪杰、徐滔、周游、王猛：《广东贫富差距已凸显，"富得流油"只是少数地方》，2010年6月2日，http://news.sohu.com/20100602/n272508481.shtml，访问日期：2020年6月25日。

② 梅州市人民政府办公室：《三年产业帮扶带动全市贫困村贫困户人均纯收入增长3倍多，村集体经济收入平均逾10万元强经济，撑起脱贫致富蓝天》，2013年5月6日，https://www.meizhou.gov.cn/gkmlpt/content/1/1539/post_1539407.html#442，访问日期：2020年6月25日。

③ 唐林珍：《立军令状！梅州3年让19.2万人脱贫》，2016年4月6日，http://mz.southcn.com/content/2016-04/06/content_145403970.htm，访问日期：2020年6月25日。

第四章 广东省"'双到'扶贫"模式的典型案例:梅州市五华县

其中山地和丘陵的面积约为全县总面积的90%,这样的地形地势条件影响了产业投资兴建,阻碍了基础设施建设。此外,由于所辖地域比较分散且交通不便,五华县经济发展速度相对缓慢,与经济高速发展的珠三角等地区相比有相当大的差距。从贫困形态来看,五华县体现出典型的绝对贫困形态,收入型贫困占据主导地位。具体而言,绝对贫困人口既不能进行积极地再生产,也无法依靠其劳动所得和其他合法收入维持其基本的生存需要。在这样的背景下,五华县与珠三角之间的地域差异、贫富差距日益明显,贫困面不断扩大、贫困人口不断增多。据2007年年底调查统计,全县有115个绝对贫困村(村集体经济收入在3万元以下,贫困人口占全村总人口30%以上的村),绝对贫困户(年人均纯收入低于2500元)13340户,贫困人口63424人,其中,有劳动能力的贫困户12023户59073人,无劳动能力的贫困户1247户4351人;95%以上的贫困村都地处离乡镇10千米以上,有的村甚至达到30多千米,且五华县各乡镇、村之间交通设施欠完善,信息相当闭塞,是新时期典型的"老、少、边、穷"地区。

第二节 五华县"'双到'扶贫"的主要内容

2009年,五华县依托全省"'双到'扶贫"战略的实施,对全县115个贫困村(绝对贫困村)开展扶贫开发工作。其中,五华县由省(中)直单位对口帮扶的贫困村18个,由广州市和番禺区对口帮扶贫困村55个,由所在市直机关对口帮扶贫困村30个,由县直单位帮扶贫困村12个。2012年,第一轮"'双到'扶贫"结束,第二轮"'双到'扶贫"开启,广州市38个单位对五华县9个镇40个村展开了对口帮扶。其中,广州市市直17个单位对口帮扶五华县17个村,5家企业对口帮扶8个村,番禺区16个镇、街对口帮扶15个村。五华县新一轮"'双到'扶贫"识别贫困户6110户,共29481人。(见表4-1、表4-2)

表4-1 五华县第一轮"'双到'扶贫"对口帮扶情况

帮扶单位	帮扶单位数量	帮扶贫困村数量
省（中）直帮扶单位	18	18
广州市直帮扶单位（含番禺区）	65	55
所在市直帮扶单位	30	30
五华县直帮扶单位	24	12

资料来源：作者根据五华县"'双到'扶贫"领导小组办公室提供的数据整理。

由对口帮扶的情况可见，五华县是广东省"'双到'扶贫"战略中同时凝聚省、市、县级单位对口帮扶力量的宝贵"缩影"，是体现广东"'双到'扶贫"开展过程和所获成效的典范。通过对五华县两轮"'双到'扶贫"的案例分析，本书得以展示和论述广东"'双到'扶贫"过程中鲜活的实践经验和鲜明的工作特征。

表4-2 五华县第二轮"'双到'扶贫"对口帮扶情况

帮扶单位	帮扶单位数量	帮扶贫困村数量
广州市直帮扶单位（不含番禺区）	17	17
广州市企业	5	8
番禺区镇、街	16	15

资料来源：作者根据五华县"'双到'扶贫"领导小组办公室提供的数据整理。

一、五华县"'双到'扶贫"的主要做法

回顾已有的扶贫实践和相关理论的研究，它们基本都围绕着这一核心问题：如何打破扶贫资源与扶贫目标群体之间的壁垒，使贫困人口能够真正受惠于扶贫的政策供给。已有研究归纳了中国以政府为主导的开发式扶贫所包含的要素：第一，贫困人口的识别；第二，扶贫的组织及主体；第三，扶贫资金的来源、使用及管理；第四，扶贫开发的具体模式与项目选

第四章　广东省"'双到'扶贫"模式的典型案例：梅州市五华县

择；第五，扶贫绩效的考核。① 上述要素均影响扶贫实践的效率与成果，而以五华县为代表的"'双到'扶贫"实践则在这些要素上实现了进一步的优化。

2009年6月25日，广东省委、省政府召开了全省"'双到'扶贫"工作电视电话会议，此后，五华县正式将"'双到'扶贫"工作纳入全县的发展规划，将省级"'双到'扶贫"的工作要求与县委提出的"三年打基础、五年大提速，强势推进经济社会跨越发展"总目标和"工业立县、教育优先、民生为重、和谐五华县"四大发展战略结合起来。在此背景下，五华县将"'双到'扶贫"工作放置到前所未有的高度，成为有史以来领导最重视、投入力度最大、措施最有力、效果最明显的一次大规模扶贫开发行动。

五华县在推进"'双到'扶贫"工作方面的主要做法有以下7个方面。

第一，五华县基于顶层政策设计，结合本地实际搭建起利于扶贫政策落实的制度框架。一方面，五华县建立了三项帮扶机制，将帮扶资源与本地需求进行梳理、整合与配对，具体包括"帮扶单位+县直对口单位+镇村"对接协调机制、"帮扶单位+县直对口单位+贫困村"资源整合机制和"帮扶单位+县直对口单位+贫困村"基础设施建设帮扶机制。同时，五华县将本地资源进行再调整与再分配，建立县直单位"2帮1"制度，抽调12个原挂扶非省定贫困村的县直单位，充实到县机关帮扶的12个省定贫困村。另一方面，五华县制定了三项保障措施，即建立"'双到'扶贫"工作督查指导机制和联席会议机制、建立健全资金筹集管理制度、落实领导小组成员每月一次定期召开的联席会议制度。此外，五华县发挥了党建在扶贫开发中的引领作用，建立县党政班子成员联系创建扶贫示范点机制，落实县领导联村挂户和创建幸福安居工程示范村的责任；同时建立城乡党支部结对共建机制，发挥184个城市党支部与农村党支部的互助共建的积极效用。再者，五华县明确了主抓油茶种植、养猪、养鸡三大主导产业的施政方向，有侧重地将扶贫的制度框架落实到发展主导产业之中。

第二，五华县搭建起帮扶单位与被帮扶单位、各级帮扶单位之间的沟

---

① 商春荣：《从"'双到'扶贫"到精准扶贫：广东农村扶贫体制的变革与发展》，《南方农村》2020年第3期。

通机制,为对口帮扶工作中的问题疏通、经验互通、资源协调提供保障。五华县"'双到'扶贫"工作领导小组办公室建立了与各级帮扶单位的沟通机制,每季度分别组织各级帮扶单位驻村干部的培训和座谈。在此机制下,一方面,驻村干部在对口帮扶工作中所遇到的困难能获得及时支持和解决;另一方面,沟通机制搭建的平台促进了驻村干部间正式与非正式的经验交流,进而使各级帮扶单位的驻村干部间取长补短、优势互补、资源整合。此外,该机制为加强帮扶单位与被帮扶单位间的协调沟通提供了契机,通过定期、及时的座谈交流,地方政府对帮扶政策、帮扶目标及帮扶瞄准对象有了更高的认同度,一定程度上防止了地方政府积极性缺失、责任感不强的问题。

第三,五华县在资金筹集方面整合了各类资源,以提供必要的资金保障。资金对于"'双到'扶贫"中各项指标的实现至关重要,各帮扶单位的资金筹措力度的大小,直接影响到其帮扶的效果。截至2012年年底,对口五华县的各级帮扶单位累计投入帮扶资金已达7.96亿元。其中,省(中)直投入1.54亿元,广州市直投入4.2亿元,梅州市直投入1.56亿元,五华县投入0.66亿元;7.96亿元中,到村资金5.56亿元、到户资金2.4亿元。[1] 此外,在五华县的"'双到'扶贫"实践中,招商引资、投资参股分红、购买门店出租,以及帮扶单位为村集体筹措资金等多样化的资金筹集方式,是确保村集体经济实现稳定长期收益的重要因素。

第四,五华县注重增强县、镇、村和贫困户的主体意识与脱贫致富技能。一方面,五华县加强贫困村党员干部的学习培训,以增进其与珠三角等发达地区的交流,开拓视野;另一方面,也加强对贫困户职业技能和农业实用技术的培训,提升贫困户的就业技能和致富技能。到2012年年底,五华县各帮扶单位共筹资675万元实施学技就业帮扶,举办技能培训1125期,培训80401人次,组织劳务输出24985人。[2] 为提高农民网络购销的技能,五华县与广州市社科院、深圳市明华澳汉科技股份有限公司联合举办"农民兄弟"互助购销上网工程培训班,对广州市直单位在五华县帮扶的55

---

[1] 资料来源:五华县"'双到'扶贫"领导小组办公室。
[2] 资料来源:五华县"'双到'扶贫"领导小组办公室。

第四章 广东省"'双到'扶贫"模式的典型案例：梅州市五华县

个贫困村的认证人员、帮扶单位驻村干部共100多人进行了培训，为贫困户和其他村民搭建了农副产品的销售网络互助购销平台。到2014年2月，在第二轮"'双到'扶贫"中，五华县共投入帮扶资金33.6万元用于开展技能培训，极大地提高了贫困户的技能水平，帮助贫困户更有效地实现就业。

第五，五华县重视打造典型带来的示范作用。在推进"'双到'扶贫"工作期间，五华县着力规划、打造了四类典型，包括幸福和谐新农村典型、幸福安居工程示范村典型、民生保障全覆盖典型和产业致富示范村典型。例如，大沙、新四、高车等10个村被打造为幸福和谐新农村典型，梅塘、美光、琴江、陂坑等10个村被打造为幸福安居工程示范村典型。此外，在民生保障全覆盖典型的规划建设中，五华县共投资1451万元用于保障帮扶，其中，将1036万元用于帮助6004户共7479人参加新农保；将263万元用于帮扶17955户共87189人纳入农村合作医疗；并"帮助115个省定贫困村年人均收入1500元以下的贫困户全部实现了应保尽保"[①]；实现危房改造2462户。在打造产业致富示范村典型方面，五华县着重将红山、杞水、太坪等村规划为示范村，在此推广实施"户种百棵果树，人养百只鸡"等模式的产业致富示范创建活动。这些典型的树立，在为各贫困村的帮扶工作提供经验借鉴的同时，也取得良好的激励和示范作用。

第六，五华县尤其重视"'双到'扶贫"中对贫困村基本公共服务的提供。在第一轮"'双到'扶贫"中，五华县为17955户共87189人购买了新农合，为8230名60周岁以上的贫困人口购买了新农保，并实现了115个贫困村年人均纯收入在1500元以下的农户应保尽保。在第二轮"'双到'扶贫"中，五华县进一步完善了贫困村公共服务的供给。在智力帮扶方面，五华县指导并督促各级帮扶单位对考上大学、高中、中（高）技校的贫困家庭学生建档造册，通过给予适当的资助避免贫困户子女因贫穷而辍学，共资助贫困户子女2036人，落实智力帮扶专项资金105.8万元。在社会保障方面，五华县进一步加大新农保、新农合、"低保"等民生保障工作力度，第一轮"'双到'扶贫"期间共投入帮扶资金77.9万元，为重点帮扶

---

① 涂样生、廖伟军：《35面红旗彰显扶贫实效》，2011年8月16日，http://wap.cnki.net/touch/web/Newspaper/Article/MZDB201108160011.html，访问日期：2020年5月31日。

村 27507 贫困人口购买了新农合、新农保，40 个重点帮扶村人均纯收入在 1500 元以下的贫困户均实现了应保尽保。这些公共服务的补充均初步改善了重点帮扶村、贫困户的生产、生活条件。

第七，五华县注重对贫困村贫困面貌的改变。在第一轮"'双到'扶贫"中，五华县建立了"帮扶单位 + 县直对口单位 + 贫困村"基础设施建设帮扶机制，共开展 726 个基础设施建设项目，完善贫困村的水、电、路、农田基本建设。3 年来，五华县累计投入基础设施建设帮扶资金 2.5 亿元，解决 28300 户农户饮水问题，完成 8230 户低收入住房困难户的危房改造任务和 691.9 千米村道硬底化，修建文化卫生设施 552 个，修建圳道 232 千米，改善农田 21860 亩。在第二轮"'双到'扶贫"中，五华县共投入 1082.6 万元，全面完成 661 户农村低收入住房困难户住房改造建设工作；投入 6220.9 万元帮扶资金用于重点帮扶村村道建设、农田水利设施建设、安全饮水工程、村内电网改造、村内文化活动娱乐设施改建等基础设施建设。经过这两轮改造，贫困村的村容村貌实现了大幅度的改善。

纵观五华县"'双到'扶贫"工作，可以发现以下主要做法。首先，通过顶层制度框架的搭建明确了帮扶对象、帮扶主体、扶贫资金、扶贫开发模式及扶贫绩效考核等几个要素的内涵。重点将帮扶主体精确化和帮扶机制规范化，一方面理顺省、市、县、镇村等不同层级党政部门间帮扶主体的关系，规范帮扶主体开展扶贫工作的具体机制；另一方面落实扶贫资金及扶贫绩效的管理制度，明确侧重于发展主导产业的扶贫开发模式。其次，五华县对扶贫工作中的关键要素和关键环节均分别采取优化措施，如帮扶主体与帮扶对象各主体间沟通机制的搭建，扶贫资金资源在省、市、县各层级的统筹及在村、户等单位的落实。再次，五华县着重把握当地贫困问题的主要方面并针对性地实施对策，如对扶贫对象主体意识和脱贫致富技能的增强，计划性打造不同类型的示范工程。此外，五华县兜底性地为贫困村织起软件和硬件的保障网，如为贫困村提供基本公共服务，注重解决贫困村村容村貌的问题。上述做法均呈现出五华县在"'双到'扶贫"工作中将扶贫资源向扶贫对象有效传递的扶贫逻辑及进步实践。

第四章 广东省"'双到'扶贫"模式的典型案例：梅州市五华县

二、五华县"'双到'扶贫"的主要特点

结合实地调研的情况，综观五华县"'双到'扶贫"的各项做法，根据主体及其地位、资源动员和运作方式等公共管理最核心的指示性指标分析，可以发现，五华县的"'双到'扶贫"工作是一次由政府主导的多元主体通过丰富的资源动员，采取对口帮扶和精细化、系统化运作方式的扶贫实践典型。[①] 从各扶贫主体及地位的角度看，五华县"'双到'扶贫"工作中容纳了多元主体，其中，政府发挥着主导作用，并通过政策制定和制度设计将市场主体和社会主体纳入扶贫事业的大局中。从资源动员的角度看，五华县政府在减贫工作中统合了多元的资源类型，包括行政资源、市场资源和社会资源，例如，发挥各级政府部门资源优势、整合财政资金、优化政府人力资源配置、调动企业及金融机构的活力、鼓励社会各界参与等。从运作方式来看，五华县"'双到'扶贫"采取对口帮扶和精细化、系统化管理的基本工作方法，例如，省、市、县、镇、街等多层次对口帮扶机制，"一把手"对口帮扶带动脱贫的工作策略，产业扶贫等扶贫举措的针对性实施及精细系统的信息调研与档案管理。总体来说，社会大扶贫、对口帮扶和精细化、系统化工作方法是五华县"'双到'扶贫"工作的主要特点。

综合来看，五华县"'双到'扶贫"广泛统筹，有效调动了各主体的力量，初步构建出了一个"社会大扶贫"的格局。这一帮扶格局由五大机制、五大帮扶模式、八项帮扶措施和四大典型构成。具体来说，五大机制是指"帮扶单位+县直对口单位+镇村"对接协调机制、"帮扶单位+县直对口单位+贫困村"资源整合机制、"帮扶单位+县直对口单位+贫困村"基础设施建设帮扶机制、县党政班子成员联系创建扶贫示范点机制和县直单位"二帮一"机制。五大帮扶模式指"帮扶单位+公司+基地+科技+贫困户"的模式、"帮扶单位+县直单位（或龙头企业）+贫困村"的模式、企

[①] 罗德：《统合型治理：公共管理的中国模式——以广东省"双到扶贫"为例》，《科学经济社会》2015年第3期。

业项目贷款贴息资金管理模式、金融帮扶模式和"信息扶贫"特色帮扶模式。八项帮扶措施指的是产业帮扶、学技就业帮扶、保障帮扶（新型农村合作医疗保险、养老保险）、安居帮扶、招商帮扶、金融帮扶、基础设施建设帮扶和网络科技帮扶。四大典型指的是幸福和谐新农村典型、幸福安居工程示范村典型、民生保障全覆盖典型和产业致富示范村典型。

在这一"社会大扶贫"格局之中，"对口扶贫"特征最为鲜明。

首先，两轮"'双到'扶贫"均采用了"对口帮扶"的基本工作机制。具体来说，五华县的各个扶贫村均由省（中）直单位、市直单位、县直单位、镇、街等一一展开对口帮扶，各层级单位均成立了以一把手为组长的扶贫开发领导小组，实行结对帮扶，从省、市、县级领导到村层层建立了联系帮扶贫困村贫困户制度，确保每户贫困户有人帮扶。在第一轮"'双到'扶贫"中，五华县由省（中）直单位对口帮扶的贫困村18个，由广州市对口帮扶贫困村55个，由所在市直机关对口帮扶贫困村30个，由县直单位帮扶贫困村12个。在第二轮"'双到'扶贫"中，广州市38个单位对五华县9个镇40个村展开了对口帮扶，其中，由广州市市直17个单位对口帮扶17个村，5家企业对口帮扶8个村，广州市番禺区16个镇、街对口帮扶15个村。

专栏4-1　五华县大沙村：老区村焕发新活力

大沙村位于五华县东北部，距离水寨镇13千米。大沙村属于革命老区村，全村有11个村民小组，196户，共884人，其中贫困户78户，共386人。2009年村集体经济收入不足1万元，贫困户人均纯收入1760元。

自广东省委、省政府实施第一轮"'双到'扶贫"工作以来，帮扶单位省财政厅始终把"'双到'扶贫"工作作为一项重要的惠民工程来抓，围绕实现"六有"和"八个确保"的目标任务，举全厅之力扎实推进对口帮扶各项工作。3年来，省财政厅多渠道筹集帮扶资金1016万元，全部投入大沙村建设。通过3年的大力帮扶，至2012年年底，该村集体收入达20万元，贫困户人均纯收入达7933元，比帮扶前分别增长了28倍

第四章 广东省"'双到'扶贫"模式的典型案例：梅州市五华县

和3.5倍，实现100%稳定脱贫。建立了贫困户收入和村集体经济收入的稳定渠道，农村经济得到较快发展，村容村貌整洁美丽，村风文明和谐，村民生活幸福，村貌焕然一新。帮扶成效得到了各级领导的充分肯定和村民的普遍赞誉。

1. 告别"住房难"，新年喜庆住新房

据了解，在省财政厅的帮扶下，全村共有49户住房困难农户完成了危房改造，达全村住户的1/4。村民们感慨地说："现在村里家家户户都住上了楼房，这在过去真是不敢想啊！以前大沙人老觉得住在大山里不好，总想在外面买房，现在大家都回来住了，盖起了新房，娶媳妇都容易多了！"

2. 告别"行路难"，通通畅畅到四方

大沙村位于五华县水寨镇东北部，属于革命老区村，位置偏僻。村里82岁老人邓志怀回忆说，以前出入大沙村都要翻山越岭，常常晴天一身尘、雨天一身泥，羊肠小道上的代步工具只有单车，但因山多路陡，往往变成单车"骑"人，村民出行极不方便，也严重阻碍了农村经济的发展。

"要致富，先修路"。帮扶单位多方筹集资金50多万元，帮助大沙村新建5条（段）自然村村道，总长3.2千米，实现镇到村、村到村组公路硬底化，并在农田的阡陌之间修通机耕路，有效解决了村民出行难、运输难等问题。同时新装配电变压器2台，安装村道路灯，解决了村民用电难和夜晚出行安全问题。整治绿化近2千米村道，建设村口中景观石、绿化村容村貌，改善了生产生活环境。

3. 告别"用水难"，200多户喝上干净水

"喝水难"是困扰大沙村祖祖辈辈的难题。村民们喝山泉水、喝地表水，既不卫生也不安全，还时常干旱缺水。帮扶单位筹资120万元，硬是在花岗岩石区打下了130米的深水井眼，建设过滤水池，铺设水管供水到户，全村202户农户只要拧开水龙头，即可喝上"幸福水"。

4. 告别"养老难"，养老保险全覆盖

据了解，帮扶单位还积极发动热心企业和社会热心人士捐款200多

> 万元，设立"五华县大沙村扶困基金"。在五华县的贫困村中率先落实整村推动建立农村养老保险制度，采取每人定额补助2700元的方式，帮助大沙村60岁以上的78位老人全部购买农村养老保险。建立特困救助和尊贤敬老长效机制，确保遭受重大疾病或意外事故的特困村民和生活困难老人获得及时救助；为26位符合条件的村民申请特困救助；对103位60岁以上生活困难老人和98户贫困户（含低保户、五保户）进行慰问；帮扶符合条件的37位农户纳入最低生活保障，实现"老有所依、老有所养、老有所保"。（盛海辉：《扶贫"双到"让五华老区焕发新活力》，《源流》2014年第1期；杨彩珊、万自明：扶贫开发"双到"让五华县大沙村"快速提升30年"，2012年1月25日，http://news.southcn.com/g/2012-01-25/content_36853507.htm，访问日期：2020年8月26日）

其次，在工作策略上，五华县也发挥了"一把手"对口帮扶的带动作用。具体来说，五华县的县、镇都成立了以"一把手"为组长的"'双到'扶贫"工作领导小组，实行领导带头办点。五华县五套班子的35名领导成员和各镇党政主要领导每人均挂钩联系1个贫困村，亲自抓点做示范，从而实现"领导带头抓、一级抓一级、层层抓落实"的工作效果。在这一工作安排下，五华县共建立示范点35个，在"'双到'扶贫"工作中发挥了积极的示范带动作用。其中，水寨镇大沙村、高车村和华城镇新四村等示范点，更是成为全市乃至全省"'双到'扶贫"的典型和样板。

再次，五华县所主要采用的扶贫举措——产业扶贫，也是依托对口扶贫的形式展开，使贫困户在资金、物资、技术和信息等方面得到实实在在的帮扶。在第一轮"'双到'扶贫"中，参与产业帮扶的企业和经济合作组织多达139家，其中省级10家，市级20家，带动贫困户户数达10980户，占有劳动能力贫困户总户数的90.8%。对口帮扶的公司通过提供原料和技术、帮助加工销售，逐步形成产、供、销一体的产业链，解决了贫困户的后顾之忧，使产业扶贫中培育的特色种养业成为全县贫困户脱贫致富的主导产业。第二轮"'双到'扶贫"继续沿袭了这一机制，"公司＋基地＋农

第四章 广东省"'双到'扶贫"模式的典型案例:梅州市五华县

户"的龙头企业带动成效更为显著,促进了"专业村、专业大户"等建设,油茶、烤烟、水果(荔枝、三华李、南药、柿花)种植业和养殖业(养猪、养牛、养鸡、养鱼)等特色产业的快速发展。

专栏4-2 五华县岐岭镇的清溪村和荣福村

岐岭镇的清溪村和荣福村由广州地铁集团对口帮扶,驻村干部根据当地资源条件,采取"公司+基地+农户"的形式进行帮扶,出资100万元建起300亩油茶基地和50亩蜜柚种植示范基地。驻荣福村的扶贫干部罗光强表示:油茶和蜜柚预计年产值将达300万元以上;贫困户也能通过在基地务工获取报酬,实现自我"造血"。(梅州日报:《五华激发内生动力稳准狠推进扶贫开发"双到"工作》,2016年4月8日,http://mz.southcn.com/content/2016-04/08/content_145591275.htm?COLLCC=3291450500&COLLCC=3341782148&,访问日期:2020年8月26日)

此外,除了对口扶贫的特点在五华县两轮"'双到'扶贫"中的鲜明体现以外,扶贫工作的精细化、系统化也是另一重要特征。一方面,五华县实施了精细化的事务公开和系统化的档案管理。在"'双到'扶贫"中,五华县各贫困村都设立了"'双到'扶贫"工作专栏,把贫困户名单、帮扶目标任务、帮扶责任人、帮扶计划等多项内容上墙公布。同时,各贫困村按照要求建立帮扶台账,将农户逐户登记造册,及时把数据资料录入电脑,全面实行电脑信息管理。在"'双到'扶贫"过程中,"户有卡、村有册、镇有薄、县有库"的管理模式得到充分运用,贫困村、贫困户的档案资料得到了规范、分类的动态管理。另一方面,五华县开展了精细化的致贫原因调查,并采取了针对性的帮扶措施。在"'双到'扶贫"的"一村一策、一户一法"的原则下,各帮扶单位有针对性地分户制定与之相适应的帮扶措施和脱贫规划:针对因病、因灾、因学返贫群众,采取救助的形式帮助解困;针对缺乏项目、技术、资金等原因又有脱贫能力的困难群众,主要采取项目扶贫;针对缺乏致富能力的特困群众,则采取政策及保障资金向其倾斜的方式,建立长效的基本生活保障机制。在此精细化的工作实践下,

镇、村包干责任和帮扶单位帮扶责任得到层层落实。

三、五华县"'双到'扶贫"的主要成效

(一) 实现目标,稳定脱贫

提升贫困村及贫困人口收入是扶贫工作的最基本目标。通过两轮"'双到'扶贫"工作,五华县成功实现预期脱贫目标,全县贫困村、贫困户收入明显提升,目标贫困人口稳定脱贫。至 2012 年年底,五华县 115 个贫困村贫困农民人均纯收入已全部达到 7078 元,12023 户有劳动能力的贫困户共 59073 名贫困人口 100% 实现了稳定脱贫;115 个贫困村村集体经济收入全部达到 3 万元以上,平均达 10.3 万元,全面完成了各项帮扶工作任务。[①] 至 2016 年年初,五华县第二轮"'双到'扶贫"工作中各级帮扶单位累计投入资金 6.84 亿元,103 个重点帮扶村的基础设施、集体经济和工业经济得到长足发展,贫困户通过种养、工业园区工作等方式,年人均纯收入达 8843 元。[②]

> **专栏 4-3 五华县罗湖村:老区村旧貌换新颜**
>
> 罗湖村是水寨镇革命老区村,又是省定贫困村,有 7 个村民小组,355 户 1775 人,其中贫困户有 66 户 279 人。自 2009 年开展"'双到'扶贫"工作以来,县委、县政府和挂扶单位不断加大帮扶资金的投入,全村累计投入老区建设资金 1100 万元,其中,梅州市食品药品监督管理局投入资金 386 万元,大力实施产业帮扶,全力改善民生,群众生产生活条件和村容村貌发生了巨大的变化。

[①] 资料来源:五华县"'双到'扶贫"领导小组办公室。
[②] 梅州日报:《五华激发内生动力稳准狠推进扶贫开发"双到"工作》,2016 年 4 月 8 日,http://mz. southcn. com/content/2016 - 04/08/content_145591275. htm? COLLCC = 3291450500& COLLCC = 3341782148&,访问日期:2020 年 8 月 29 日。

第四章　广东省"'双到'扶贫"模式的典型案例：梅州市五华县

> 一是大力发展"三高"农业。累计投入资金500万元，种植龙眼1600亩，荔枝1800亩，黄花梨2000亩，油茶1002亩；发展养猪年出栏6000头，养鸡年出栏10万只，年总产值1060万元。出资6万元入股仙人草种植项目，增加村集体经济1万元。
>
> 二是大力完善基础设施。兴办农田水利设施，为全村648亩农田修筑4.5千米三面光引水灌溉渠；对老区村道进行标准化水泥硬底化全面改造；累计投入资金60万元，全面完成改造罗湖村饮水安全问题；累计投入资金150万元，改造低收入住房困难户50户，实现低收入住房困难人群户户有新居。
>
> 三是大力开展技术培训。多年来坚持每年为农民举办5场200人次农科知识培训班，提高劳动者种养技能。发展和壮大农村种养专业大户38户，输送外出务工人员350人。同时，积极动员社会力量帮助50名贫困学生解决上学难问题，帮助515个符合条件的人参加农村养老保险，全村人民全部参加了"新农合"。
>
> 四是全力改善宜居环境，建设美化、洁净家园。投资40万元，新建文化公园和风雨亭。投入4万元新建垃圾收集点4个，全村设置公共卫生屋4个。投入5万元帮助70户农户改造厕所；投资2万元新建2间公厕，解决了农村清洁卫生问题。（盛海辉：《扶贫"双到"让五华老区焕发新活力》，《源流》2014年第1期）

（二）基础设施日臻完善

基础设施作为贫困村、贫困人口发展的条件基础，既是开展扶贫工作的重要抓手，又是维持脱贫成效的物质保障。因此，五华县将加强贫困村基础设施建设作为"'双到'扶贫"工作的基础性工作之一。在两轮"'双到'扶贫"工作中，五华县以建立"帮扶单位+县直对口单位+贫困村"基础设施建设帮扶机制为重点，对完善贫困村的水、电、路、农田基本建设，村容村貌整治等做出了具体规划。各帮扶单位的帮扶资金及资源优势被大力投入至村道硬底化、文化活动及娱乐设施、农田水利设施、安全饮水工程、村内电网改造等基础设施建设中。在集中的组织实施和资金投入下，贫困村的基础设施日臻完善，村容村貌焕然一新。

据五华县"'双到'扶贫"领导小组办公室的数据统计：在第一轮"'双到'扶贫"工作期间，五华县累计投入基础设施建设帮扶资金2.5亿元。其中，投入1.5亿元实现691.9千米村道硬底化；投入7530万元修建文化卫生设施552个；投入1553万元修建圳道232千米；投入1658万元改善农田21860亩。在第二轮"'双到'扶贫"工作期间，五华县共投入6220.9万元帮扶资金用于重点帮扶村村道建设、农田水利设施建设、安全饮水工程、村内电网改造、村内文化活动娱乐设施改建等基础设施建设。其中，投入1034.6万元帮助重点帮扶村完成村道硬底化建设；投入1340万元改善农田水利设施建设；投入374.7万元完善重点帮扶村文化活动、娱乐设施建设；投入328.6万元改善重点帮扶村安全饮水环境；投入252万元对重点帮扶村实行村内电网改造，使得村容村貌实现大改善。

上述改善也在实地调研中得到具体呈现。调研材料显示，自2009年以来，五华县贫困村的村内基础设施均得到改善，村民的生活环境及便利程度得到显著提升。作者在实地走访23个贫困村的过程中，通过偶遇方式，对92个村民进行了问卷调查。结果显示，所有调查对象对"村容村貌等基础设施改善情况的满意度"的回答均为"满意"或"非常满意"。下述四个例子可以具体呈现帮扶单位给对口帮扶贫困村带来的变化情况（根据2012年10月实地调研过程中的访谈资料整理）。

1. 广东省A厅—a村

A厅在"'双到'扶贫"工作期间：筹资170万元，修建排灌渠道5.3千米，共解决300多亩农田的排泄难问题；筹资120万元，建设饮水安全管网，使全村202户群众喝上"放心水"；筹资近150万元，实施整村推进幸福安居工程建设。此外，还筹资新建集文化室、农家书屋、会议室等为一体的综合楼和集文化长廊、文体康乐设施为一体的文体活动中心。

2. 广东省B局—b村

B局在对b村的基础设施帮扶方面主要是实现了"户户通水泥路"和村民安全饮水工程。此外，B局根据b村实际，以"成片规划，集中建房，建设居民新村"的指导思路，利用村委会周边的闲置土地，投资557万元，

第四章 广东省"'双到'扶贫"模式的典型案例：梅州市五华县

于 2011 年 12 月兴建占地 1500 平方米，建筑面积 3611 平方米的两栋 6 层公寓，解决了 30 户贫困户的住房问题，同时兴建了村委会办公场所、农家书屋。

3. 广州市 C 办—c 村

C 办通过动员社会力量，投资近千万元，打造了 c 村"一河两岸"景观和"整村推进"幸福安居工程示范点，为 c 村安装了 160 盏太阳能路灯，为全村 75 户低收入住房困难户兴建和改造了 75 户住房，改造了村公共设施，完成 c 村小学整体装修及一座老人活动中心的修建，c 村的村容村貌得到了较大的改善。

4. 梅州市 D 局—d 村

D 局多方筹措资金 600 多万元，为 d 村铺筑了 5 米宽的水泥硬化主干村道 6.6 千米，新建了 3 米宽的自然村道 5 条 3 千米；安装了自来水管道 6.5 千米，使全村 100% 群众喝上了自来水；砌筑三面光灌溉圳道 4.5 千米，清淤疏通水圳 3.5 千米，改善了 d 村的农田水利；帮助 50 户低收入住房困难户改造住房；改造露天厕所 20 处，新建公厕所 2 个、垃圾堆放池 4 个，帮助 70 户农户改造厕所；聘请专职保洁员统一收集、处理垃圾。d 村村容村貌和宜居环境都发生了巨大变化。

（三）集体经济不断壮大

经过两轮"'双到'扶贫"工作，五华县贫困村的集体经济不断壮大。据统计，在第一轮"'双到'扶贫"工作期间，各级帮扶单位在五华县累计总投入 6680 万元。在"帮扶单位+县直单位（或龙头企业）+贫困村"的模式下，帮扶单位通过建立产业基地、入股水电站、整合资金和统筹安排发展项目，共落实发展了 947 个集体经济项目。这些措施有效发展、壮大了五华县贫困村的集体经济。截至 2012 年年底，五华县全县 115 个贫困村村集体经济收入平均达到 10.3 万元。截至 2014 年年初，广州市对帮扶的 40 个村累计投入帮扶资金 1 亿元，其中，到村资金 8376 万元，到户 1799 万元；共投入帮扶资金 1013 万元用于重点帮扶村发展村集体经济；落实户帮扶项目 26752 个，其中，生产经营类 5717 个、民生保障类 21035 个。

"'双到'扶贫"工作对村集体经济的发展成效获得了当地村支书的肯定。

在实地调研时，一位村支书连说了两遍"天壤之别"来表达自己的感受：

"我们村交通不便利，以前全是泥路，小车都不好进，更不用提什么集体经济了。现在水泥路打起来了（铺设好了），有工作组帮我们出谋划策，筹集资金，我们商量着一起将基地建设起来了，今年我们村的贫困户能做的（有劳动能力的）全部都动起来啦，有的到基地帮忙，有的结合自家实际搞种养，现在大家都有望头（盼头）。和以前比起来啊，天壤之别！天壤之别！我们以前哪想到有人到我们村里住着来帮我们的呢？"（访谈资料，编号20130314）

此外，本书基于调研材料，梳理了部分帮扶单位在对口贫困村发展的相关集体经济项目及其所获帮扶成果（见表4-3），由此直观呈现"一村一策、一户一法"下集体经济项目给贫困村带来的显著发展。

表4-3 部分帮扶单位对口帮扶村集体经济发展情况

帮扶单位	贫困村	集体经济项目	帮扶效果
广州市番禺区的沙头、桥南等10个镇街	H镇的b28村、b29村、b30村、b31村、O镇的b15村、b17村、D镇的b38村	引进番禺炜缘火龙果有限公司，计划投资3500万元，发展红肉火龙果种植基地项目	已投资2500多万元，种植红肉火龙果1680亩，提供就业岗位810人，惠及贫困户1203户，打造具有较强市场竞争力的名优特色农产品品牌
广东省广晟资产经营公司	D镇a13村	投资200多万元，兴建水电站	每年可为村集体增加20万元的收入
广东省物价局	A镇08村	投资小水电站	村集体经济收入达21.4万元，是2009年的22倍多，2011年62户贫困户年人均纯收入超过7000元
		与蔬菜生产公司合作经营30亩蔬菜基地，开发50亩大棚蔬菜基地，以贫困户加蔬菜合作社的形式发展村主导产业	

资料来源：作者根据五华县"'双到'扶贫"领导小组办公室提供的数据整理。

第四章 广东省"'双到'扶贫"模式的典型案例：梅州市五华县

（四）因地制宜，产业扶贫

在两轮"'双到'扶贫"工作中，产业扶贫作为培育地方发展内生动力的重要方法，被着重采纳。五华县在各帮扶单位的帮扶下，因地制宜，在推广普遍性的传统种养项目的同时结合村、户实际和自身资源禀赋，确保贫困村、户实现长效脱贫。五华县的产业扶贫取得了显著成效。在帮扶过程中，各帮扶单位力图改变过去帮扶过程中"重钱物、轻项目"的现象，重视培养贫困户的发展能力。为此，五华县大范围推行"帮扶单位+公司+基地+贫困户"产业帮扶机制，使贫困户在资金、技术、信息和渠道方面得到实质性的帮扶，逐步形成产、供、销一体的特色农业产业带。

据统计，在第一轮"'双到'扶贫"中，五华县内各级帮扶单位累计投入2.2亿元，扶持11713户贫困户重点发展油茶种植、养鸡鸭、养猪三大特色主导产业，发展这三项产业的贫困户占贫困户总数的97.3%，其中，从事油茶种植1560户，占12.6%，种植油茶面积达到1.8万亩；从事养猪5480户，占45.6%，养猪数目达到7.2万头，户均养猪13头；养鸡鸭9360户，占77.9%，共养鸡鸭169.8万只，户均养鸡鸭181只。[①] 在第二轮"'双到'扶贫"中，五华县依然延续了重点依靠产业帮扶、增加贫困户收入的工作方法，借助"公司+基地+农户"的龙头企业带动，建设了一批"专业村、专业大户"，在油茶、烤烟、水果（荔枝、三华李、南药、柿花）种植业和养殖业（养猪、养牛、养鸡、养鱼）等特色产业均取得了突出成果。

综观五华县"'双到'扶贫"在产业帮扶领域的成效，可以发现，绝大部分贫困村的产业帮扶举措均紧密结合山区贫困村的实际情况，做到因村因户制宜，达到了省定指标的要求。尤为突出的是，一些帮扶单位资源整合能力较强，在开展产业帮扶时，同步实施多种配套帮扶措施，如学技就业帮扶、保障帮扶、安居帮扶、招商帮扶、金融帮扶、基础设施建设帮扶和网络科技帮扶等，进一步扩大了"'双到'扶贫"的成效。

表4-4至表4-7为作者通过整理政府文件，结合实地调研所获资料梳

---

① 资料来源：五华县"'双到'扶贫"领导小组办公室。

理的五华县各帮扶单位为对口贫困村采取的帮扶措施。由表格可见，五华县产业扶贫的显著成果离不开帮扶单位采取的普遍性与特殊性扶贫项目相结合的帮扶策略。一方面，帮扶单位采取养猪、养鸡、养鸭等普遍性扶贫方式。由于这些方式对有劳动能力的贫困户适用性强，因此被所有帮扶单位所采用。此外，一些帮扶单位也基于贫困村的资源禀赋选取特定帮扶产业，如油茶、腐竹、药材、水果、烤烟、水电等特殊性项目，激发贫困村的发展活力。例如，C镇的腐竹是在梅州市享有盛誉的特产，为此，相关帮扶单位便帮助贫困村打造腐竹加工产业；G镇盛产优质柿子，相传由当地柿子加工而成的柿饼为"明代贡品"，为此，相关帮扶单位在该贫困村进一步发展当地相关产业，为其开拓市场渠道，让当地资源优势得以充分发挥。

表4-4 中央直属和省属单位帮扶五华县18个村

序号	"'双到'扶贫"村	对口帮扶单位	主要扶贫方式和措施
1	A镇a01村	广东省财政厅	养猪、养鸡及油茶、板栗种植
2	B镇a02村	广东省某厅	养猪、养鸡及油茶种植
3	C镇a03村	广东省水利厅	养猪、养鸡及腐竹加工
4	B镇a04村	广东省卫生厅	养猪、养鸡及油茶种植
5	D镇a05村	广东省地税局	养猪、养鸡
6	E镇a06村	广东出入境检验检疫局	养猪、养鸡
7	F镇a07村	广东省商业企业集团公司	茶叶种植
8	A镇a08村	广东省物价局	养猪、养牛、养鸡、养鸽及蔬菜种植
9	G镇a09村	广东中旅（集团）有限公司	养猪、养鸡及淮山种植
10	C镇a10村	中国建筑第四工程局	养猪、养鸡及油茶种植
11	H镇a11村	中国港湾建设总公司广州航道局	养猪、养牛、养鱼及水果种植
12	I镇a12村	广东省农村信用社联合社	养猪、养鸡及油茶种植
13	D镇a13村	广东省广晟资产经营公司	养猪、养鸡及油茶种植
14	E镇a14村	广东水利电力职业技术学院	养猪、养鸡、养蜂及茶叶种植

第四章 广东省"'双到'扶贫"模式的典型案例：梅州市五华县

续表 4-4

序号	"'双到'扶贫"村	对口帮扶单位	主要扶贫方式和措施
15	G镇a15村	中国电子科技集团公司第七研究所	养猪、养鸡及果合柿种植
16	J镇a16村	交通银行广东分行	养猪、养鸡及药材种植
17	C镇a17村	中国航空技术进出口广州公司	养猪、养鸡及笋竹种植
18	K镇a18村	广东省通信管理局	养猪、养鸡及金银花种植

表 4-5 广州市单位帮扶五华县55个村（含番禺区单位帮扶17个村）

序号	"'双到'扶贫"村	帮扶单位	主要扶贫方式和措施
1	L镇b01村	广州市总工会	养猪、养鸡
2	L镇b02村	广州市食品药品监督管理局	养猪、养牛、养鸡及大棚蔬菜种植
3	L镇b03村	广州市政府法制办公室	养猪、养鸡、养鱼
4	L镇b04村	广州市质量技术监督局	养猪、养鸡
5	M镇b05村	广州电气装备集团有限公司	养猪、养鸡及药用枇杷种植
6	M镇b06村	广州电气装备集团有限公司	养猪、养鸡及药用枇杷种植
7	M镇b07村	广州电气装备集团有限公司	养猪、养鸡及药用枇杷种植
8	C镇b08村	广州岭南（国际）企业集团有限公司	养猪、养鸡及优质水稻种植
9	C镇b29村	广州岭南（国际）企业集团有限公司	养猪、养鸡、养鱼
10	C镇b10村	广州岭南（国际）企业集团有限公司	养猪、养鸡及蔬菜、优质水稻种植
11	C镇b11村	广州岭南（国际）企业集团有限公司	养猪、养鸡、腐竹加工及优质水稻种植
12	C镇b12村	广州市城市建设投资集团有限公司	养猪、养鸡、养牛及沙田柚种植
13	C镇b13村	广州市城市建设投资集团有限公司	养猪、养鸡及红肉蜜柚种植

续表 4-5

序号	"'双到'扶贫"村	帮扶单位	主要扶贫方式和措施
14	N 镇 b14 村	广州市文化广电新闻出版局	养猪、养鸡及油茶种植
15	O 镇 b15 村	广州市番禺区石楼、广州市番发房地产有限公司	养猪、养鸡、养鸭及火龙果种植
16	O 镇 b16 村	广州市番禺区沙湾镇、广州市番禺区房地产联合开发总公司	养猪、养鸡及名贵树木种植
17	O 镇 b17 村	广州市番禺区洛浦街、广州市番禺信息技术投资发展有限公司	养鸡及火龙果种植
18	O 镇 b18 村	广州市番禺区大岗镇、广州市番禺区建泉自来水工程有限公司	养猪、养鸡及火龙果种植
19	O 镇 b19 村	广州市番禺区市桥街、广州市番禺物业经营有限公司	养猪、养鸡及火龙果种植
20	G 镇 b20 村	广州市委组织部	养猪及红肉蜜柚种植
21	G 镇 b21 村	广州市纪委办公厅	养猪、养鸡及百香果种植
22	G 镇 b22 村	广州市人民政府外事办公室	养猪、养鸡及红肉蜜柚种植
23	G 镇 b23 村	广州市委宣传部	养猪、养鸡及红肉蜜柚、果合柿种植
24	G 镇 b24 村	广州市工商业联合会	养猪、养鸡及果合柿种植
25	B 镇 b25 村	广州百货企业集团有限公司	养猪、养鸡及百香果种植
26	B 镇 b26 村	广州百货企业集团有限公司	养猪、养鸡及百香果种植
27	B 镇 b27 村	广州百货企业集团有限公司	养猪、养鸡及百香果种植
28	H 镇 b28 村	广州市番禺区沙头街、广州市番禺区房地产建设企业集团公司	养猪、养鸡、养牛及火龙果种植
29	H 镇 b29 村	广州市番禺区化龙镇、番发集团公司、番禺旅游总公司	养猪及火龙果种植

第四章 广东省"'双到'扶贫"模式的典型案例：梅州市五华县

续表 4-5

序号	"'双到'扶贫"村	帮扶单位	主要扶贫方式和措施
30	H镇b30村	广州市番禺区南村镇、广州市亿隆物业经营有限公司	养猪、养鸡、养牛及火龙果、红薯种植
31	H镇b31村	广州市番禺区桥南街、广州市易放停车经营有限公司	养猪、养鸡及香樟、蜜柚、三华李种植
32	P镇b32村	广州市环境保护局	养猪、养鸡及籽胶种植
33	F镇b33村	广州市卫生局	养猪、土鸡养殖
34	K镇b34村	广州日报报业集团	养猪、养鸡及甜玉米种植
35	K镇b35村	广州日报报业集团	养猪、养鸡、养鱼
36	K镇b36村	广州日报报业集团	养猪、养鸡及烤烟种植
37	D镇b37村	广州市番禺区东环街、广州市梅山物业发展有限公司	养猪、养鸡及药用枇杷种植
38	D镇b38村	广州市番禺区石壁街、广州市番禺水务股份有限公司	养猪、养鸡及火龙果种植
39	D镇b39村	广州市番禺区东涌镇、广州市番禺区莲花山保税区实业总公司	养猪、养鸡及油茶种植
40	D镇b40村	广州市番禺区大石街、广州市番禺区房地产联合开发总公司大石公司	养猪、养鸡及花木基地种植
41	D镇b41村	广州市番禺区石碁镇、大龙街，番禺区经济发展总公司	大型养猪产业及油茶种植
42	D镇b42村	广州市番禺区新造镇、小谷围街，广东南沙港桥股份有限公司	养猪、养鸡及杂果种植
43	D镇b43村	广州市番禺区榄核镇、广州番禺番安实业公司	养猪、养鸡及火龙果种植
44	D镇b44村	广州市番禺区钟村镇、广州市番禺交通建设有限公司	养猪、养鸡及农场养殖

续表4-5

序号	"'双到'扶贫"村	帮扶单位	主要扶贫方式和措施
45	J镇b45村	广州市地下铁道总公司	养猪、养鸡及油茶种植
46	J镇b46村	广州市地下铁道总公司	养猪、养鸡及油茶种植
47	I镇b47村	广州市国土资源和房屋管理局	养猪、养鸡及油茶、火龙果种植
48	I镇b48村	广州市农业局	养猪、养鸡及发展庭院经济
49	I镇b49村	广州市人口和计划生育局	养猪、养鸡及蔬菜种植
50	E镇b50村	广州市残疾人联合会	养猪、养鸡及三华李种植
51	E镇b51村	广州市社会科学院	养猪、养鸡及灵芝、蘑菇种植
52	E镇b52村	广州市委政策研究室	养猪、养鸡及三华李种植
53	E镇b53村	广州市委统战部	养猪、养鸡及三华李种植
54	E镇b54村	广州市政府台湾事务办公室	养猪、养鸡及三华李、名贵树木种植
55	E镇b55村	广州市民族宗教事务局	养猪、养鸡及三华李种植

表4-6 梅州市属单位帮扶五华县30个村

序号	"'双到'扶贫"村	帮扶单位	主要扶贫方式和措施
1	A镇c01村	梅州市食品药品监管局	养鸡及仙人草种植
2	L镇c02村	梅州市法制局	养猪、养鸡及百香果种植
3	L镇c03村	梅州市经济协作办公室	养猪、养鸡及百香果种植
4	M镇c04村	梅州市财政局（世行办、拍卖行）	养猪、养鸡及名贵树木、杂果、优质水稻种植
5	N镇c05村	梅州市机构编制委员会办公室	养猪、养鸡及板栗种植
6	N镇c06村	梅州市物价局	养猪、养鸡
7	N镇c07村	梅州日报社	养猪、养鸡及烤烟种植
8	N镇c08村	梅州市烟草专卖局（公司）	养猪、养鸡及沙田柚、杂果种植

第四章 广东省"'双到'扶贫"模式的典型案例：梅州市五华县

续表 4-6

序号	"'双到'扶贫"村	帮扶单位	主要扶贫方式和措施
9	O 镇 c09 村	梅州市总工会	养猪、养鸡及油茶种植
10	G 镇 c10 村	梅州市水务局	养猪、养鸡及油茶种植
11	G 镇 c11 村	梅州市城市综合管理局	养猪、养鸡及名贵树木种植
12	B 镇 c12 村	梅州市委党校	养猪、养鸡及番薯种植
13	B 镇 c13 村	梅州市卫生局	养猪、养鸡及百香果种植
14	H 镇 c14 村	梅州市环境保护局	养鸭、养鸡
15	H 镇 c15 村	梅州市委办公室（保密局、机要局、信访局、接待处）	养猪、养牛、养鸡、养鸭及火龙果种植
16	H 镇 c16 村	梅州盐业总公司	养猪、养鸡及番薯种植
17	P 镇 c17 村	梅州市邮政局	养猪、养鸡及改造小水电
18	P 镇 c18 村	梅州市文化广电新闻出版局	养猪、养鸡及发展小水电
19	F 镇 c19 村	梅州市公路局	养猪、养鸡
20	F 镇 c20 村	梅州市国家税务局	养猪、养鸡及三华李种植
21	K 镇 c21 村	梅州市外事侨务局	养猪、养鸡及黄皮果种植
22	K 镇 c22 村	梅州市扶贫开发局	养猪、养鸡及油茶、板栗种植
23	K 镇 c23 村	梅州市广播电视台	养猪、养鸡及板栗种植
24	K 镇 c24 村	中国人寿保险公司梅州分公司	养猪、养鸡
25	D 镇 c25 村	梅州市气象局	养猪、养鸡及茶叶种植
26	J 镇 c26 村	中国农业发展银行梅州分行	养猪、养鸡
27	J 镇 c27 村	梅州市地税局	养猪、养鸡
28	E 镇 c28 村	中国农业银行梅州分行	养猪、养鸡及三华李种植
29	E 镇 c29 村	中国电信梅州分公司	养猪、养鸡、养鸭
30	E 镇 c30 村	中国人民财产保险公司梅州市分公司	养猪、养鸡及杂种植

表4-7 五华县属单位帮扶12个村

序号	"'双到'扶贫"村	帮扶单位	主要扶贫方式和措施
1	A镇d01村	五华县电信公司、五华县农业局	养猪、养鸡、养鱼及沙田柚种植
2	L镇d02村	五华县人社局、五华县交通局	养猪、养鸡
3	L镇d03村	五华县旅游局、五华县国土资源局	养猪、养鸡及蘑菇种植
4	L镇d04村	五华县经信局、五华县卫生局	养猪、养鸡及高脂松、桑椹种植
5	N镇d05村	五华县经济开发区、五华县林业局	养猪、养鸡及湿地松种植
6	B镇d06村	五华县文广新局、五华县民政局	养猪、养鸡及油茶种植
7	H镇d07村	五华县房管局、五华县财政局	养猪、养鸡、养牛及油茶、百香果种植
8	P镇d08村	五华县粮食局、五华县地税局	养牛及油茶种植
9	K镇d09村	五华县广播电视大学、五华县国税局	养猪、养鸡、养鱼及百香果种植
10	K镇d10村	五华县妇联、五华县水务局	养猪、养鸡及百香果、板栗种植
11	K镇d11村	五华县邮政局、五华县住建局	养猪、养鸡
12	E镇d12村	中国建设银行五华县支行、五华县公路局	养猪、养鸡及杂果种植

资料来源：作者根据五华县"'双到'扶贫"领导小组办公室提供的数据整理。

第四章 广东省"'双到'扶贫"模式的典型案例：梅州市五华县

在两轮"'双到'扶贫"中，五华县共获得各级帮扶资金14亿元，实施项目12万个，218个贫困村近13万贫困户实现长效脱贫。[①] 在此扶贫实践中，贫困村集体经济不断扩大、贫困人口收入提升、基础设施日臻完善、产业扶贫成果显著，梅州市五华县成为广东省"'双到'扶贫"工作成效的典型缩影。

梅州市是广东省"'双到'扶贫"时期拥有贫困村最多的地级市，而五华县又是梅州市扶贫工作的"主战场"。因此，通过对梅州市五华县"'双到'扶贫"的案例分析，得以更具体形象地展现广东省"'双到'扶贫"在政策最末端的实践情况。五华县作为广东省省级重点扶贫特困县，其浓缩了省、市、县级等各级政府和企业的帮扶力量，在整个"'双到'扶贫"时期均具备典型性和代表性。

通过两轮"'双到'扶贫"的开展，五华县构建起一个由五大机制、五大帮扶模式、八项帮扶措施和四大典型构成的"社会大扶贫"格局。回顾五华县的探索与实践，我们能深刻感受到其与当前"精准扶贫""精准脱贫"战略的异曲同工之妙。从"社会大扶贫"格局的构建，到具体扶贫工作中处处体现的精细化、系统化的工作特征；从制度框架的设计，帮扶单位与被帮扶单位、各级帮扶单位之间的沟通机制建立，到资金资源的整合、扶贫对象的主体意识调动；从典型贫困村的塑造、系统的基本公共服务提供到贫困村面貌的蜕变；这一系列行动和举措都折射出广东在扶贫开发道路上的不断探索和创新，反映出广东对于扶贫开发工作从"传统粗放式"到"现代精准化"转变的敏锐思维和率先尝试。虽然相较于目前系统性、完整性极强的"精准扶贫"战略，"'双到'扶贫"在思想性、概念化和方法论方面的提炼程度有限，但也为中国扶贫开发工作的思路优化提供了广东经验与广东智慧。

[①] 马吉池：《脱贫攻坚！五华相对贫困人口占全市近一半》，2016年5月31日，http://static.nfapp.southcn.com/content/201605/31/c88441.html，访问日期：2020年6月26日。

第五章 广东省"'双到'扶贫"模式实施的成效、瓶颈及其根源

自 2009 年以来,"'双到'扶贫"模式的各项政策举措在广东省内全面铺开,作为扶贫领域的政策创新,"双到"模式无疑取得了巨大的成效,不仅得到了中央层面的认可和称赞,也在全国范围内掀起了一股学习"双到"模式的风潮。一时间,广东省再度因为走在了改革的前沿而受到广泛关注。然而,值得深思的是,"'双到'扶贫"在不断取得成效的同时,却也不可避免地遭遇了实施上的瓶颈,而这些瓶颈有其深刻的内在根源。本章即旨在分析上述内容,第一节从五个方面介绍了"'双到'扶贫"模式在实施上的成效;第二节从实践开展的角度分析了"'双到'扶贫"模式的实施瓶颈;第三节针对"'双到'扶贫"的实施瓶颈,从三个方面对其根源进行了分析。

第一节 广东省"'双到'扶贫"模式实施的成效

"规划到户、责任到人"的扶贫模式作为广东省落实科学发展、实施共富战略的一项重要行动计划和扶贫实践模式,为消除农村贫困、缩小地区差距、促进社会和谐、全面建设小康社会发挥了重要作用。在 2009 年至 2015 年期间,"'双到'扶贫"工作的开展使得贫困地区个体收入显著增长,贫困村集体经济规模不断扩大,贫困地区基础设施建设大范围完善,贫困人口的生产生活条件得到明显改善,在扶贫、低保、医保、养老、教育、住房等政策的多维度保障下,展现出更加强劲的脱贫活力。

第五章 广东省"'双到'扶贫"模式实施的成效、瓶颈及其根源

一、个体收入增长，集体经济壮大

"'双到'扶贫"工作开展后，最显著、最直观的成效是被帮扶的贫困个体收入水平大大提高，基本摆脱了贫困的侵扰。

2009—2012年，全省"'双到'扶贫"整合投入帮扶资金227.3亿元，11524名干部背起行囊、扎根农村，成为"'双到'扶贫"的中坚力量。广东省扶贫开发领导小组的调查显示，截至第一轮"'双到'扶贫"收官，被帮扶贫困户收入大幅增加，基本实现脱贫。其中，贫困户人均纯收入达到7762元，比2009年增长近4倍。有劳动能力的贫困户人均纯收入达到7926元，达到全省农村居民收入水平的73.6%，高出全省增长水平14.5个百分点，为全省增长提供4.5%的贡献率。按照广东省年人均2500元的脱贫标准计算，有劳动能力的贫困户脱贫率达到100%。①

2013—2015年，第二轮"'双到'扶贫"取得了突出的成效，贫困户家庭经济收入显著提升。至2015年年底，被帮扶村贫困户人均可支配收入较3年前增长了3.6倍，达到9220元，是全省农民人均可支配收入的69%，比预期目标45%高出了24个百分点，90.6万人如期实现脱贫。②

此外，各地、各帮扶单位在开展"'双到'扶贫"中坚持因地制宜、一村一策的做法，有效地刺激和促进了村集体经济的壮大；通过开发当地的特色产业，落实各类扶贫项目，大幅增加了当地贫困村集体经济的积累。截至2012年年底，3407个贫困村集体经济收入全部达到3万元标准，平均集体收入达到11.09万元，比2009年增加10.50万元。③ 至2015年年底，2571个贫困村集体经济收入从2012年的平均1.14万元提高到10.2万元，实现了"行政村集体经济收入达到或超过5万元"的目标。贫困村内农民

---

① 邓圣耀、张艳丽：《广东省今日召开扶贫工作会议》，2013年4月28日，http://www.cpad.gov.cn/art/2013/4/28/art_5_40932.html，访问日期：2020年5月31日。
② 《2013—2015年广东省扶贫开发"'双到'扶贫"工作，措施有力、亮点突出、成效明显》，《源流》2016年第4期。
③ 邓圣耀、张艳丽：《广东省今日召开扶贫工作会议》，2013年4月28日，http://www.cpad.gov.cn/art/2013/4/28/art_5_40932.html，访问日期：2020年5月31日。

人均可支配收入达到12005元,比规定的60%超出30个百分点。①

二、基础设施改进,村容村貌焕新

"'双到'扶贫"的一项重要内容是完善贫困村的基础设施建设,为其创造适合生产和发展的环境和硬件条件。为此,广东省投入了大量的资金、人力和物力补齐贫困地区的发展短板,落实了农田灌溉水渠、村道建设、公共文化设施、公共厕所、卫生室等多项基础设施的建设,取得的成效也十分显著。

两轮"'双到'扶贫"结束后,贫困村的村容村貌焕然一新,贫困户的生产生活条件明显改善。2009—2012年,广东省对贫困村全部实施了村道硬底化,解决了村民饮水安全的问题,对所有低收入住房困难户实现了住房改建,贫困村的落后面貌得到了根本改善。2013—2015年,"'双到'扶贫"工作落实了21892千米的贫困村农田灌溉水渠建设,完成村道硬底化12273千米,为农户解决饮水安全问题多达6601宗,新建5695项贫困村公共文化设施,实现了贫困村公厕建设全覆盖和99%的村卫生室覆盖;此外,还累计搬迁安置了"两不具备"(不具备生产、生活条件)贫困村庄2600个、38442户共16.8万多人,完成低收入住房困难户住房改造150681户,贫困村生产、生活条件明显改善。②

三、织密扶贫网络,多维度助脱贫

"'双到'扶贫"除了实现纵向上扶贫的精准性以外,也在横向上丰富和拓展了扶贫的内涵。广东省通过整合政策资源,打通各类民生保障渠道,将已有的扶贫政策、资金与低保、医保、养老、教育、住房等政策、资源

---

① 《2013—2015年广东省扶贫开发"'双到'扶贫"工作,措施有力、亮点突出、成效明显》,《源流》2016年第4期。
② 李丁丁、樊静东:《一图读懂 | 广东扶贫这三年:贫困村收入平均翻十倍》,2016年3月22日,http://static.nfapp.southcn.com/content/201603/22/c59069.html? from = groupmessage,访问日期:2020年5月31日。

第五章 广东省"'双到'扶贫"模式实施的成效、瓶颈及其根源

统筹起来,实现了对贫困户的多维度助力和保障。这一成果在第二轮的"'双到'扶贫"工作中尤为突出,贫困户的民生保障水平明显提高。在这期间,广东省将贫困村中符合"低保"和"五保"条件的贫困户全部纳入保障,将贫困人口全部纳入城乡居民养老保险和城乡居民医疗保险的保障范畴,实现了应保尽保。此外,广东省还从贫困代际传递的层面进行了考量,对贫困户适龄子女提供教育支持,实现贫困户适龄子女普及九年制义务教育,同时规避了贫困户子女考上高中(中专)和高等院校后因贫辍学的现象。通过这一系列复合型的扶贫措施,被帮扶的贫困群体的基本民生、底线民生得到了保障,所负担的各类压力有所缓解,脱贫动力增加,贫困在代际间的传递一定程度上得到遏制。

四、基层组织建设加强

在推进"'双到'扶贫"的过程中,各地的基层"两委"建设得到了加强,为扶贫工作的落地和长效开展提供了支持。广东省通过扶贫、党建两手抓、两促进的方式,将基层"两委"这一最直接联系贫困群体的组织,打造成一支"永不撤走的工作队"。在"'双到'扶贫"的实施过程中,各帮扶单位党组织纷纷与对口帮扶贫困村的党支部结对共建,一方面从夯实党建工作制度、建立党员活动场所、配备党员电教设备、设立党建工作宣传栏等方面,规范贫困村党组织的日常运转;另一方面帮助其建立一套作风端正、能力出众的领导班子,通过开展党员培训和人才选拔等方式,使优秀党员干部和青年干部担任村"两委"的主要职务。

在这些措施下,贫困村的基层组织建设显著加强,很多贫困村"两委"班子带领群众致富的主动性、积极性明显提升。贫困地区干部群众"等、靠、要"的思想有了很大的改变,村"两委"干部在群众中的威信逐步提高,班子凝聚力、号召力和战斗力进一步增强。经过各种帮扶措施,基层"两委"班子带领群众脱贫致富的能力和水平明显提高,较好地发挥了战斗堡垒作用。贫困地区的干群关系融洽,人民安居乐业,社会风气不断向好。

五、制度设计完善，扶贫格局形成

广东省"'双到'扶贫"工作的开展与不断完善的制度设计是相辅相成的，实践经验的积累促进了制度设计的更新，而制度设计的完善保障了扶贫工作的有序开展。在6年的扶贫工作开展和经验积累中，广东省"大扶贫"的格局逐渐形成。

第一，广东省在扶贫立法等工作上取得了重大突破。2011年11月，广东省第十一届人大常委会第30次会议通过了《广东省农村扶贫开发条例》。这成为定点帮扶和社会扶贫长期化的重要法律依据和制度安排，为扶贫开发工作提供了强有力的法规保障，推动扶贫开发工作走上法制化、规范化的轨道。《广东省农村扶贫开发条例》规定："实行发达地区、国家机关、国有企业、事业单位、社会组织定点帮扶贫困村、贫困户制度。承担定点帮扶任务的发达地区、国有企业等有条件的单位每年安排一定的资金、项目、人力，其他单位每年筹措一定的资金、安排人力，扶持被帮扶贫困地区、贫困村发展经济和社会事业。"这促使组织国家机关、企事业单位下派干部驻村扶贫成为一项培养、锻炼年轻干部的长期制度被固定下来。此外，《广东省农村扶贫开发实施意见（2011—2020年）》及新修订的《广东省扶贫开发"规划到户、责任到人"工作考核评估办法》和《广东省扶贫开发"双到"单兵教练工作的通知》《关于开展扶贫小额贷款试点工作的意见》《广东省贫困村互助资金试点工作实施方案》等文件的印发执行，为扶贫工作的开展提供了较为系统的政策依据。

第二，全省各级各部门和社会各界参与扶贫开发工作已蔚然成风，并形成较大规模。2011年《广东省农村扶贫开发条例》明确提出："每年六月三十日为广东扶贫济困日。各级人民政府应当组织开展扶贫济困活动，鼓励国家机关、企业、事业单位、社会组织和个人积极支持农村扶贫开发。"2011年"广东扶贫济困日"活动募集善款高达32.18亿元，社会参与面广、

第五章　广东省"'双到'扶贫"模式实施的成效、瓶颈及其根源

活动方式和内容十分丰富。① 2011年11月11日,广东省人民政府办公厅印发了《广东省扶贫济困日活动捐赠管理暂行办法》,规范了捐资的使用和管理,为持续激发社会各界参与扶贫开发、科学整合社会力量提供了制度保障。

回顾广东"'双到'扶贫"6年的实践历程,广东省按照"一村一策、一户一法"的基本思路,瞄准相对贫困人口,精确配置扶贫开发资源,统筹兼顾,科学发展,推动"'双到'扶贫"与欠发达地区的振兴发展紧密结合,探索走出了一条具有广东省特色的"精准扶贫"新路子。这不仅大大缓解了省内严峻的贫困问题,也为中国其他地区的扶贫事业提供了经验示范,为国家之后的"精准扶贫"战略和脱贫攻坚战的打响提供了启发和参考。

第二节　广东省"'双到'扶贫"模式的实施瓶颈

"'双到'扶贫"模式作为广东在扶贫开发领域的一种创造性突破,有着非常明确的扶贫对象、责任主体、工作要求和考核评价标准,这是"双到"模式的重要特点。这些特点有效克服了以往扶贫开发工作实施中的软肋。两轮"'双到'扶贫"的实施,给贫困人口的生产、生活条件带来了极大的改善,在实践中受到贫困村、贫困户及社会各界的广泛好评。可以说,"'双到'扶贫"模式基本上实现了广东省预先制定的帮扶贫困村和贫困户稳定脱贫的目标。尽管最终的成效是显著的,但扶贫开发的长期性要求我们不断反思,总结政策实施的经验教训。事实上,在"'双到'扶贫"实施的过程中,的确存在一些阻碍其目标实现的制约因素。这些瓶颈伴随"'双到'扶贫"实施的全过程,主要表现在下面几个方面。

---

① 网易新闻:《广东扶贫济困日筹集款物逾32亿元》,2011年7月1日,http://news.163.com/11/0701/11/77SGOTJK00014JB5.html,访问日期:2020年5月31日。

一、部门差异下的资源多寡：帮扶单位资源投入有限

在"'双到'扶贫"中，参与帮扶的主体既包括省直和中直驻粤单位、珠江三角洲的经济发达市，也包括贫困村和贫困户所在市、县（市、区）的国家机关、事业单位，同时还有全省国有企业、社会团体、民营企业等组织。对于众多的帮扶主体而言，它们在职能范围、部门权力等方面存在较大差异，随之而来的是各主体间资源调配能力的失衡。这种失衡对"'双到'扶贫"中的资金筹集和资源整合产生了显著的影响。一般而言，珠三角地区的帮扶能力要强于欠发达地区，而在珠三角地区内部，不同部门间的资源调配能力也并不均衡。部分帮扶单位凭借着职能优势，能够有效整合资源，以资金投入等方式开展有力的帮扶措施对贫困村、户落实帮扶工作。相较之下，诸如县直部门和私营企业等组织由于职能局限和效益较低，在帮扶资金筹集和资源整合方面往往显得力不从心，在很大程度上只能依靠专项财政资金和发动捐款等方式进行帮扶，难以对贫困村和贫困户投入足够的人力、物力、财力和智力供给。由此，"'双到'扶贫"初始阶段在横向比较中境况相同的贫困村或贫困户，一旦接受了不同单位的帮扶，在最终的帮扶成效考核中，其横向对比的结果或许已不在同一水平线上。

以各单位帮扶梅州市五华县贫困村的资金投入情况为例，梅州市五华县扶贫局的资料显示，在第一轮"'双到'扶贫"中，各帮扶单位的资金投入如下：各级帮扶单位共帮扶五华县 115 个贫困村累计投入帮扶资金 7.96 亿元，其中，省（中）直 18 个单位帮扶五华县 18 个贫困村投入帮扶资金 1.54 亿元；广州市直（含番禺区）65 个单位帮扶 55 个贫困村投入帮扶资金 4.20 亿元；梅州市直 30 个单位帮扶 30 个贫困村投入帮扶资金 1.56 亿元；五华县直 24 个单位帮扶 12 个贫困村投入帮扶资金 0.66 亿元。（见表 5-1）

第五章 广东省"'双到'扶贫"模式实施的成效、瓶颈及其根源

表5-1 第一轮"'双到'扶贫"期间梅州市五华县贫困村所获帮扶资金情况

帮扶单位	帮扶单位数量（个）	帮扶资金（亿元）	对口贫困村数量（个）	平均每村所获资金（万元）
广东省（中）直	18	1.54	18	855.56
广州市直（含番禺区）	65	4.20	55	763.64
梅州市直	30	1.56	30	520
五华县直	24	0.66	12	550
各级帮扶单位	137	7.96	115	692.17

资料来源：作者根据五华县"'双到'扶贫"领导小组办公室提供的数据整理。

通过以上数据不难发现，资金投入多寡背后反映的是帮扶单位资源调配能力的差距，而这种差距会对对口帮扶贫困村的后续发展情况产生直接的影响。

对于为数众多的帮扶单位来说，当前治理任务繁多，每一项任务都伴随着考核的压力，这导致各单位只能以有限的注意力关注扶贫开发。换言之，"'双到'扶贫"虽然是一项重要的工作任务，但也只是任务体系中的一个组成部分。特别是对于欠发达地区而言，在很长一段时间内，发展经济的重要性不亚于扶贫开发。此外，即便帮扶单位本身有着较强的资源调配能力，其用于扶贫开发的资金投入也不可能无限增长，分散且有限的资金投入才是常态，这成为"'双到'扶贫"在实施过程中面临的困境之一。

二、个体差异下的能力高低：帮扶人员素质参差不齐

"'双到'扶贫"要求帮扶人员应当针对对口贫困户的具体情况，制定行之有效的脱贫方案，这是"一户一法"的内在要求与应有之义。因此，贫困户的脱贫成效不仅取决于帮扶单位的资源投入，还需要依靠帮扶人员的积极谋划，这无疑对帮扶人员的能力素质提出了较高的要求。在帮扶人员的构成中，各单位派驻的驻村干部占据绝大多数。尽管驻村干部在专业知识和个人履历上存在显著的差异，但从身份定位的角度来分析，驻村干

部实际上普遍扮演着一个三重身份聚合的角色。

首先，驻村干部毫无疑问是贫困村和贫困户的帮扶者，这是其职责所在，也是其开展各项活动的法理来源。其次，研究认为，中国的党政部门在权威治理中形成了组织的克里斯玛型权威，由于在组织中任职需要具备一定的资质条件，一旦个人通过层层选拔在组织中获取了正式的职位或身份，那么组织权威可以通过层级传递的方式赋予个人。[①] 因此，党政部门的派驻天然地赋予了驻村干部在帮扶活动中的权威性。此时，从帮扶者的角色延伸，驻村干部凭借着克里斯玛型的权威，还承担着党政部门政策意见的传播者和执行者的角色。最后，在帮扶活动的开展中，驻村干部对帮扶方案的制定具有很大的自主性。从这一点来看，"'双到'扶贫"中实际上蕴含了一个针对驻村干部的"公共企业家"（public entrepreneur）隐喻。所谓"公共企业家"，指的是能够在公共管理活动中通过创新方法的应用提升资源使用效率、促进生产力发展的公共管理者。[②] 相较于私营企业家，公共企业家同样具备企业家精神：积极主动创新、善于发掘机会、勇于承担风险……不同的是，公共企业家参与各项公共管理活动的目的始终是实现公共利益的最大化。在"'双到'扶贫"中，各级党政部门实际上寄希望于驻村干部能够在帮扶活动中积极发挥主观能动性，通过自身对贫困户的深度调研，因户制宜地制定出行之有效的帮扶方案。从这个角度来讲，每个驻村干部都可以被视为一个公共企业家，在资金投入有限的情况下，帮扶行动的最终成效将取决于驻村干部作为一个公共企业家的管理水平。

综上所述，从最为理想的情况来看，驻村干部能够把以上三种角色所承担的职责充分发挥。这就意味着驻村干部在扶贫开发、政策传播、民智开启等方面都需要有所建树。然而，部分驻村干部疏于对贫困户的详细了解，扶贫思路较为闭塞，加之对扶贫项目的管理水平较低，因而提出的帮扶方案缺乏针对性和可操作性，在实际运作中效益较低，面临无法持续发展的难题。

[①] 郑崇明：《论克里斯玛、职业激励与国家运动》，《电子科技大学学报》（社会科学版）2014年第4期。

[②] 党秀云：《论公共企业家与企业家精神》，《中国行政管理》2004年第7期。

第五章 广东省"'双到'扶贫"模式实施的成效、瓶颈及其根源

此外,企业和社会组织同样向对口帮扶的贫困村及贫困户派驻了驻村工作组及扶贫的工作人员。对比政府部门的驻村干部,扶贫开发并不是这些工作人员的常态化任务,因而相对来说他们缺乏工作经验。此外,企业和社会组织毕竟不似政府一般具有管理的权威性,因而在具体的扶贫开发活动中遭遇了"身份危机"。不过,参与扶贫的企业和社会组织自有其各自的优势,它们派驻的工作人员能够凭借敏锐的市场意识和某些领域的专业技能培育扶贫项目并迅速组织贫困户发展生产。略有遗憾的是,企业和社会组织虽然广泛、深入地参与了"'双到'扶贫"项目的实施,但相对而言,它们的驻村帮扶人员在数量上还略有不足,故难以形成规模优势。

就帮扶成效而言,最后呈现的总体考评结果只能显示是否完成了预先制定的扶贫目标,欠缺对帮扶成效的横向比较。显然,帮扶责任人的能力会对帮扶成效带来显著的影响,二者具有比较明显的正向相关关系。囿于帮扶人员的能力水平,帮扶成效虽能达标,但却难以取得实质性的突破,这是"'双到'扶贫"在实施过程中遭遇的另一重困境。

三、不患寡而患不均:帮扶引发的心态失衡

这一部分所讨论的内容实际上是由前两重困境叠加所导致的。换言之,帮扶对象的心态失衡是前两重困境所引发的次生问题。随着帮扶工作的深入开展,因帮扶单位和帮扶人员在资源投入和能力水平上的差异所带来的帮扶成效差异体现得越发明显,这导致贫困村之间、贫困村与非贫困村之间、贫困户之间、贫困户与非贫困户之间产生了较为严重的心态失衡,在一定程度上影响了扶贫开发成效。

首先,就贫困村之间的情况来说,尽管贫困村各有其不同的帮扶单位,但这些单位对于扶贫开发的重视程度并不一致,加之各帮扶单位固有的在资金筹集和资源整合能力方面的差距,导致贫困村之间在资源获取方面的差距也十分明显。如某些广东省(中)直帮扶单位由于领导重视扶贫开发工作,在充分发挥部门优势的同时,对贫困村投入大量的帮扶资金、制定合理的帮扶方案,因而最终的帮扶成效十分显著,且产生了广泛影响;而个别贫困村由于帮扶单位资金投入不足、方案不尽合理,导致帮扶成效乏

善可陈。由此，部分贫困村在横向比较时易产生心态上的失衡，挫伤了脱贫的意愿与积极性。

其次，就贫困村与非贫困村之间的情况来说，仅在"'双到'扶贫"的第一阶段，截至2012年9月，广东全省就对3407个贫困村落实帮扶资金175.5亿元，平均每个贫困村能够得到515万元的帮扶资金。① 此外，贫困村的道路整修、安全饮水等问题基本得到了解决，村集体经济也发展壮大。前文提到的梅州市五华县115个贫困村，平均每村能在"'双到'扶贫"的第一阶段获得692.17万元的帮扶资金，村集体收入也从2009年的平均3000多元增长到2012年年底的平均10.3万元。这些数据足以表明，"'双到'扶贫"的实施给贫困村的生产生活条件带来了质的飞跃。从另一个角度来看，贫困村的快速发展对于部分非贫困村来说却是一个巨大的刺激。在最初划定扶贫标准时，部分未被纳入贫困村范畴内的村落，其发展程度实际上也处于一个较低的水平，但由于未能被评定为贫困村，便无法享受"双到"帮扶所带来的各项政策红利。在第一轮"'双到'扶贫"结束后，部分非贫困村的村集体收入甚至落后于被帮扶的贫困村，这导致最初被划定为非贫困村但发展程度较低的村落产生了心理上的不平衡。在第二轮"'双到'扶贫"启动前，部分村落为了能够获取帮扶资源，甚至出现了消极发展、降低发展水平的行为倾向。在政策优惠、资源倾斜的现实利益下，"争戴贫困帽"俨然已经成为一种客观存在的现象，这种"黑色幽默"是对"等、靠、要"依赖心理的典型反映。

再次，就贫困户之间的情况来说，如前所述，帮扶人员在帮扶方案制定及执行水平上的差距直接体现在贫困户的脱贫成效上，这就为贫困户的心理异化提供了一个前提条件，很容易导致贫困户对帮扶人员产生抱怨情绪。此外，贫困户之间致贫原因和脱贫条件的不同，是帮扶单位和帮扶人员制定脱贫方案、实施发展项目的现实基础。各帮扶单位和帮扶人员在遵循"一户一法"的同时，有针对性地对不同贫困户采取差异化的帮扶策略。例如，个别贫困户家中劳动力不足，既无法实现劳动力转移，也无力从事

---

① 南方网:《解决好群众最关心的利益问题》，2012年12月28日，http://epaper.southcn.com/nfdaily/html/2012-12/28/content_7155969.htm，访问日期：2020年5月31日。

第五章　广东省"'双到'扶贫"模式实施的成效、瓶颈及其根源

较为复杂的帮扶项目，为此帮扶单位通过投入小额的帮扶资金，帮助这类贫困户发展操作简单、规模较小的项目；而部分贫困户具备发展规模较大的产业扶贫项目的条件，帮扶单位则会投入2万元～5万元，甚至10多万元的帮扶资金，将此类项目作为示范点进行重点帮扶。尽管帮扶单位和帮扶人员尽力从贫困户的具体情况出发制定符合其条件的帮扶方案，但贫困户之间还是会因帮扶资金的差异等问题滋生不满情绪。

最后，就贫困户与非贫困户之间的情况来说，这一问题与贫困村与非贫困村之间的情况极为类似。两轮"'双到'扶贫"的实施，帮助贫困户基本脱离了绝对贫困的范畴。同时，一大批"脱贫致富之星"作为政策示范的突出典型得到了全省上下的广泛关注。可以说，经过帮扶的贫困户不仅在物质上实现了脱贫，基本能够自给自足，而且脱贫的成就感也使其得到了精神上的极大满足。相比之下，同村内的非贫困户由于未能享受"'双到'扶贫"的政策红利，后续的发展境况反而不尽如人意，在收入水平上甚至不及得到帮扶后的"贫困户"，由此造成的心理落差往往令非贫困户难以接受。无论是在城市社会还是乡村社会，经济收入都与个人的社会地位有着紧密的联系。因此，一旦非贫困户的经济收入被贫困户反超，双方的社会地位也会随之发生扭转，这进一步加剧了非贫困户内心的不平衡感。如果处理失当，这一情绪的蔓延不仅会影响村民间的关系，甚至有引发群体性事件的危险。

总的来说，以上瓶颈在"'双到'扶贫"的实施过程中体现得较为明显，阻碍了脱贫成效的进一步显现。值得注意的是，这些易被观察到的瓶颈往往浮于表面，解决这些瓶颈的思路不能陷入"头痛医头、脚痛医脚"的桎梏。实际上，这些瓶颈的存在往往有其深层的体制原因。也就是说，现行体制中的某些安排才是瓶颈出现的根源。从这个角度出发进行回溯，能够对"'双到'扶贫"实施瓶颈的根源进行剖析。

第三节 广东省"'双到'扶贫"模式实施瓶颈的根源

在"'双到'扶贫"的实施过程中,帮扶单位的资源投入有限、帮扶人员的素质参差不齐及帮扶引发的心态失衡是较为显著的三个问题。追根溯源,现行的体制安排构成了"'双到'扶贫"实施的宏观背景,也正是这些体制因素成为引发实施瓶颈的主要原因。本书认为,可主要从三个方面对"'双到'扶贫"实施瓶颈的根源进行分析。

一、纵向财权划分:集权化的行动策略

如前所述,不同的帮扶单位在资源投入,特别是资金投入方面存在一定差距。实际上,自分税制实施以来,中国的财政体制发生了较大变化,突出特点是财政收入的上移和支出责任的下移。在二者的共同作用下,不同级别政府间纵向财政不平衡的趋势越来越明显。[①] 换言之,随着政府级别的提高,可能出现的是财政收入的增加和支出责任的减少。财权与事权的不匹配对地方政府,特别是省级以下各级政府的治理能力造成了冲击。此外,不同省份之间的财权划分模式也有分权与集权的差异。有学者从政策文本和指标测算的角度对常年占据 GDP 总量规模省级前四位的广东、江苏、山东和浙江的财权划分模式进行了分析。研究表明,四个研究对象中只有广东省实施了集权化的财权划分策略,其根本原因在于广东省内较为严重的区域发展失衡,促使广东省必须考虑增强省级政府的再分配能力。[②] 从这个角度来看,广东省政府为了缩减省内粤东西北地区和珠三角间的经济社

---

① 万海远、田志磊、徐琰超:《中国农村财政与村庄收入分配》,《管理世界》2015 年第 11 期。
② 高琳、高伟华、周璺:《增长与均等的权衡:省以下财权划分策略的行动逻辑》,《地方财政研究》2019 年第 1 期。

第五章　广东省"'双到'扶贫"模式实施的成效、瓶颈及其根源

会发展差距，集中了更多的财力用于转移支付。然而，由于省内各地间经济基础和发展条件的客观差距，财权的向上集中可能反而削弱了落后地区的自我发展能力。一般而言，政府部门的财政预算与本级政府的财政收入呈正向关系。据此可以认为，上下对口设置的同一部门，部门级别越高，则财政预算也相应地越高。至于不同地区的同一部门，当地经济发展水平对财政预算的影响则会占据主导地位。结合"'双到'扶贫"实施过程中各单位落实的帮扶资金情况，基本能够印证这一点。因此，在广东省集权化的财权划分模式下，除省直、中直驻粤和珠三角地区的帮扶单位在资金投入方面相对来说较为可观外，对于大多数帮扶单位而言，资金投入的有限是难以避免的情况。为此，必须找到一种合理化的途径来扩大帮扶资金的来源，丰富帮扶手段的供给，并最终实现帮扶目标的达成。面对这一难题，既然政府财政的单一力量已经显得有些捉襟见肘，那么寻求社会力量的支持就已然成为一种可行的解决方案。

实际上，作为影响经济社会发展的重要症结，贫困问题已经不仅仅是贫困地区和党政部门的责任。只有通过全社会积极广泛地参与，脱贫致富才有实现的可能性。广泛动员全社会力量参与扶贫开发应该成为解决中国贫困问题的重要手段。[1]"'双到'扶贫"实施之初，广东省委、省政府曾希望珠江三角洲及贫困村、贫困户所在市、县（市、区）能够动员有能力、有意愿的民营企业参加定点帮扶工作。然而，由于"'双到'扶贫"考评及问责的各项条例主要适用于党政系统内部，如果民营企业参与具体的定点帮扶工作，这些条例显然难以对其进行强制性的约束。从民营企业的角度来看，自身缺乏参与定点帮扶工作的必要经验，在具体帮扶时也难以像政府部门一样易于得到群众的信任，所以对参与定点帮扶存在一定顾虑，意愿并不是非常的强烈。因此，民营企业未能深入地参与定点帮扶，特别是驻村定点帮扶的行动中。

广东作为社会力量极为发达的地区，如果能够通过合理的方式动员社会力量参与扶贫开发的行动中，则扶贫成效将会获得极大的提升。为此，广东省于2010年确定此后每年的6月30日为"广东扶贫济困日"，并围绕

---

[1] 文丰安：《新时代社会力量参与深度扶贫的价值及创新》，《农业经济问题》2018年第8期。

其开展一系列慈善活动,号召社会各界对贫困问题予以关注和投入。据统计,自 2010 年以来,一直到第二轮"'双到'扶贫"结束的 2015 年,6 届"广东扶贫济困日"活动在全省认捐达 140 亿元,惠及人口超过 300 万。[①]可以说,"广东扶贫济困日"已经成为广东扶贫开发的品牌活动,在全省形成了慈善捐赠的良好风气。此外,自"广东扶贫济困日"活动举办以来,每一届都力求形式与内容上的创新。从最开始较为单一的爱心捐赠,到后面增加的访贫慰问和宣传教育,每一届活动都围绕事先确定的主题和目标有序开展。尽管此活动仍是以募集帮扶资金为主要目的,资金重点用于"'双到'扶贫"工作,但在此过程中,社会各界形成了对扶贫开发重要性的共识,许多民营企业在积极捐款捐物的同时,通过开展培训、提供就业、培育项目等方式积极参与对贫困村和贫困户的帮扶工作,实现了创造经济价值与承担社会责任的统一。

综上所述,广东省较为集权化的财权划分模式在一定程度上弱化了下级政府的财力,导致大部分帮扶单位在"'双到'扶贫"实施中缺乏足量的资金供给,而社会力量的广泛参与则提供了一个突破口,不仅弥补了政府财政的不足,而且还成为扶贫开发中的重要力量。这显然是"'双到'扶贫"的一个亮点所在。

二、扶贫队伍建设:能力提升机制缺位

"'双到'扶贫"实施的另一个困境表现在帮扶人员能力上的不足。实际上,不只是其他单位派驻的帮扶人员,即便是经常与扶贫"打交道"的基层干部,在开展更为精细的扶贫工作时,也显得十分茫然。

从基层干部自身的角度来讲,治理任务的繁多已然成为常态。一方面,基层政府对上承接了来自中央及省、市、县的工作压力,各条块的工作任务最终都需要由基层干部贯彻落实。另一方面,基层干部还要对下开展宣传教育、吸收民意反馈、防范化解矛盾。此外,几乎每一项工作任务都伴随

---

① 李强:《请为贫困群体伸出援手,广东认捐达 140 亿元》,2015 年 6 月 30 日,http://news.southcn.com/g/2015-06/30/content_127345472.htm,访问日期:2020 年 6 月 1 日。

第五章　广东省"'双到'扶贫"模式实施的成效、瓶颈及其根源

有具体的考核要求。换言之，任务的完成情况将面临与之相对应的奖惩手段的回应。这就导致基层干部往往面临着巨大的工作压力，主要精力基本都用于执行具体的工作任务，很难专门抽出一段时间来参与相关的知识和技能培训。因此，在既往的扶贫中，基层干部采取的办法也较多的依赖于经验累积，也就是所谓的"干中学"。这一套办法能够在一定程度上帮助基层干部在低标准、区域性的扶贫工作中达标，但对于标准更高、要求更细的"'双到'扶贫"而言，如果基层干部不能全面掌握扶贫政策的业务知识，就无法科学地实施帮扶规划。

　　实际上，在"'双到'扶贫"实施之初，广东省委、省政府已经意识到基层干部能力不足的问题。为了切实提高扶贫成效，对每个贫困村都指派了对应的单位予以帮扶，并有扶贫的专项资金供给，其目的是希望通过驻村干部与基层干部的合作，突破基层政府在扶贫方面的能力困境。然而，帮扶单位派驻的驻村工作队和驻村干部在工作开展的过程中也逐渐暴露出对扶贫政策和业务不熟悉的局限性。具体而言，"'双到'扶贫"工作的主要特点就是将扶贫的重点下移至贫困村和贫困户。但值得注意的是，根据相关文件的要求，作为"'双到'扶贫"工作的主要组织者、实施者和责任者之一，贫困村所在的乡镇党委、政府应该积极向帮扶单位介绍当地扶贫工作的有关情况，大力配合帮扶方开展工作，提供工作便利，明确与帮扶方的联系协调单位，确保定点帮扶工作落到实处。换言之，在扶贫重心下移的过程中，乡镇一级的基层干部和各帮扶单位派驻的驻村干部实际上肩负着统筹制定帮扶方案的重要职责。然而，由于部分基层干部和驻村工作人员在设计帮扶方案时缺乏统筹意识和信息共享意识，未能形成以乡镇为单位推动"一乡（镇）一品一拳头"优势产业发展的大局观念，任由各村独立发展主导产业，造成乡镇内各村产业凌乱、"各表一枝"的局面。显然，这一局面的形成不利于区域化优势产业的发展壮大，各村的"各自为政"很难在市场竞争中形成规模化的核心优势，自然也就无法取得更大的效益。由此可见，随着"'双到'扶贫"的全面实施，驻村干部和基层干部在涉及扶贫政策业务知识、统筹制订及实施扶贫规划等能力建设方面的短板越来越明显。从这个角度来看，能力提升机制的缺位，严重影响了扶贫队伍建设，继而影响了扶贫成效的显现。加强扶贫队伍能力建设已经内化

从"'双到'扶贫"到"精准扶贫"——基于广东经验的中国扶贫之路

为"'双到'扶贫"中的一项重要内容。

为了充分发挥驻村干部与基层干部的合力,广东省在能力提升机制的设计上也进行了积极的尝试。如清远市连南瑶族自治县就以"县扶贫孵化中心"为试验场,开辟了一条寻求扶贫队伍能力建设的新路。① 具体而言,针对扶贫队伍对扶贫政策缺乏了解、对帮扶方案实施不力等突出问题,连南县委、县政府在该县扶贫办设立了一个"连南县扶贫孵化中心",定性为一类公益事业单位。该中心的主要职能可以概括为"两大孵化、四项服务"。"两大孵化"指的是扶贫专业人才培养孵化和扶贫项目引进落地孵化;四项服务分别涉及扶贫培训、信息共享、项目对接和宣传展示。从工作形式来看,该中心仍以传统的培训班为主要模式,但如前所述,许多基层干部在时间上难以满足参与培训的要求。针对这种情况,扶贫孵化中心采取了两种应对策略:一是收集扶贫队伍反映的工作难题,并以联席会议的形式对这些问题进行集中的研究和解决;二是组织下乡扶贫业务咨询指导,推动扶贫培训"走出去"。两种形式的双管齐下适应了"'双到'扶贫"的发展需要,极大地促进了扶贫队伍履职能力的提升。不过,较为遗憾的是,连南县对扶贫队伍能力提升机制的探索虽然较为成功,但这一模式却未能在全省得到普及。作为"'双到'扶贫"思想的策源地,在两轮"'双到'扶贫"中,连南县始终是广东省委、省政府确定的扶贫工作重点县。连南县在得到全省上下广泛关注的同时,自然也得到了各项资源的充分供给。未被纳入扶贫工作重点县的贫困地区,在发展条件上存在不足,难以对连南县的做法进行移植与复制。可以说,正是由于扶贫资源的有限性与资源分配的选择性,造成了不同地区在扶贫队伍能力提升机制建设方面的后天差异性。从这个角度来看,能力提升机制的建设不但需要先进的理念与工作方法,与之相配套的必要的资源供给同样不可或缺。

---

① 国务院扶贫办:《广东省"'双到'扶贫"模式》,2014 年 10 月 14 日,http://cn.chinagate.cn/povertyrelief/2014-10/14/content_33761499.htm,访问日期:2020 年 6 月 2 日。

第五章　广东省"'双到'扶贫"模式实施的成效、瓶颈及其根源

三、精神贫困：缺乏摆脱贫困的内生动力

"'双到'扶贫"所开展的一系列帮扶活动之所以会引发部分非贫困村和非贫困户的心态失衡，一方面是由于贫困村（户）识别机制的缺陷，导致部分实际生活比较困难的群体未能纳入"'双到'扶贫"的帮扶范围，不能享受帮扶措施带来的政策优惠。另一方面，部分非贫困村（户）为了获取扶贫资源，以隐瞒收入、虚报信息等方式争戴"贫困帽"，这一现象集中反映了区别于物质贫困的"精神贫困"或者说"观念贫困"在部分群体中仍然大行其道。在第一轮"'双到'扶贫"行将结束之际，时任广东省政府党组成员、省扶贫开发领导小组副组长的李容根就"'双到'扶贫"工作的一些事项接受了《源流》杂志专访。他在访谈中提到，贫困户自我发展意识和能力较弱，"等、靠、要"思想盛行，这在很长一段时间内都是帮扶单位开展扶贫工作的重、难点。实际上，无论是贫困村（户）还是非贫困村（户），精神贫困的存在往往比物质贫困更加危险，也更加地难以革除。

"精神贫困"作为一个正式名词于2018年才首次出现在国务院的政策文件中。中共中央、国务院在《乡村振兴战略规划（2018—2022年）》中明确指出要"巩固脱贫攻坚成果，注重扶志扶智，引导贫困群众克服'等、靠、要'思想，逐步消除精神贫困"[1]。不过，有关"精神贫困"的理论探讨实际上已经持续了较长时间。在胡鞍钢等学者看来，精神贫困是"个体失灵"的结果，而"个体失灵"则包含"志向失灵"和"行为失灵"两部分。将这两部分予以综合，可以概括得出精神贫困指的是"贫困人口缺乏志向、信念消极和行为决策不理性，从而影响其脱贫的行为现象"[2]。换言之，精神贫困主要表现为贫困人口在思想上的主观能动性不足，即"无志"；在行为上对于现状的无能为力和无所作为，即"无为"。

不能否认的是，扶贫主体的扶贫行为与贫困人口的精神贫困之间存在

---

[1] 中共中央、国务院：《乡村振兴战略规划（2018—2022年）》，2018年9月26日，http://www.gov.cn/zhengce/2018-09/26/content_5325534.htm，访问日期：2020年5月20日。

[2] 杭承政、胡鞍钢：《"精神贫困"现象的实质是个体失灵——来自行为科学的视角》，《国家行政学院学报》2017年第4期。

着一定张力。也就是说，部分贫困人口安于贫困的现状，缺乏摆脱贫困的内生动力，扶贫主体无论采取何种帮扶举措都始终无法激发他们的脱贫意愿。此外，在此前的扶贫开发中，相对来说扶贫主体更为侧重于物质上的帮扶，甚至停留在单一的给物资、发补助的低水平帮扶阶段。这不但助长了贫困人口的"等、靠、要"思想，还极易导致返贫的发生。为此，扶贫开发不能仅停留在物质扶贫的阶段，必须实现物质扶贫与精神扶贫的同步开展，而精神扶贫的重点无疑就是唤醒贫困人口脱贫的内生动力。早在2012年，习近平总书记在河北阜平考察扶贫开发工作时就指出，"贫困地区发展要靠内生动力""治贫先治愚"。① 其后，习近平总书记又进一步明确了"扶贫先扶志、扶贫必扶智"的思想。② 可以说，激发贫困户脱贫的内生动力，已经成为增强扶贫开发实效的有效路径。

在"'双到'扶贫"中，各帮扶单位针对贫困人口的精神贫困问题，也实施了多种举措试图激发贫困人口脱贫的内生动力。具体而言，可以总结为"走出去""引进来"和"不说先干"这三类方法。"走出去"指的是帮扶单位带领贫困村的村干部和贫困户前往珠三角发达地区参观考察，让他们切身体验劳动致富所能带来的美好生活；"引进来"指的是帮扶单位组织本地区农村的"脱贫致富先锋"造访被帮扶的贫困村，传授脱贫致富的经验；"不说先干"指的是帮扶单位先行帮扶积极配合的贫困户，落实资金和项目，帮助他们实现收入的提高，而第一批脱贫户会产生极大的示范效应，在一定程度上能够转变部分贫困户的"等、靠、要"思想，进而推动他们主动参与扶贫项目。三种方式实际上实现了贫困户从"无志"到"有志"、从"无为"到"有为"的转变，但作为一种长期存续的问题，"'双到'扶贫"中的举措也只是对治理精神贫困做了初步的尝试，未能完全建立激发贫困户脱贫内生动力的长效机制。

---

① 习近平：《做焦裕禄式的县委书记》，中央文献出版社2015年版，第24页。
② 习近平：《携手消除贫困促进共同发展——在2015减贫与发展高层论坛的主旨演讲》，2015年10月16日，http://www.xinhuanet.com/politics/2015-10/16/c_1116851045.htm，访问日期：2020年5月10日。

第六章 从"'双到'扶贫"到"精准扶贫"的广东实践

自 2013 年 11 月习近平总书记在湖南湘西考察时首次提出"精准扶贫"以来,"精准扶贫"作为新时期贫困治理的指导思想得以不断完善。在经历了两轮"'双到'扶贫"后,广东省基本消除了省内全国标准下的绝对贫困人口,此时,"精准扶贫"的广东实践已经率先开启了对相对贫困治理可行路径的积极探索。本章分三节对以上内容进行了具体的探讨:第一节主要分析"精准扶贫"战略的提出及实施过程,涉及"精准扶贫"的实施背景、决策过程、政策主张及主要做法;第二节分四个方面对"精准扶贫"与"'双到'扶贫"进行比较;第三节则具体介绍"精准扶贫"的广东实践,特别强调这是解决相对贫困的先行探索。

第一节 "精准扶贫"战略的提出及实施

一、"精准扶贫"战略的实施背景和决策过程

(一) 实施背景

改革开放以来,中国的扶贫工作使得大多数贫困人口顺利实现脱贫,但按照现行的国家贫困标准,到 2013 年年底,中国还有 8249 万农村贫困人口,扶贫任务依然艰巨。中国扶贫、脱贫工作已进入攻坚克难的重要阶段,越往后贫困的层次越深,脱贫的难度越大,若要想啃掉冲刺期扶贫工作中

的"硬骨头",就不能再单纯地采用"灌水式""输血式"的粗放式传统扶贫模式,而是需要精细化的扶贫思想和战略,促使贫困地区整体脱贫、杜绝返贫,确保到2020年消除绝对贫困。总而言之,"精准扶贫"是中国扶贫工作进行到新阶段后的必然举措,符合当今中国的国情和人民的现实需要,很好地体现了中国特色社会主义的制度优势,对于决胜全面小康社会,步入更高水平的发展阶段具有重要意义。

1."精准扶贫"思想的理论基础

从中国特色社会主义理论视角来看,共同富裕是中国特色社会主义理论的重要内容,是社会主义的本质规定和奋斗目标,也是中国特色社会主义的根本原则。它所强调的消除两极分化,缩小贫富差距,使全体人民共享发展成果,共同富起来的内涵正是精准扶贫思想诞生的理论基础。习近平总书记曾指出:"消除贫困、改善民生、实现共同富裕,是社会主义的本质要求。"[①] 实施精准扶贫战略,着力做好扶贫开发工作,就是为了以更精细化的方式精准识别贫困人群,精准施策,致力于以多样化个性化的帮扶举措切实帮助每一个贫困人口彻底摆脱绝对贫困,逐步走上致富之路,缩小与富裕群体的生活差距,提升其生活幸福感,这正是共同富裕理念在新时期扶贫工作中的重要体现。

"以人为本"的思想理念是科学发展的核心内容,强调实现人的全面发展,着眼于人民群众的根本利益,不断满足人民群众日益增长的物质文化需要,切实保障人民群众的经济、政治和文化权益,让发展的成果惠及全体人民。然而,在市场经济体制下,制度设计与政策运行往往关注所能带来的经济效益,而忽视了人本需求的伦理考量,导致发展成果不能均衡惠及民众,贫富差距日益加剧。"精准扶贫"思想正是立足于贫困人口的根本利益,其目的是在满足贫困人口基本物质需求的基础上,实现贫困人口发展的全面化,发展能力的长远化。在具体的扶贫制度设计和扶贫政策运行的实践中,"精准扶贫"从贫困人口的角度出发,考虑到贫困人口的实际状况,强调发挥贫困人口在扶贫工作中的主体作用,充分体现了以人为本,

---

[①] 习近平:《推动贫困地区脱贫致富、加快发展》,2015年7月20日,http://cpc.people.com.cn/xuexi/n/2015/0720/c397563-27331852.html,访问日期:2020年6月3日。

第六章　从"'双到'扶贫"到"精准扶贫"的广东实践

尤其是以贫困人口为本的思想理念。①

贫困问题是社会发展的一大难题,从社会学理论视角来看,精细社会理论认为,精细化社会是精细化的管理理念扩展和延伸到整个社会的结果,是社会现代化的重要体现,现代化社会所面临的各种日益复杂的管理问题都需要引入精细化的管理理念来解决。② 精细社会的核心理念是"精、准、细、严",其中"精"是目标,追求最优的质量和效果;"准"是信息准确与决策合理正确;"细"是执行细化、重视细节;"严"是严格要求,严格纠正偏差。③ 精细社会理论的核心思想为当前中国农村的精准扶贫提供了相应的理论支撑,精准识别、精准帮扶、精准管理与精准考核正是精细化理念在精准扶贫工作中的重要体现。此外,依据精细社会理论在精准扶贫过程中构建一套行之有效的精准化的扶贫治理体系,并在此基础上来对精准识别、精准帮扶、精准管理与精准考核进行指导并有效渗入扶贫制度设计、政策运行、扶贫治理的全过程和贫困人口的全方面发展过程中来是精准扶贫工作的重要任务。④

2. "精准扶贫"思想的现实基础

"精准扶贫"思想并不是凭空而来的,而是从实际出发,致力于解决随着社会主义市场经济的发展而涌现的更为复杂多变的贫困问题,特别是以精细化的帮扶模式代替传统的粗放式扶贫模式,有效应对经济减贫效应下降的问题,实现全部贫困人口如期脱贫。因此,"精准扶贫"思想的现实基础可以概括为三个方面。

第一,到 2020 年"全面建成小康社会"的目标是"精准扶贫"思想产生的现实需求。党的十六大首次提出要全面建设小康社会,使人民生活水平更加富足,提出要关注困难群众,也就是贫困群体的发展。党的十八大首次正式提出"全面建成小康社会",提出要提高人民群众的生活水平,就

---

① 王宇、李博、左停:《精准扶贫的理论导向与实践逻辑——基于精细社会理论的视角》,《贵州社会科学》2016 年第 5 期。
② 李博、司汉武:《技术在精细社会建设中的地位与作用》,《太原理工大学学报》(社会科学版) 2013 年第 5 期。
③ 司汉武:《知识、技术与精细社会》,中国社会科学出版社 2014 年版,第 42 页。
④ 王宇、李博、左停:《精准扶贫的理论导向与实践逻辑——基于精细社会理论的视角》,《贵州社会科学》2016 年第 5 期。

需要基本实现公共服务均等化，提高受教育水平，就业更加充分，缩小收入分配差距、减少贫困群体，社会保障覆盖全民，社会稳定和谐六个方面，每一个方面实际上都与解决贫困问题息息相关。中共十八届五中全会更是明确提出了要在现行标准下，致力于帮助农村贫困人口实现脱贫。可以看到，国家越来越重视贫困人群的脱贫问题，因为全面建成小康社会就是要确保不落一人，只要有一人没有实现脱贫，全面小康就无法实现。

第二，实施"精准扶贫"是解决粗放式扶贫既有问题的现实需要。粗放式的扶贫模式会导致目标瞄准的偏差和精英捕获问题。目标瞄准的精确性是落实好精准扶贫工作的首要前提和关键环节。中国的扶贫瞄准机制从之前的以贫困县为瞄准目标转变为以贫困村为瞄准目标，虽然这种转变能改善扶贫资金分散、错漏较多、使用低效的问题，① 但也有学者认为，指标式的贫困村确定方法依然使得不少真正的贫困村和贫困群体无法被纳入扶贫范围。② 因此，实施精准扶贫，通过建立科学的动态的识别体系和管理方式，能更加有针对性地识别贫困村与贫困户。此外，"扶富不扶贫"这种精英捕获现象导致资源分配的严重不公，通过实施"精准扶贫"，从对象识别、具体帮扶到扶贫成果的全过程都有系统的量化考核，从而能够直接减少扶贫资源分配、传递和使用中的不公的情况发生。③

第三，实施"精准扶贫"是抵消经济增长减贫效应下降的必要举措。随着收入分配差距的不断扩大，经济增长的减贫效应逐渐下降，通过带动贫困地区的经济增长来带动当地贫困人口脱贫的成效将越来越低，所以实施"精准扶贫"，直接有针对性地帮扶具体的贫困人口将是脱贫攻坚的重要举措。④

（二）决策过程

2013年11月3日，习近平总书记来到湖南湘西调研考察时，首次提出

---

① 洪名勇：《开发扶贫瞄准机制的调整与完善》，《农业经济问题》2009年第5期。
② 李小云、张雪梅、唐丽霞：《我国中央财政扶贫资金的瞄准分析》，《中国农业大学学报》（社会科学版）2005年第3期。
③ 左停、杨雨鑫、钟玲：《精准扶贫：技术靶向、理论解析和现实挑战》，《贵州社会科学》2015年第8期。
④ 汪三贵、郭子豪：《论中国的精准扶贫》，《贵州社会科学》2015年第5期。

第六章 从"'双到'扶贫"到"精准扶贫"的广东实践

了"精准扶贫"的概念,并表示"扶贫要实事求是,因地制宜。要精准扶贫,切忌喊口号,也不要定好高骛远的目标"①。此后,习近平总书记高度重视扶贫开发工作,多次深入贫困地区调研考察,在实践中发现中国的减贫任务依然艰巨,若想顺利啃下脱贫攻坚剩下的"硬骨头",就必须针对实际扶贫工作中的难点、痛点对症施策,因此,在贫困地区调研时,习近平总书记在和党中央专门召开的扶贫开发座谈会及各大脱贫会议上多次发表有关扶贫工作的重要讲话,不断发展完善"精准扶贫"的思想内涵和主要内容,明确实施"精准扶贫"战略的重要性和具体要求。2014年11月2日,习近平在福建调研时强调,帮助贫困群体脱贫致富,绝不能让一个苏区老区掉队。2015年1月19日,习近平在云南考察工作时强调,"精准扶贫"要扶到点上、根上,让贫困群众真正得到实惠。2015年2月13日,习近平总书记主持召开陕甘宁革命老区脱贫致富座谈会时强调,加快老区发展步伐,做好老区扶贫开发工作,确保老区人民同全国人民一道进入全面小康社会。2015年3月8日,习近平参加十二届全国人民代表大会第三次会议广西代表团审议时强调,坚决阻止贫困现象代际传递。2015年6月18日,习近平在贵州召开部分省区市党委主要负责同志座谈会时强调,"精准扶贫"重在精准,各地都要在扶持对象精准、项目安排精准、资金使用精准、措施到户精准、因村派人(第一书记)精准、脱贫成效精准上想办法、出实招、见真效;强调强化扶贫开发领导责任制。2015年10月16日,习近平在2015减贫与发展高层论坛上发表主旨演讲,强调中国在扶贫攻坚工作中采取的重要举措,就是实施"精准扶贫"方略,找到"贫根",对症下药,靶向治疗。要坚持中国制度的优势,构建省市县乡村五级一起抓扶贫,层层落实责任制的治理格局。2015年11月27日至28日,习近平在中央扶贫开发工作会议上强调,"精准扶贫"要解决好"扶持谁""谁来扶"的问题,做到因户施策、因人施策。在考核验收方面要设定时间表,实现有序退出。2016年7月,习近平在东西部扶贫协作座谈会上强调,东西部扶贫协作和对口支援必须长期坚持下去。2017年2月21日,习近平在中共中央

---

① 齐声:《新中国峥嵘岁月 | 习近平总书记提出"精准扶贫"》,2019年11月28日。http://www.xinhuanet.com/2019-11/28/c_1125286329.htm。

政治局第 39 次集体学习时强调，要强化领导责任、强化资金投入、强化部门协同、强化东西协作、强化社会合力、强化基层活力、强化任务落实，集中力量攻坚克难，更好地推进"精准扶贫"、精准脱贫，确保如期实现脱贫攻坚目标。2017 年 6 月，习近平在深度贫困地区脱贫攻坚座谈会上强调，要把提高脱贫质量放在首位。2018 年 2 月 12 日，习近平在打好精准脱贫攻坚战座谈会上强调，要强化脱贫攻坚的资金扶持，完善资金管理。2019 年 4 月，习近平在解决"两不愁，三保障"突出问题座谈会上强调，摸清底数是基础。2020 年 3 月，习近平在决战决胜脱贫攻坚座谈会上强调，确保高质量完成脱贫攻坚目标任务。[①~③]

习近平总书记这一系列的重要论述，为新时期的扶贫开发工作明确了目标方向和重点工作任务。在"精准扶贫"概念提出后，党中央、国务院陆续出台和发布纲领性的扶贫开发文件和一些重要通知，如《中共中央、国务院关于打赢脱贫攻坚战的决定》《"十三五"脱贫攻坚规划》《关于创新机制扎实推进农村扶贫开发工作的意见的通知》《关于印发〈扶贫开发建档立卡工作方案〉的通知》等，综合指导各级地方政府的精准扶贫工作。国家各部委也纷纷出台相应的政策方案，对纲领性文件中涉及本部门负责管理范畴的产业扶贫、就业扶贫、金融扶贫、教育扶贫、兜底扶贫等各个领域出台具体的专业化的工作举措，构建起一套综合完善的"精准扶贫"政策体系，为全国的脱贫攻坚工作提供了政策依据和行动指南，确保实现2020 年全部贫困人口如期脱贫的目标。

---

① 黄超：《习近平再谈精准扶贫：我正式提出就是在十八洞村》，2016 年 3 月 8 日，http://politics.people.com.cn/n1/2016/0308/c1024-28182678.html，访问日期：2020 年 6 月 22 日。

② 《习近平在中共中央政治局第三十九次集体学习时强调：更好推进精准扶贫精准脱贫 确保如期实现脱贫攻坚目标》，2017 年 2 月 23 日，http://dangjian.people.com.cn/n1/2017/0223/c117092-29102457.html，访问日期：2020 年 7 月 23 日。

③ 习近平：《习近平扶贫论述摘编》（四），2018 年 9 月 20 日，http://theory.people.com.cn/n1/2018/0920/c421125-30304760.html，访问日期：2020 年 8 月 15 日。

第六章　从"'双到'扶贫"到"精准扶贫"的广东实践

二、"精准扶贫"战略的思想内涵和政策主张

(一) 思想内涵

习近平总书记在各地开展扶贫调研时曾多次提及"精准扶贫"的思想理念,并于2015年6月在贵州提出扶贫工作要做到"切实落实领导责任、切实做到精准扶贫、切实强化社会合力、切实加强基层组织",并将"精准扶贫"思想概括为"扶贫对象精准、项目安排精准、资金使用精准、措施到户精准、因村派人精准、脱贫成效精准"。[①]

第一,扶贫对象要精准。首先,搞清楚"扶持谁"是扶贫工作的首要前提,通过建立规范化程序化的识别机制,对符合标准的真正的贫困户建档立卡,并实施动态管理,及时纳入新增贫困人口,剔除识别不精准和已脱贫人口,避免"穷人落榜,富人上榜"的现象。其次,由于贫困程度深浅不一,致贫原因各不相同,如因病致贫、因残致贫、因学致贫等,扶贫对象识别标准也应从单一化走向多样化,以符合贫困户的实际需求,确保帮扶对象应纳尽纳,不落一人。

第二,项目安排要精准。扶贫项目的安排不能是简单的"大水漫灌",这样既造成扶贫资源的浪费又导致实际的扶贫效果收效甚微,而是需要根据贫困地区的实际情况因地制宜。例如,在拥有一定劳动能力的贫困地区大力推行就业扶贫项目,在拥有一定自然资源的贫困地区大力发展产业扶贫项目,在老弱病残较多的贫困地区大力推行民生保障类项目,等等。各个项目的安排和分配也不是单一进行的,而是与贫困地区的整体发展和贫困户的个体需求之间的有机结合,从而达到项目收益的最大化。

第三,资金使用要精准。扶贫资金用得到不到位,直接关乎扶贫项目的实施成败,关乎每个贫困户能否如期脱贫。因此,对于扶贫资金的安排,首先,要做好前期预算,依据帮扶地区和帮扶对象的实际情况,按需求的轻重缓急分批分类制定预算,并与扶贫项目相互衔接,从而提高扶贫资金

---

① 唐任伍:《习近平精准扶贫思想阐释》,《人民论坛》2015年第30期。

使用的精准度。其次,在实际运行中加强对资金运行的全过程监管,确保扶贫资金不被挪用、滥用和闲置,真正落实到对贫困群体的帮扶工作中,使他们直接享受到精准脱贫的政策红利。

第四,措施到户要精准。贫困户的致贫原因是复杂多样的,不了解贫困户的实际需求就难以推动帮扶措施的有效实行。因此,在制定具体的帮扶举措时必须具有一定的灵活性,聚焦贫困户需求的差异性。因村因户因人施策就是以贫困户的个体需求为导向,能够更加有针对性地为贫困人口制定个性化的帮扶方案和措施,从而实现实际需求与政策供给的有效衔接,使贫困户更乐意接受并积极主动配合扶贫工作的开展。

第五,因村派人要精准。驻村干部是带领贫困户脱贫致富的"领头羊",在扶贫工作中发挥着重要作用,因此在选拔驻村干部,尤其是在选派第一书记和驻村工作队队长方面要高标准、严要求,不仅需要能力强,对扶贫业务掌握熟练,还需要政治正确、品德良好、作风端正、具有强烈责任感。在此基础上,由于各个贫困村的贫困情况不一,有针对性地选派机关单位的专业干部进行对口帮扶能最大限度地实现人力资源的优化配置,从而显著提高脱贫工作的效率。

第六,脱贫成效要精准。精准扶贫战略的实施必须体现显著的成效,而不只是流于形式、浮于表面。首先,必须确保各项扶贫政策和举措落实到位,把脱贫工作做扎实做细致,成效自然会显现出来。其次,致力于提高脱贫的质量,把扶贫政策与地方实际相结合,探索出扶贫开发的新模式,做出新成效。最后,脱贫的成效不应只满足于消除绝对贫困,对于2020年后如何巩固原有的脱贫成效,解决相对贫困问题,需要继续探索建立解决脱贫问题的长效机制。

(二)政策主张

(1) 2014年1月,中共中央办公厅、国务院办公厅印发《关于创新机制扎实推进农村扶贫开发工作的意见的通知》[①],国务院扶贫开发领导小组

---

① 中共中央办公厅、国务院办公厅:《中共中央办公厅、国务院办公厅印发〈关于创新机制扎实推进农村扶贫开发工作的意见〉》,2014年1月25日,http://www.gov.cn/gongbao/content/2014/content_2580976.htm,访问日期:2020年6月10日。

第六章 从"'双到'扶贫"到"精准扶贫"的广东实践

办公室出台《关于印发〈建立精准扶贫工作机制实施方案〉的通知》[1] 和《关于印发〈扶贫开发建档立卡工作方案〉的通知》[2],对"精准扶贫"工作模式的顶层设计、总体布局和工作机制等方面都做了详尽规制,[3] 推动了习近平"精准扶贫"思想的全面开展。

(2) 2015年出台的《中共中央、国务院关于打赢脱贫攻坚战的决定》,提出中国的扶贫开发工作已经进入了攻坚克难的关键时期,要把精准扶贫作为基本方略,坚持扶贫开发与经济社会发展相互促进,坚持精准帮扶与集中连片特殊困难地区开发紧密结合,坚持扶贫开发与生态保护并重,坚持扶贫开发与社会保障有效衔接,咬定青山不放松,采取超常规举措,拿出过硬办法,举全党全社会之力,坚决打赢脱贫攻坚战,确保到2020年农村贫困人口实现脱贫,全面建成小康社会。[4]

(3) 2016年,国务院出台了《"十三五"脱贫攻坚规划》,强调继续坚持精准扶贫、精准脱贫基本方略,坚持精准帮扶与区域整体开发有机结合,以革命老区、民族地区、边疆地区和集中连片特困地区为重点,以社会主义政治制度为根本保障,不断创新体制机制,充分发挥政府、市场和社会协同作用,构建大扶贫开发格局,充分调动贫困地区干部群众的内生动力,大力推进实施一批脱贫攻坚工程,加快破解贫困地区区域发展瓶颈制约,不断增强贫困地区和贫困人口自我发展能力,确保与全国同步进入全面小康社会。[5]

---

[1] 国务院扶贫开发领导小组办公室:《关于印发〈建立精准扶贫工作机制实施方案〉的通知》,2014年5月26日,http://www.cpad.gov.cn/art/2014/5/26/art_50_23765.html,访问日期:2020年6月10日。

[2] 国务院扶贫开发领导小组办公室:《国务院扶贫办关于印发〈扶贫开发建档立卡工作方案〉的通知》,2014年4月11日,http://www.cpad.gov.cn/art/2014/4/11/art_624_14224.html,访问日期:2020年6月10日。

[3] 熊跃根:《政策下乡与发展中的乡土躁动——对江西农村精准扶贫的田野观察》,《社会科学研究》2019年第2期。

[4] 中共中央、国务院:《中共中央、国务院关于打赢脱贫攻坚战的决定》,2015年12月7日,http://www.gov.cn/zhengce/2015-12/07/content_5020963.htm,访问日期:2020年6月10日。

[5] 国务院:《国务院印发〈"十三五"脱贫攻坚规划〉》,2016年12月2日,http://www.gov.cn/xinwen/2016-12/02/content_5142245.htm,访问日期:2020年6月13日。

三、"精准扶贫"战略的主要做法

(一)实施经济政策与社会政策相协同的扶贫模式

(1)发展特色产业脱贫。支持贫困地区科学制订特色产业发展规划,鼓励贫困村、贫困户发展特色农产品及其加工业,深入实施乡村旅游扶贫工程,合理有序开发优势能源矿产资源。为增强自我发展能力,对集中连片特困地区县,实行中央、省、市财政全额返还县级财政的政策;对片区外国家扶贫开发工作重点县,实行中央财政全额返还县级财政的政策。

(2)引导劳务输出脱贫。加大劳务输出培训投入,继续实施职业技能提升计划,建立和完善输出与输入地劳务对接机制,引导农村贫困人口进入家政、物流、养老等领域就业。对贫困地区农民工返乡创业给予政策支持。有能力在城镇稳定就业和生活的有序实现市民化。

(3)探索资产收益脱贫。探索对贫困人口实行资产收益扶持制度。对在贫困地区开发水电、矿产资源占用集体土地的,试行给原住居民集体股权方式进行补偿。对财政扶贫资金和其他涉农资金投入一些项目形成的资产,考虑折股量化给贫困户。

(4)实施易地搬迁脱贫。对居住在生存条件恶劣、生态环境脆弱、自然灾害频发等地区的农村贫困人口,加快实施易地扶贫搬迁工程。坚持群众自愿、积极稳妥的原则,因地制宜选择搬迁安置方式,合理确定住房建设标准,完善搬迁后续扶持政策,确保搬迁对象有业可就、稳定脱贫,做到搬得出、稳得住、能致富。

(5)实行社会保障兜底政策。实施健康扶贫工程,提高贫困地区基本医疗和公共卫生服务水平。把新农合大病保险支付、医疗救助等结合起来,使患大病者得到兜底保障。加大贫困残疾人健康服务力度。加快完善城乡居民基本养老保险制度,适时提高基础养老金标准,引导农村贫困人口积极参保续保,逐步提高保障水平。实行低保政策和扶贫政策有效衔接,对贫困人口应保尽保。

第六章 从"'双到'扶贫"到"精准扶贫"的广东实践

(二)扩大贫困地区基础设施覆盖面

(1)加快贫困地区交通、水利、电力和互联网建设。对连接贫困地区的国家铁路网、国家高速公路网等重大交通项目建设要加快推动。对贫困地区重大水利工程和中小水利项目要强化建设。对贫困地区水电开发、农田改造升级、光伏发电工程要大力推进。加大"互联网+扶贫"力度,加快实现贫困村宽带网全覆盖,实施电商扶贫工程,促进贫困地区大众创业、万众创新。

(2)加强贫困地区生态保护、农村危房改造和人居环境整治。国家退耕还林还草、退牧还草、天然林保护、防护林建设、石漠化治理、防沙治沙等重大生态工程,进一步向贫困地区倾斜。加大农村危房改造、农房抗震改造力度。推进贫困村生活垃圾处理、污水处理、农户改厕、村庄绿化,推动农村环境综合整治,支持山、水、田、林、路建设及小流域综合治理,着力推进美丽乡村建设。

(三)推进贫困地区基本公共服务均等化

(1)着力加强教育脱贫,提高贫困地区基础教育质量。"扶贫需扶智",要实施教育扶贫全覆盖工程,让贫困家庭子女都能接受公平的有质量的教育,阻断贫困代际传递。推进国家教育政策、教育经费和教育资源继续向贫困地区、向基础教育倾斜。加大对特困学生的救助力度,加强中等职业教育,向特定困难群体提供特殊教育,建立多种保障农村学生受教育的长效机制。

(2)建立健全留守儿童、留守妇女、留守老人及残疾人的关爱体系。对农村"三留守"[①]和残疾人进行全面摸底排查,建立信息管理和服务系统。加强对未成年人的监护和困境儿童福利保障,帮助特殊贫困家庭解决实际困难。加快建立健全困难残疾人生活补贴和重度残疾人护理补贴制度。

(3)丰富贫困群众文化生活。集中实施一批文化惠民扶贫项目,重点是广播电视服务网络、数字文化服务、乡土人才培养、流动文化服务等。支持贫困地区挖掘保护、开发利用民族民间文化遗产和资源。文化事业经费向贫困地区倾斜。

---

① 即留守儿童、留守妇女和留守老人的统称。

（四）凝聚多方力量打造"大扶贫"格局

（1）健全东西部扶贫协作机制和考核评价机制。加大东西部扶贫协作力度，构建以企业合作为载体的扶贫协作模式，通过建立精准对接机制，推进东部各类资金、人才、技术资源准确向西部贫困地区流动，激发西部的发展潜力，实现优势互补，合作双赢。

（2）健全定点扶贫机制和考核评价机制。进一步加强和改进定点扶贫工作，确保各单位落实扶贫责任。深入推进中央企业定点帮扶贫困革命老区县"百县万村"活动。完善定点扶贫牵头联系机制，各牵头部门要按照分工督促指导各单位做好定点扶贫工作。

（3）健全社会力量参与机制。鼓励支持民营企业、社会组织、个人参与扶贫开发，实现社会帮扶资源和精准扶贫有效对接。充分发挥企业的资源配置能力，辐射带动贫困户增收脱贫；鼓励扶持社会组织探索打造多种公益模式，引导更多社会公众参与扶贫公益行动；鼓励个人积极参与社会扶贫的公益行动，实现个人价值和社会价值的有效结合，营造美好和谐的社会扶贫氛围。

第二节 "精准扶贫"与"'双到'扶贫"的比较

自 2013 年 11 月习近平总书记在湖南湘西考察时首次提出"精准扶贫"理念以来，"精准扶贫"的内涵不断得到丰富。时至今日，"精准扶贫"已不再仅仅被视为一种扶贫模式的创新，更是已经成为一种思想、一种战略及一系列行动的统称。有关精准扶贫的内容集中体现在习近平总书记的相关论述，以及中共中央和国务院出台的《关于创新机制扎实推进农村扶贫开发工作的意见的通知》《关于印发〈建立精准扶贫工作机制实施方案〉的通知》《关于打赢脱贫攻坚战的决定》《关于印发〈"十三五"脱贫攻坚规划〉的通知》和一系列相关的配套文件中。可以说，"精准扶贫"自提出以来就以其"精准"的扶贫对象、战略目标和政策手段迅速得到广大干部和

第六章　从"'双到'扶贫"到"精准扶贫"的广东实践

民众的认可与支持。随着实践层面的不断拓展，精准扶贫涉及的领域和影响的范围已远超既往的扶贫模式，但其最初仍然是为解决贫困问题而提出的。从"精准扶贫"最基本的含义来看，其意指相关部门的扶贫政策和措施要瞄准真正的贫困家庭和人口，通过对贫困人口有针对性地帮扶，从根本上消除导致贫困的各种因素和障碍，达到可持续脱贫的目标。① 可以认为，尽管两种模式在实施背景和主要内容上存在差异，但"'双到'扶贫"模式实际上已经对"精准扶贫"中的某些政策要点进行了先期的探索与尝试。作为扶贫开发的两种不同模式，"精准扶贫"与"'双到'扶贫"既各有其特点，又在政策层面和实践层面存在着紧密的联系。从扶贫活动所涉及的主要内容来看，"扶持谁""谁来扶""怎么扶""如何退"构成了四个关键性问题。换言之，无论是"'双到'扶贫"还是"精准扶贫"，都需要理顺有关扶贫对象的识别、扶贫主体的确定、扶贫举措的实施及扶贫效果的考核等方面的工作机制。为此，本书将从这四个环节出发，尝试对"精准扶贫"与"'双到'扶贫"进行比较，并指出"精准扶贫"的进步之处。

一、"扶持谁"：识别标准和识别方式的精细化

贫困人口的精准识别是精准扶贫的基础和第一要务，只有实现了贫困人口的精准识别，才能确保后续各项扶贫措施有条不紊地开展。② 具体而言，"精准识别是指通过申请评议、公示公告、抽检核查、信息录入等步骤，将贫困户和贫困村有效识别出来，并建档立卡"③。有学者将瞄准到户的建档立卡视为"精准扶贫"中的一项扶贫创新，并认为"这是中国扶贫历史上第一个真正意义上的贫困人口瞄准机制"④。实际上，如果按照时间先后的次序看，"'双到'扶贫"在实施之初（2009年）就已经全面开展了建档

---

① 汪三贵、郭子豪：《论中国的精准扶贫》，《贵州社会科学》2015年第5期。
② 陈辉、张全红：《基于多维贫困测度的贫困精准识别及精准扶贫对策——以粤北山区为例》，《广东财经大学学报》2016年第3期。
③ 国务院扶贫开发领导小组办公室：《建立精准扶贫工作机制实施方案》，2014年5月26日，http://www.cpad.gov.cn/art/2014/5/26/art_50_23765.html，访问日期：2020年4月25日。
④ 李小云、于乐荣、唐丽霞：《新中国成立后70年的反贫困历程及减贫机制》，《中国农村经济》2019年第10期。

立卡的工作。驻村工作队被派驻到贫困村后，第一项工作就是对贫困村和贫困户的生存状况进行摸底排查，并按照民主推荐、核准认定、张榜公示、登记造册等程序，锁定帮扶对象。对比来看，"'双到'扶贫"中的建档立卡在方法和程序上与"精准扶贫"所要求的建档立卡已经十分接近，而建档立卡与信息化建设的衔接工作也在最开始就得到了政策上的指令安排与实践中的贯彻执行，这一点与"精准扶贫"也如出一辙。可以说，在"扶持谁"这一环节上，"'双到'扶贫"与"精准扶贫"存在相当程度上的一致性，二者的区别主要体现在贫困人口的识别标准和识别方式上，而贫困人口的识别方式则可以进一步通过贫困人口的规模确定和识别程序来体现。

首先是贫困人口的识别标准。"精准扶贫"中，贫困户的识别是以 2013 年农民人均纯收入 2736 元（相当于 2010 年 2300 元不变价）的国家农村扶贫标准为标准。除了这一定量指标外，为了确保贫困人口的精准识别，建档立卡的标准还综合考虑了住房、教育、健康等定性指标。收入性指标和非收入性指标的有效结合，在极大程度上避免了贫困人口的遗漏与扶贫资源的错配。此外，建档立卡完成后，相关数据会被录入信息系统中实行动态管理，相关部门要对贫困户的生活情况进行反复的核查，实现信息的每年更新。相比之下，"'双到'扶贫"中的贫困户识别标准还是较为注重单一的收入性指标；不过在第二轮"'双到'扶贫"中，尽管贫困户的识别标准还是集中体现在收入要素上，但脱贫标准已经逐渐向住房安全、义务教育和健康保障等方面倾斜。考虑到第二轮"'双到'扶贫"实施的时间（2013—2015 年），可以认为其在一定程度上受到了新时期扶贫开发目标任务的影响，因而在扶贫标准和脱贫标准上能够实现与精准扶贫的对接。

其次是贫困人口的规模确定。根据 2014 年《国务院扶贫办关于印发〈扶贫开发建档立卡工作方案〉的通知》中的有关规定，如果省级贫困人口统计数大于国家发布数，则省级有权在国家发布的贫困人口基数的基础上将本省贫困人口统计数上浮 10%。[①] 显然，采取这样的方法既有利于对已识别的贫困

---

① 国务院扶贫开发领导小组办公室：《国务院扶贫办关于印发〈扶贫开发建档立卡工作方案〉的通知》，2014 年 4 月 11 日，http://www.cpad.gov.cn/art/2014/4/11/art_50_23761.html，访问日期：2020 年 6 月 15 日。

第六章 从"'双到'扶贫"到"精准扶贫"的广东实践

人口进行规模控制,防止各地为了获取扶贫资源而夸大贫困人口数量;又为可能出现的新增贫困留出了一定的浮动空间,防止过于硬性死板的贫困人口数量限制造成贫困人口识别错漏。在"'双到'扶贫"模式中,贫困人口的规模已经在政策实施之初就已经得到认定,并以此为基础配置各项扶贫资源。与"精准扶贫"相比,"'双到'扶贫"在贫困人口的规模控制上偏重于静态管理,相对而言未能给予基层灵活调整的空间。尽管在实践进展中,贫困人口的预先认定并没有导致较为明显的贫困人口错漏问题的出现,但不能否认的是,浮动空间的设置最大程度上避免了这种情况的发生。习近平总书记曾多次强调,"共同富裕路上,一个不能掉队",[①] 这既是习近平总书记个人的嘱托,也是党和政府向全体人民群众做出的庄严承诺。为此,"精准扶贫"就必须留出这样一个浮动空间,以保证贫困人口"一个不能掉队"。

最后是贫困人口的识别程序。如前所述,"'双到'扶贫"在贫困户建档立卡的程序上已经较为完善和严格。不过从细节方面来看,"精准扶贫"的精细化程度显然处于一个更高的水平。举例来说,两种扶贫模式在建档立卡的程序或者说工作步骤中,都做出了对行政村内部民主评议形成的贫困户初选名单进行公示的要求。不同的是,"'双到'扶贫"中的程序是:行政村内部对初选名单进行公示,在无异议后报乡镇政府审核。到这一步,贫困户的名单就已经事实上得到了官方的认可与确定。与之相比,"精准扶贫"中乡镇政府在对各行政村上报的贫困户名单进行审核后,还会在各行政村进行第二轮公示,然后再上报县级扶贫办进行复审并公告。也就是说,"精准扶贫"中的贫困户名单在由县级扶贫办最终确定前,需要经过两轮公示。这两轮公示分别连接着自下而上的信息传递与自上而下的政策调整:行政村通过自下而上的信息传递,将农户自愿申请后经民主评议的贫困户初选名单上报至乡镇一级政府;乡镇政府在获取这些信息后,结合政策要求对其进行审核,随后再将根据政策要求可能发生变动的贫困户名单进行自上而下的传递。实际上,由于贫困村是以行政村为实体单位,因而熟悉本地居民情况,同时又掌握着村庄资源分配的村干部,在确定贫困户的人

---

① 习近平:《共同富裕路上,一个不能掉队》,2017 年 10 月 27 日,http://politics.people.com.cn/n1/2017/1027/c1001-29611991.html,访问日期:2020 年 6 月 15 日。

选方面具备极大的话语权。研究发现，行政村的村干部往往都是各自所在的自然村的"利益代言人"，而"精准扶贫"的资源供给也容易被部分村干部分配给并不满足条件的"贫困户"，由此导致"精准扶贫"的"瞄准偏差"。[①] 从这个角度来看，两轮公示中通过乡镇这一级承上启下的纠偏，能够提高贫困户的识别精度，降低村干部将"精准扶贫"的政策安排变异为一种俘获利益的手段的可能性。因此，两轮公示体现的不只是程序上的"正义"，而且是有着极强的实际价值。可以说，经过两轮传递，获得公示的贫困户名单基本上既覆盖了全部应该得到帮扶的贫困户，又满足了相关的政策要求。此外，县级扶贫办承担着最后的复审职责，经过这一级机构最终的确认，公告中的贫困户才会获得建档立卡的资格。由此可见，"精准扶贫"中的贫困户建档立卡程序在细节方面的设计十分考究，可以说是牢牢把握住了"精准"的内涵与精髓。

二、"谁来扶"：对口帮扶和社会扶贫的周密安排

在"谁来扶"这一问题上，"精准扶贫"与"'双到'扶贫"都进行了细致的安排。

首先，从责任主体的明确来看，"'双到'扶贫"中明确了各级党委、政府，各部门和各帮扶单位的主要领导为"'双到'扶贫"工作的第一责任人，领导挂帅成为其显著特征。相比之下，"精准扶贫"最突出的特点自然就是各级党组织在脱贫攻坚中的主体地位，在省负总责、市县抓落实、重在乡村的分工机制下，省、市、县、乡、村五级"一把手"共抓扶贫的工作格局得以形成。"精准扶贫"的这一特点体现了更为浓厚的政治意味。换言之，在全国上下各级党组织积极开展"精准扶贫"的现实背景下，如果某地的"精准扶贫"工作未能取得预期的效果、无法实现既定的扶贫目标，那该地党组织的一把手可能面临的不仅是对其执政能力的质疑，更会遭受政治意识、大局意识不足的糟糕评判。这样的局面显然是一把手所无法接

---

① 王雨磊：《精准扶贫何以"瞄不准"？——扶贫政策落地的三重对焦》，《国家行政学院学报》2017年第1期。

第六章 从"'双到'扶贫"到"精准扶贫"的广东实践

受的。此外,如果说"'双到'扶贫"中责任主体涉及的是各部门的"主要领导",那么在"精准扶贫"中,相关文件的表述已经越来越明确地将责任聚焦在党委书记和行政首长。责任主体的进一步聚焦显著提高了"精准扶贫"各项行动的政策强度与执行力度,同时在根源上避免了责任主体不明或者说责任转嫁所带来的一系列弊端。从"精准扶贫"的实践来看,在贫困人口超过500万或者贫困发生率15%以上的9个省区,"精准扶贫"已经成为真正意义上的"一把手工程"。[①] 对于贫困县的党委书记和县长而言,扶贫工作更是已经上升为"一票否决",这就进一步促使其努力在脱贫成效方面有所建树。

其次,从帮扶主体的构成来看,"'双到'扶贫"中的帮扶主体涵盖了政府、企业、学校、科研院所等多部门。特别是自2010年起,每年6月30日的"广东扶贫济困日"活动及其配套的扶贫济困"红棉杯"评比,极大地调动了企业参与扶贫的热情。为数众多的企业通过慈善捐赠和产业扶贫,以实际行动推动了广东扶贫工作的有效开展。在这一方面,"精准扶贫"在坚持政府主导、强化政府责任的基础上,同样要求社会各界的广泛参与,以增强社会合力。实际上,"精准扶贫"中的政府主导自是不可或缺,但政府的单一力量在贫困治理的巨量任务前,往往容易陷入捉襟见肘、力不从心的困局。为了突破这样的困境,提高脱贫攻坚的成效,社会力量的加入显得越发必要。实际上,以民营企业、社会组织和民众个人等为代表的社会力量已经成为脱贫攻坚的重要参与者。这部分个人或组织参与扶贫开发的过程,被认为能够实现社会帮扶资源与"精准扶贫"政策安排的深度融合。此外,国务院自2014年起,将每年的10月17日设立为国家"扶贫日"。借助一系列公益活动的全面开展,"扶贫日"已经成为扶贫开发体系中具有广泛社会影响力的重要一环,也是广泛动员社会力量参与"精准扶贫"的一项重要的制度安排。与"'双到'扶贫"不同的一点是,尽管"精准扶贫"同样强调社会力量的广泛参与,但相比于"'双到'扶贫"中社会力量参与的分散化和粗线条,"精准扶贫"为企业、社会组织、志愿者

[①] 国务院扶贫开发领导小组办公室:《实施脱贫攻坚工程》,2015年11月18日,http://www.cpad.gov.cn/art/2015/11/18/art_624_41264.html,访问日期:2020年4月26日。

等主体分别设置了相应的参与渠道：对于企业而言，以工商联系统为发起者和组织者的"万企帮万村"行动于2016年正式启动，该计划旨在在3年到5年内动员号召1万家以上的民营企业结对帮扶1万个以上的贫困村，帮助其改变贫困落后面貌；对于社会组织而言，政府购买服务、公益创投、社会资助等也逐渐扩散到了"精准扶贫"领域，社会组织因而有更多的机会参与开展到村到户的帮扶活动；"精准扶贫"同样离不开志愿者的积极参与，相关部门实施了扶贫志愿者行动计划和社工专业人才服务贫困地区计划，鼓励志愿者和社工队伍在贫困地区积极开展以能力建设和生活服务为主的帮扶活动，逐步提高贫困居民的自力更生能力和服务获得水平。由此可见，"精准扶贫"中的社会力量已经具有了参与扶贫的多元渠道，形成了颇为有效的力量体系。可以这样认为，"'双到'扶贫"中，政府对于社会力量参与扶贫的态度是主动接纳，与此同时也实施了一些推动社会力量参与的有效举措，但难以在体系构建方面有显著的作为。"精准扶贫"则在这一基础上更进一步，有关"精准扶贫"的重要会议和文件不仅以明确的表述确立了社会力量参与扶贫开发的必要性，而且相关部门还根据社会力量各自的特点着力构建有利于发挥其优势的政策体系，同时创新社会力量参与扶贫的方式。实际上，从政策制定的层次来讲，"精准扶贫"作为中央的顶层设计，自然会在整体性、系统性和全局性上优于"'双到'扶贫"。社会力量参与"精准扶贫"的体系一旦形成，则多元主体协同开展贫困治理的力量就有可能发挥到最优。

专栏 6-1　国家扶贫日

2014年8月1日，国务院决定从2014年起，将每年10月17日设立为"扶贫日"，设立"扶贫日"充分体现了党中央、国务院对于扶贫开发的高度重视，不仅是继续向贫困宣战的一个重要举措，也是广泛动员社会各方面力量参与扶贫开发的一项重要的制度安排。（郑文凯：《扶贫办：设立"扶贫日"是向贫困宣战一个重要举措》，http://politics.people.com.cn/n/2014/1014/c70731-25832968.html）

第六章　从"'双到'扶贫"到"精准扶贫"的广东实践

最后，从驻村帮扶的政策来看，扶贫开发工作的最终落脚点必然是精准到户的驻村帮扶，这一点已经在"'双到'扶贫"和"精准扶贫"中达成了共识。如果将以上两种扶贫模式中有关驻村干部选派和管理的规定进行比对，能够发现二者具有相当程度上的相似性。特别是在《关于做好新一轮扶贫开发"规划到户、责任到人"驻村干部选派和管理工作的意见》与《关于做好选派机关优秀干部到村任第一书记工作的通知》这两份文件中，都对驻村干部的选派条件、职责任务、组织领导方式等内容进行了比较细致的规定。根据相关文件的规定，"'双到'扶贫"中的驻村干部以是否为党员作为依据被分配为不同的职务。具体而言，身份为党员的驻村干部安排挂任村党组织副书记，不是党员的则安排挂任村委会主任助理。相比之下，"精准扶贫"中的驻村帮扶任务则由各级机关选派的优秀干部来完成，这批干部到村任第一书记，并且不占用村"两委"职数。近些年来，随着选调生工作开展的日益成熟，越来越多的高校学生进入选调生队伍，并被派驻到贫困村担任第一书记。这部分群体已经成为驻村帮扶的重要力量，并涌现了诸如黄文秀等较为突出的典型人物。实践证明，第一书记的"制度创设"已经取得了较为理想的治理效果。各单位派驻的第一书记不仅有效地履行了建强基层组织、推动"精准扶贫"、为民办事服务等职能，还在提高基层治理水平方面做出了突出的贡献。党和政府也要求第一书记在全力脱贫攻坚之际也要帮助村民制定村规民约，推动村民自治机制的完善，落实"四议两公开"，建立村务监督委员会。从这个角度来看，第一书记不再仅仅被视为外来的"镀金者"和贫困村脱贫的辅助者，而是真正成为与贫困村同呼吸共命运的引路人及扶贫事业的主导者。为了保障第一书记妥善履行各项职责，相应的保障措施、考核制度也被相关部门——予以健全。此外，"'双到'扶贫"时期派出的工作队人数较少，且无硬性规定驻村帮扶，而"精准扶贫"时期同时派出第一书记和扶贫工作队，规范程度更高。这一点也是"'双到'扶贫"中有所欠缺之处。

三、"怎么扶"：内容丰富的多样方式

"怎么扶"涉及的是扶贫方式的问题。产业扶贫、易地搬迁、转移就

业、教育培训等扶贫方式已经在两轮"'双到'扶贫"的实施过程中得到了充分的应用。对于"精准扶贫"而言，既有扶贫方式的有效性已经在诸如"'双到'扶贫"这样的地区扶贫探索中得到了验证，有效的扶贫方式自然能够得到沿用。相比于"'双到'扶贫"，"精准扶贫"还从理论可行与实践有效的角度对过去的一些扶贫方式进行了内涵上的补充和形式上的丰富，并对这些创新的扶贫方式进行了积极的推广和应用。比较有代表性的是生态保护扶贫、健康扶贫、资产收益扶贫、健全"三留守"人员和残疾人的关爱服务体系、电商扶贫和科技扶贫。

生态保护扶贫意在实现退耕还林还草、水生态治理、防护林建设等生态保护工程与"精准扶贫"的对接。实践中，部分贫困人口转为护林员等生态保护人员的举措，既增强了贫困人口参与生态环境保护的积极性，又提高了贫困人口的受益水平，可谓一举两得。

健康扶贫的目的是保障贫困人口的健康水平，防止因病致贫、因病返贫等问题阻碍脱贫攻坚的推进。为了鼓励贫困人口参与新型农村合作医疗，相关部门在提高补贴比例的基础上加大救助力度。此外，健康扶贫还不断丰富内容体系，全面开展贫困地区的传染病和慢性病的预防控制工作，加强对贫困地区妇女儿童的健康普查等。

资产收益扶贫目前仍在探索中。一般而言，资产收益扶贫可以理解为财政扶贫资金在投入农村发展项目时所形成的资产，能够按照一定条件折股量化给贫困村和贫困户。这实际上是一种将财政支农资金转化为贫困村和贫困户资产的扶贫方式创新。有学者基于四川省资产收益扶贫的实践探索，认为这一方式的成效主要体现在能够帮助贫困人口拓宽增收渠道、优化贫困地区资源配置及提高财政资金使用效率。[1]

健全"三留守"人员和残疾人的关爱服务体系。这部分群体自我发展和自我保护的能力较弱，需要健全的关爱服务体系来对他们的各项权益予以保障。相关部门在贫困户的精准识别阶段就应当将这些群体识别出来并进行特别关怀，而社会力量则在儿童托养、残疾人康复等关爱服务的供给

---

[1] 戴旭宏：《精准扶贫：资产收益扶贫模式路径选择——基于四川实践探索》，《农村经济》2016年第11期。

第六章　从"'双到'扶贫"到"精准扶贫"的广东实践

上承担着重要的职责。

通过"互联网+"形式开展电商扶贫,也是精准扶贫在扶贫方式上的重要创新。"互联网+"作为一种新型业态近些年来得到了广泛的关注,通过互联网的传播形式,电商扶贫成为扶贫开发的一种新思路。国务院扶贫办在2014年将电商扶贫纳入了扶贫政策体系中。将电子商务与扶贫相结合,能够实现经济要素的有效流动,在一定程度上破解资源分配不公的问题。[①]

科技扶贫,不仅意味着科研成果向贫困地区转化,而且致力于培养贫困地区自己的科技致富带头人。"十三五"脱贫攻坚规划中明确要求实施科技助力"精准扶贫"工程,鼓励具备科技优势的高等院校和科研院所在贫困地区建设农村科技服务基地,带动贫困人口脱贫。

总的来说,扶贫方式重在因地制宜的精准施策和配套政策的支撑保障。全国范围内不同地区贫困户的致贫原因存在较大差异,这是多样化的扶贫方式产生的内在根源。同时,党和政府一开始就从顶层设计的角度规划了"精准扶贫"与现行的生态保护、医疗发展等政策相对接,并强化财政投入保障、加强土地政策支持,可以说充分发挥了不同政策之间的协同效能。更为重要的一点是,"精准扶贫"作为国家层面的战略实施,其中的各项扶贫方式既要彰显共同富裕的价值理念,也要共享中国减贫的可行经验。为此,"精准扶贫"特别要求开展东西协作对口支援和减贫领域的国际合作。如此种种,显然是作为地区性扶贫开发探索的广东"'双到'扶贫"模式所无力实现的。

四、"如何退":多维层次的动态标准

"如何退"指涉的是脱贫问题。实现脱贫,首先需要设置一个合理的贫困退出标准,制定一个合理的贫困退出程序,然后严格执行贫困退出的评估认定制度。在"'双到'扶贫"中,贫困退出标准从最初的单一维度的收入指标转变为多维度的、涵盖了收入、住房、参保情况等内容的综合性指

[①] 彭芬、刘璐琳:《农村电子商务扶贫体系构建研究》,《北京交通大学学报》(社会科学版)2019年第1期。

标。事实上，对于以从事农业生产为主业或者说为主要收入来源的农村居民而言，由于生产资料和农业产出难以得到货币形式的准确定价，因此收入指标不能很好地转化为对农村居民生存状况的判定依据。从这个角度来看，"'双到'扶贫"中贫困退出标准的变迁，实际上是在科学合理设置贫困退出标准方面的巨大进步。第二轮"'双到'扶贫"的贫困退出标准已十分类似于"精准扶贫"的"两不愁、三保障"（不愁吃、不愁穿，义务教育、基本医疗、住房安全有保障）贫困退出标准的表述。

有了合理的贫困退出标准，是否意味着"如何退"的问题迎刃而解了呢？从实际情况来看，贫困退出标准的确定只是贫困退出的开端，贫困退出的真实准确在很大程度上取决于现实中的操作情况。为了防止操作过程对贫困退出标准的背离，贫困退出程序的设置天然地成为一项重要性的工作。令人遗憾的是，无论是在相关的政策文件还是针对性的研究报告、学术论文中，都鲜见对"'双到'扶贫"中贫困退出程序的分析和探讨。从支持的观点来看，贫困退出程序的虚置或者说空白，有利于赋予各单位根据实际情况自主认定贫困退出的权限。不能否认的是，实践中参与扶贫开发的各帮扶单位必然针对既定的贫困退出标准和自身的帮扶情况，设计相应的贫困退出程序。与之相对应，反对的观点则认为这是政府不作为，甚至是责任转嫁的典型表现，如果缺乏省级层面较为统一明确的政策部署和规范样本，极有可能造成贫困户"被脱贫"情况的发生。因此，或许可以将贫困退出程序的不健全视为"'双到'扶贫"的疏漏之处。将视角转换到"精准扶贫"，一方面，作为国家层面的战略实施，"精准扶贫"的顶层设计需要实现全面规定、层次明晰和衔接有序，这就意味着"精准扶贫"的方向必须是明确的。另一方面，从既有的理论研究与实践情形来看，中央出台的政策往往体现为宏观和指导性的表述。换言之，这些政策指令具有较大的模糊空间。[①]

实际上，在中国的政策实践中，为了确保地方政府具有灵活的执行空间，中央出台的政策便"以政策精神和指导意见为主要形式"，[②] 一般而言

[①] 陈宇、孙枭坤：《政策模糊视阈下试点政策执行机制研究——基于低碳城市试点政策的案例分析》，《求实》2020年第2期。

[②] 庞明礼、薛金刚：《政策模糊与治理绩效：基于对政府间分权化改革的观察》，《中国行政管理》2017年第10期。

第六章 从"'双到'扶贫"到"精准扶贫"的广东实践

不涉及具体的行为规定。从现实情况来看,这个解读模式能够在一定程度上阐释"精准扶贫"中宏观政策的出台逻辑。不过,值得注意的是,顶层设计固然要为地方执行提供合理调整的空间,然而,为了避免"上有政策、下有对策",宏观政策在根源上就要发挥规范和纠偏作用。为此,宏观政策的工作方案往往需要配套出台。鉴于"精准扶贫"所承载的重要性,贫困退出程序作为判定脱贫成就的重要依据,自然也得到了应有的关注。"精准扶贫"在中央层面的相关文件中对贫困退出的程序做出了原则性的规定和说明,明确贫困户退出首先需要由村"两委"组织民主评议后提出,其次经村"两委"和驻村工作队核实、拟退出贫困户认可,最后在村内公示无异议后才能公告退出。贫困户确认脱贫后,还需要在建档立卡贫困人口中销号,以保证精准识别的动态管理。此外,在贫困县退出时的工作实施中,为了防止贫困县退出盲目追求速度而忽视质量,中央还特别要求优化贫困县退出专项评估检查,由省级行政区因地制宜制定符合实际的检查方案。中央则会在督查巡查的过程中对贫困县的退出情况进行抽检。对于贫困县、贫困村和贫困户而言,更为重要的一点是,在脱贫后相关的扶持政策仍然会在一段时间内保持稳定,也就是所谓的"脱贫不脱政策",以正向激励提高贫困地区摆脱贫困的积极性。

在贫困退出的地方实践中,贫困退出标准和程序也出现了诸多创新。比如,广西就结合地区实际,制定了贫困户"八有一超"、贫困村"十一有一低于"、贫困县"九有一低于"的贫困退出标准。[①] 自治区在验收的过程中还会将这些具体的识别指标分为衡量指标和参考指标,前者带有"一票否决"的性质,达不到这些指标的无法通过验收;后者则具有参考性质,用以判定贫困退出的质量。详细的指标设置与分类提高了贫困退出的可操作性。在贫困退出的程序上,广西同样在遵循中央政策规定的基础上进行了积极的探索。比如,对贫困户的退出实行帮扶责任人、贫困户户主和验收干部的共同认定。具体程序上要按照干部入户核验、村内民主评议、乡镇审核公示、县级审核公告和自治区认定备案的"五步走"路径,在帮扶

---

① 韦继川:《广西壮族自治区建成完善的扶贫脱贫政策体系》,2017年1月9日,http://www.rmzxb.com.cn/c/2017-01-09/1273271.shtml,访问日期:2020年6月17日。

责任人的见证下，保证《贫困户脱贫摘帽"双认定"验收表》得到贫困户户主和验收干部的共同签字确认。诸如此类的贫困退出标准和程序的创新在各地得到了普遍的实施，切实保障了脱贫成效的真实性和高质量。

"精准扶贫"相较于"'双到'扶贫"，在"如何退"方面还有一点格外值得肯定，那就是制定了贫困户退出的第三方评估机制。第三方评估作为相对客观独立的评估方式，有利于克服内部评估带来的局限性。具体而言，贫困户退出层面的第三方评估告别了单一的结果评估模式，从源头、过程和结果三个方面进行了综合评估。[①] 源头评估侧重于探寻拟退出贫困户的帮扶计划是否与其致贫原因相契合，只有对症下药才能确保脱贫的稳定性。过程评估侧重于分析拟退出贫困户是否在帮扶单位和第一书记的带领下培育了发展生产的"造血"能力。如果不具备这样的能力，则脱贫只能停留于表面，一旦相关部门停止"输血"，贫困户旋即有可能再度陷入贫困的泥淖。结果评估侧重于验证拟退出贫困户的实际生存情况是否符合贫困退出的硬性标准，这是贫困户退出的底线要求，只有在这一点得到满足的前提下，其他两种评估才有开展的必要。作为一项不可或缺的重要流程，"精准扶贫"中的第三方评估在近些年来得到了广泛的应用，对于提高脱贫质量，实现"真扶贫、扶真贫"有着重要的意义。这是"精准扶贫"能够得到人民群众大力支持的一个重要缘由。

此外，在肯定"精准扶贫"在贫困县、贫困村和贫困户"如何退"的问题上进行周密政策部署的同时，我们也不应忽视第二轮"'双到'扶贫"在确定贫困户退出标准方面所实现的巨大跨越。简单来说，收入情况在贫困退出的衡量指标中一直是重要的一项，但包括"精准扶贫"在内的众多扶贫模式往往都以静态的收入指标作为贫困户退出的依据。随着生活成本的不断提高，静态的收入实际上已经不足以涵盖生活成本的支出，前一年度按照收入指标脱贫的贫困户，在新的一年其收入可能仍不能满足基本的生活需求。为此，以动态的收入指标作为判定贫困户退出的条件，似乎更能保证贫困户的脱贫质量。

---

① 孟志华、李晓冬：《精准扶贫绩效的第三方评估：理论溯源、作用机理与优化路径》，《当代经济管理》2018 年第 3 期。

第六章　从"'双到'扶贫"到"精准扶贫"的广东实践

从这一点来看，第二轮"'双到'扶贫"中以比例的形式设定扶贫开发的目标任务，无疑是动态扶贫的重要创举，可以看作是广东省对于解决相对贫困问题的先行探索。不同于"'双到'扶贫"的先行先试，"精准扶贫"需要对全国各地的实际情况进行通盘考虑。鉴于东中西部治理条件的悬殊，实现静态标准下的扶贫任务已经殊为不易，或者说，全国大部分地区首先需要解决的仍然是绝对贫困问题。从贫困退出标准展开，不同地区的扶贫任务实际上体现了"精准扶贫"内在的混合性。换言之，"精准扶贫"尽管是为解决绝对贫困问题提出的，但以广东为代表的发达地区实际上已经在探索解决相对贫困问题。"'双到'扶贫"在贫困退出标准上的政策实践，为这一探索做出了重要的贡献，表6-1详细呈现了"'双到'扶贫"与"精准扶贫"的比较。有益的经验将成为2020年后中国出台新的减贫与发展政策的重要参考依据。

表6-1　"'双到'扶贫"与"精准扶贫"的比较

比较内容		"'双到'扶贫"	"精准扶贫"
"扶持谁"	识别标准	①第一轮"双到"：农民人均纯收入2500元 ②第二轮"双到"：农民人均纯收入3400元，已综合考虑住房安全、义务教育和健康保障等要素	2013年农民人均纯收入2736元（相当于2010年2300元不变价），综合考虑"两不愁、三保障"
	规模确定	偏重于静态管理	预留了浮动空间
	识别程序	民主评议，一轮公示	民主评议，两轮公示，兼具"程序正义"与实际价值
"谁来扶"	责任主体	各级党委、政府、各部门和各帮扶单位的主要领导为"'双到'扶贫"工作的第一责任人	责任主体进一步聚焦为党委书记和行政首长
	帮扶主体	政府主导，通过"6·30广东扶贫济困日"扩大社会参与，但社会参与呈现粗线条与分散化	政府主导，通过"10·17国家扶贫日"扩大社会参与，以体系建构设置多元主体的参与渠道

续表 6-1

比较内容		"'双到'扶贫"	"精准扶贫"
"谁来扶"	驻村帮扶	扶贫工作队人数较少，且无硬性规定驻村帮扶；身份为党员的驻村干部安排挂任村党组织副书记，不是党员的则安排挂任村委会主任助理	同时派出第一书记和扶贫工作队，规范程度更高；创设了"第一书记"制度，不占用村"两委"职数
"怎么扶"	扶贫方式	产业扶贫、易地搬迁、转移就业、教育培训等扶贫方式得到了充分应用	相比于"'双到'扶贫"，"精准扶贫"中的扶贫方式更为多元，生态保护扶贫、健康扶贫、资产收益扶贫、电商扶贫等创新性的扶贫方式也得到了广泛应用
"如何退"	退出标准	①第一轮"双到"：满足收入指标 ②第二轮"双到"：满足多维指标	满足多维指标
	退出程序	允许根据实际情况调整退出程序	以第三方评估推动标准化退出程序的创新与完善

资料来源：作者据相关资料整理。

第三节 广东的"精准扶贫"实践

一、广东省"精准扶贫"的实施过程

分析广东省"精准扶贫"的实施，首先需要明确的是政策溯源的问题，即广东省的"精准扶贫"是从何时开始的？对此，本书认为可从三个时间

第六章 从"'双到'扶贫"到"精准扶贫"的广东实践

节点来理解广东省的"精准扶贫"。

首先,如果将扶贫措施的"精准"作为广东省"精准扶贫"开始的标志,则2009年第一轮"'双到'扶贫"的实施,就已经具备了这样的典型特征。从其政策措施来看,建档立卡、定点帮扶、"靶向疗法"等内容已经十分接近于扶贫开发"六个精准"的基本要求。尽管在政策的系统性和全面性上不及后续中央层面的"精准扶贫",但作为扶贫开发领域的大胆探索,或许仍可将广东省第一轮"'双到'扶贫"视为地方性"精准扶贫"的开端。

其次,第二轮"'双到'扶贫"于2013年启动,在当年的11月,习近平总书记首次提出"精准扶贫"的概念。其后,中央层面的顶层设计与地方实践的积极探索相并而行,广东省也在这段时间根据中央的政策精神和地方扶贫开展的实际情况积极调整各项扶贫策略。因此,虽然"精准扶贫"提出的时间稍晚于第二轮"'双到'扶贫",但广东省此时的各项扶贫政策已经能够与中央的统一部署相吻合,与"精准扶贫"相对接。如果将2013年第二轮"'双到'扶贫"实施的时间作为广东省"精准扶贫"的开端,也并不是毫无根据的。

最后,以前述的两个时间点作为广东省"精准扶贫"的开端,更多的是从实践角度来予以认定,相对而言,缺乏省委、省政府以"精准扶贫"为名的政策出台,所谓"名不正则言不顺"。如果没有省级层面专项的"精准扶贫"政策,显然违背了中央的政策意图,无法实现中央"全国一盘棋"的目标。从这个角度来看,"精准扶贫"的开端必须满足"有名有实"这个条件。因此,本书认为,尽管从政策实践的角度来看,广东省在"'双到'扶贫"时期就已经开展了精准实施扶贫的积极探索,但由于没有以"精准扶贫"为名义的正式文件出台,故而难以得到中央的承认和相应的政策支持。

另一方面,两轮"'双到'扶贫"的实施,已经极大地促进了广东省内各区域间的协调发展,在一定程度上解决了粤东西北地区较为突出的农村绝对贫困问题。然而,经济的快速发展却仍未能普遍惠及全省人民,省内城乡和地区间的发展不平衡仍然存在,农村居民的绝对贫困问题得到了解决,但相对贫困问题仍然较为严峻。由此观之,广东省扶贫开发的任务依然非常艰巨。更为重要的一点在于，2018年是广东率先全面建成小康社会的目标年，如果拿不出解决相对贫困问题的有效手段，就不具备全面建成小康社会的现实条件。在这样的背景下，为了应对相对贫困问题，广东省内基本上形成了出台"精准扶贫"总体实施意见的共识。

事实上，自习近平总书记提出"精准扶贫"以来，广东省委、省政府就已经思考如何在中央的政策决定下出台符合广东实际的"精准扶贫"工作方案。两轮"'双到'扶贫"结束后，2016年3月，广东省召开全省扶贫工作会议。这次会议对新时期广东省的"精准扶贫"、精准脱贫工作进行了全面的部署，实际上指明了打赢脱贫攻坚战的方向。时任省委书记胡春华在会议上提出了四点要求：现行标准下贫困人口全部脱贫，省、市、县、乡、村五级党政一把手主抓扶贫，"精准扶贫"、精准脱贫要到户到人，全社会力量共同参与脱贫攻坚。① 经过周密审慎的讨论与部署，2016年6月4日《中共广东省委、广东省人民政府〈关于新时期精准扶贫精准脱贫三年攻坚的实施意见〉》（以下简称《实施意见》）正式出台，标志着广东省脱贫攻坚工程的正式启动。

由于广东省的低保标准已高于国家扶贫标准，因此这一《实施意见》的出台同样开启了广东省在新时期探索解决相对贫困问题的征程。《实施意见》以农村居民年人均可支配收入低于4000元（2014年不变价）作为新的扶贫标准，② 全省认定相对贫困人口70.8万户，共176.5万人；以全村年人均可支配收入低于8000元、相对贫困人口占全村户籍人口5%的标准，全省认定相对贫困村2277个。明确了帮扶的对象范围后，《实施意见》进一步确立了三年攻坚的目标任务：稳定实现农村相对贫困人口"两不愁、三保障"和相对贫困村"一相当"（基本公共服务主要领域指标相当于全省平均水平）目标；有劳动能力的相对贫困人口人均可支配收入不低于当年全省农村居民人均可支配收入的45%，现行标准下176.5万农村相对贫困人口全部实现稳定脱贫，相对贫困村人均可支配收入不低于当年全省农村居

---

① 胡春华：《坚决打赢脱贫攻坚战》，2016年3月23日，http://leaders.people.com.cn/gb/n1/2016/0323/c58278-28220349.html，访问日期：2020年6月16日。

② 2014年广东省农村居民年人均可支配收入为12246元，4000元约为其33%。

第六章 从"'双到'扶贫"到"精准扶贫"的广东实践

民人均可支配收入的60%，2277个相对贫困村全部出列。

为了实现上述的目标任务，《实施意见》提出实施产业发展扶贫、劳动力就业扶贫等脱贫攻坚的八项工程，强化财政投入和金融支持等脱贫攻坚的政策支撑，在驻村工作队和第一书记的带动下充分发挥贫困村党组织和党员的作用。为了对《实施意见》中的相关要求进行落实，广东省出台了一系列配套文件，包括：《广东省新时期相对贫困村定点扶贫工作方案》《广东省扶贫开发办公室〈关于做好新时期精准扶贫精准脱贫建档立卡工作的通知〉》《广东省委组织部、广东省扶贫开发办公室〈关于做好新时期精准扶贫精准脱贫三年攻坚驻村工作队和第一书记选派管理工作的意见〉》《广东省精准扶贫开发资金筹集使用监管办法》《广东省新时期脱贫攻坚督查巡查工作办法》《广东省地级以上市党委和政府扶贫开发工作成效考核办法》《省直和中直驻粤机关及企事业单位定点扶贫工作考核办法》等。这些文件在吸取"'双到'扶贫"有益经验的基础上，进一步对广东省精准扶贫精准脱贫三年攻坚阶段中的建档立卡、定点帮扶、措施到户、资金使用和考核督查等方面的工作进行了细则规定。

在广东省委、省政府的文件下达后，民政、教育、住建、交通、卫计、科技等部门也纷纷研究出台具体实施方案，形成"1+N""精准扶贫"、精准脱贫政策体系。在这一体系中，有关部门在权限范围内积极探索教育扶贫、健康扶贫、就业扶贫、资产收益扶贫、产业发展扶贫、基础设施建设扶贫等多样化的扶贫方式，为三年攻坚提供强力的政策支撑和策略供给。尤为值得一提的是，各项配套的"精准扶贫"政策实际上难以解决不具备劳动能力人口的贫困问题，对于这部分特殊群体，必须实现扶贫政策与底线民生的对接。为此，广东省民政厅出台了《关于底线民生精准扶贫精准脱贫三年攻坚的实施方案》，分三阶段实施底线民生的各项保障措施，充分发挥低保、特困供养、临时救助和基本养老保险等制度的政策性兜底保障功能，筑牢社会救助的安全网。底线民生政策作为广东省"精准扶贫"、精准脱贫政策体系的重要组成，填补了常规性扶贫开发政策在覆盖范围和保障措施上可能存在的缺位，呼应了"精准扶贫"的"精准"与全面建成小康社会的"全面"。

据统计，在三年攻坚阶段，2277个贫困村内共有52.16万贫困人口，约占176.5万贫困人口的30.13%。① 其中的潜台词表明，广东省内的贫困人口在经过两轮"'双到'扶贫"的系统帮扶后，集中贫困的情形已不再普遍，而贫困人口的分散性已经成为主要特征。不同于集中贫困，分散贫困人口的致贫原因复杂，贫困程度较深，因而需要更具针对性和个性化的帮扶手段。针对这种情况，广东省扶贫开发领导小组适时印发了《广东省新时期分散贫困人口脱贫攻坚工作方案》。该方案要求相关部门要落实好"九到户"，即在健全责任制度的基础上，实现政策宣传、产业帮扶、就业服务等九项扶贫政策、资源、措施的精准到户。这一对症下药的精准施策，以超常规的手段致力于分散贫困人口的脱贫，在实践中取得了突出的效果，扫清了广东省率先全面建成小康社会的主要障碍。

为了保证扶贫资金的使用效益，资金的下放往往伴随着扶贫项目的实施。换言之，"精准扶贫"十分强调扶贫项目的落地，而扶贫项目实施的过程中又伴随着一系列监管活动。由此，扶贫资金、扶贫项目和项目监管之间形成了一道紧密的链条，也就是所谓的"监管跟着资金走，资金跟着项目走，项目跟着规划走"。为此，广东省专门出台了《广东省县级脱贫攻坚项目库建设实施意见》和《广东省扶贫开发资金项目公告公示制度》，对脱贫攻坚过程中县级扶贫项目编制的内容、程序及项目资金使用公开的内容、方式进行了原则性的规定，并对以上工作所涉及的部门提出了较为严格的工作要求。

此外，针对脱贫攻坚持续推进过程中腐败问题频发的情况，广东省人民检察院和广东省扶贫办印发了《广东省检察机关、扶贫部门集中整治和加强预防扶贫领域职务犯罪专项工作实施方案》。通过检查机关和扶贫部门的联合行动，集中查办一批影响恶劣的、以职务之便侵吞扶贫资金、损害群众利益的案件，并以此为契机推动扶贫资金使用和管理制度的完善，强化扶贫工作人员的廉洁意识和基层的法制建设。可以说，相关部门对于扶贫领域腐败行为的预防和查处，表明了政府维护群众利益的决心，提高了群众对于打赢脱贫攻坚战的信心和支持程度。

---

① 吴璇：《深调研：广东乡村振兴需加强长效扶贫产业》，2018年9月7日，http://news.southcn.com/gd/content/2018-09/07/content_183220051.htm，访问日期：2020年6月18日。

第六章　从"'双到'扶贫"到"精准扶贫"的广东实践

2018年，在《实施意见》设定的三年攻坚行动行将结束之际，中央出台了《关于打赢脱贫攻坚战三年行动的指导意见》。为贯彻该文件的政策精神，广东省委办公厅和广东省人民政府办公厅联合印发了《关于打赢脱贫攻坚战三年行动方案（2018—2020年）》（以下简称《行动方案》）。《行动方案》基本上延续了《实施意见》出台后实施的各项扶贫政策，为打赢脱贫攻坚战做好了最后的准备工作。值得一提的是，《行动方案》有一点尤为引人注意，那就是在总体要求中明确指出要为乡村振兴打好基础。实际上，2020年全国范围内的脱贫攻坚战取得胜利后，下一步就要实现由"精准扶贫"到乡村振兴的农村工作中心的转移。广东作为率先步入全面建成小康社会的省份，此时不仅需要率先进行解决相对贫困问题的探索，还要积极研究如何推进乡村振兴工作。

与此同时，广东省在大力推进省内"精准扶贫"工作开展的同时，还积极响应中央的政策号召，将更多的精力投入参与东西部扶贫协作的行动中。比较有代表性的是《广东省东西部扶贫协作三年行动方案（2018—2020年）》的出台，该方案明确广东省需要与西部4省（区）、14个市（州）、93个贫困县开展扶贫协作，其中，重点组织实施产业合作、人才支援、资金支持、易地搬迁、劳务协作等8项行动。以劳务协作为例，广东省出台了《广东省家政扶贫工作方案（2018—2020年）》，以政企结合的力量，推动珠三角6市与贵州毕节、广西百色等中西部4省（区）7市（州）建立家政扶贫对接关系，打通了这些贫困地区的人口参与在粤家政服务的通道，帮助其提高收入，摆脱贫困。

实际上，在2017年，广东省就已经开展了省内家政扶贫的试点工作，在省内政策的大力支持下，通过市场机制的引导，以家政服务企业为平台，对适宜从事家政服务的贫困人口进行岗前培训，填补珠三角地区家政服务需求的缺口。这一扶贫方式既解决了省内部分贫困人口的就业问题，又通过扩大供给实现了供需的平衡，同时借助市场化的运作方式明显降低了政府的支出成本，减轻了财政压力。由于在实践中取得了不俗的成效，广东省便在试点的基础上将省内家政扶贫的工作方式移植到东西部扶贫协作的领域内。此外，为了确保家政扶贫工作的有序开展，广东省还制定了重点任务分解表，明确一些重要性工作完成的时间节点。如要求珠三角6市在

2018年9月底成立家政扶贫工作领导小组,并结合实际制定本市家政扶贫的工作方案。鉴于前期省内家政扶贫工作已经取得的成绩,尽管后续家政扶贫的范围扩大到了省外,但相关部门也并没有对省内的工作偏废。由此省内外家政扶贫工作形成了协同并举的良好局面。

如前所述,贫困人口的分散是广东省脱贫攻坚面临的比较突出的问题,但除此之外,思考如何对贫困人口进行分类帮扶,同样是"精准扶贫"的应有之义。在全面推进八项扶贫工程的同时,广东省在对贫困群体进一步细分的基础上对症下药,力求提高扶贫政策的精细化与针对性。相关部门先后出台了《广东省人民政府关于加强困境儿童保障工作的实施意见》《关于印发打赢贫困残疾人脱贫攻坚战三年行动方案(2018—2020年)的通知》等文件,并实施"南粤巾帼精准脱贫行动"、老年人照顾服务项目等一系列专项的帮扶行动。众多的文件与行动集合了多部门的力量,通过底线民生、医疗、教育、信贷、就业等多方面的政策支持,将"精准扶贫"的资源倾斜于对老、幼、妇、残等弱势群体的帮扶,确保了这些群体同样能够享受到"精准扶贫"与全面建成小康社会的政策红利。2018年10月22日至25日,习近平总书记前往广东视察,其间他再次提出全面小康路上一个不能少,脱贫致富一个不能落下。① 在本书看来,广东省对弱势群体的关注和不遗余力的关怀,正是对习近平总书记嘱托的积极回应。

系统全面的"精准扶贫"、精准脱贫政策的出台并得到各部门的逐一落实后,广东省的脱贫攻坚事实上已经取得了决定性成就。然而,从现实情况来看,部分已脱贫人口、建档立卡边缘人口和弱势群体由于脱贫的基础并不牢固,稳定增收和抗击风险的能力较弱,很容易再度陷入贫困的泥潭。换言之,这部分群体仍然存在一定程度上的返贫风险。加之2020年上半年爆发了新冠肺炎疫情,脱贫攻坚的步伐已经受到了影响,如果不能及时采取有效措施,则脱贫攻坚的目标将会面临无法如期实现的挑战。面对这一严峻问题,广东省在继续坚持"扶贫"和"脱贫"的同时,也应该将注意

---

① 刘会民:《习近平在广东考察时强调 高举新时代改革开放旗帜 把改革开放不断推向深入》,2018年10月26日,http://china.cnr.cn/news/20181026/t20181026_524395882.shtml,访问日期:2020年6月18日。

第六章 从"'双到'扶贫"到"精准扶贫"的广东实践

力转移到如何防止"返贫"上。

为此,广东省民政厅与广东省扶贫办联合印发《社会救助兜底脱贫行动实施方案》,提出了健全完善监测预警机制的要求:一是对易返贫的群体进行监测和记录,为社会救助的兜底保障提供数据支撑;二是对虽不符合救助条件但生活存在困难的对象进行备案管理,以此建立预警机制。其后,广东省扶贫开发领导小组印发《关于建立防止返贫监测和帮扶机制的实施意见》,更加明确地指出要将防止返贫作为当前及今后一段时期内扶贫工作的重要任务。同时对监测对象、监测范围、监测程序和帮扶措施提出了方向性的实施意见。由于广东建立的防止返贫监测机制兼具监测方式的周密性与帮扶措施的全面性,因此我们可以大胆预言,广东省在此方面的政策实践能够为其他地区后续的工作开展提供宝贵的经验。

二、广东省"精准扶贫"的主要内容

自 2016 年《实施意见》正式出台以来,通过广东省委、省政府的统筹领导和大力支持,相关部门的积极配合,驻村工作队和第一书记的不懈努力,以及几乎全体贫困人口的共同参与,广东省的"精准扶贫"工作已经取得了显著的成效,即将取得脱贫攻坚的最终胜利。本书认为,广东省之所以能够在"精准扶贫"领域取得如此突出的成绩,与其政策内容有着紧密的联系。为此,我们需要深入分析广东省自 2016 年以来有关"精准扶贫"、精准脱贫的政策文本和工作实践,总结其主要内容,提炼精准扶贫实施中的宝贵经验。具体而言,本书认为可从以下几个方面总结广东省"精准扶贫"的主要内容。

(一)贫困人口的动态管理

贫困人口的动态管理既是"精准扶贫"、精准脱贫的必然要求,也是对扶贫公平性的一种监督与约束。不同于"'双到'扶贫",在"精准脱贫"攻坚阶段,广东省对相对贫困人口实行动态管理。首先,从动态管理的范围来看,根据广东省扶贫开发办公室《关于动态管理建档立卡贫困人口的通知》中的规定,广东省将自然增减、自然销户、中途减少和中途增加的四类人群纳入动态管理范围。这一范围既体现了贫困人口的自然变化,又考虑到了可能发生的突发情况,确保不落一户、不漏一人。[①]

其次,在划定了动态管理的范围后,广东省进一步明确了动态管理的工作步骤。一是建立常态化的核查制度。村"两委"干部和第一书记将村内的区域进行划片,每人负责对部分区域农户的生活情况进行定期或不定期的入户调查和走访,分析贫困户的变化情况。二是以村民代表大会的形式对上一步骤中查明的贫困户人口的变化情况进行讨论,相关的会议纪要在村内进行公示。三是根据村民代表大会的表决情况,及时在建档立卡系统内对相关信息进行调整和更改,并向上提交审批。四是逐级上报审批贫困人口的变动情况,各村的贫困人口变动信息首先会系统汇总到镇一级政府,经过相关领导的确认后再提交至县一级审批,只有经过县一级审批确认的信息才能够正式生效。四项工作步骤次序相接,严格执行贫困人口动态管理的操作规范。

最后,从具体的工作要求来看:一是考虑到贫困人口的动态管理是精准识别和贫困退出的筛选机制,关系到每个农户的切身利益,因此必须通过政策宣传手段确保农户的知情权和参与权。二是村"两委"干部和第一书记在入户调查和走访之前,对于建档立卡的标准必须十分清晰,同时掌握识别农户生活状况的基本技能,并据此判断农户是否具备建档立卡的资格。为此,相关部门认真组织了各类业务培训,确保贫困人口的动态管理工作规范有序。三是为了提高党政部门和第一书记对于贫困人口动态管理的重视程度,广东省按照《广东省脱贫攻坚督查巡查工作办法》,将此项工作纳入督查巡查的范围,同时将督查巡查结果和贫困人口的动态变化轨迹作为年度扶贫工作考核的重要内容。[②]

综上所述,本书认为广东省贫困人口的动态管理秉持的是"应纳尽纳、应退则退"的原则。也就是说,基层干部首先需要按照"精准扶贫"中建档立卡的标准,以定量的收入指标和定性的"两不愁、三保障"指标将符

---

① 广东省扶贫开发办公室:《关于动态管理建档立卡贫困人口的通知》,2016年12月29日,http://www.gdfp.gov.cn/tzgg/xztz/201612/t20161229_813527.htm,访问日期:2020年6月18日。
② 广东省扶贫开发领导小组:《广东省脱贫攻坚督查巡查工作办法》,2017年3月7日,http://www.gdfp.gov.cn/tzgg/xztz/201703/t20170307_825226.htm,访问日期:2020年6月18日。

第六章 从"'双到'扶贫"到"精准扶贫"的广东实践

合条件的贫困户予以全部识别,并针对其致贫原因采取合理的帮扶举措。其后,伴随着扶贫信息的共享与贫困人口的动态监测,基层干部一方面要对新增贫困户建档立卡,防止贫困人口漏出,同时还要对两轮"'双到'扶贫"中脱贫的贫困户进行"回头看",将返贫人口重新纳入扶贫范围。另一方面,基层干部需要根据建档立卡贫困户的发展情况,在建档立卡系统内对满足退出条件的贫困户进行销户,提高扶贫资源的效用。值得注意的是,贫困户退出后,相关的扶贫政策仍会维持一段时间,而不是"一刀切"地全部取消,这对于贫困户的稳定脱贫而言意义重大。从实际情况来看,通过对"应纳尽纳、应退则退"这一原则的贯彻,广东省的贫困人口动态管理成功地实现了精准识别与贫困退出的衔接,保证了贫困人口"进、扶、出"的畅通。

(二)八大扶贫工程的全面推进

广东省"精准扶贫"战略的实施过程中,最为显著的内容无疑是脱贫攻坚的八项工程。之所以被称为工程,是由于上述的每一项扶贫方式都包含丰富的内容,必须依靠各部门的通力协作才能取得预期的成效。具体而言,这八项工程分别是产业发展扶贫、劳动力就业扶贫、社会保障扶贫、教育文化扶贫、医疗保险和医疗救助保障扶贫、农村危房改造扶贫、基础设施建设扶贫和人居环境改善扶贫。[①]

产业发展扶贫工程首先主张从贫困户和贫困村的现实情况出发,找准本地域特色产业,细化到"一村一品""一镇一业"。在此基础上,围绕区域特色产业进行规划与开发,并建设一批现代高效农业示范基地。进一步地,为了提高农产品的附加值,产业扶贫还要求发展农产品加工业,搭建农产品交易平台,并开展贫困地区产品品牌培育和资质认证活动。这实际上就超越了单一的农业范畴,实现了第一、第二、第三产业在农村地区的融合发展。同时,产业扶贫鼓励贫困村和贫困户在相关部门的指导下组建

---

① 中共广东省委、广东省人民政府:《中共广东省委、广东省人民政府关于新时期精准扶贫精准脱贫三年攻坚的实施意见》,2016年6月4日,http://www.gzns.gov.cn/zwgk/zdlyxxgk/fpgz/fpzcfg/content/post_3864492.html,访问日期:2020年6月18日。

诸如农民专业合作社这样的农业合作组织，并且以自愿的原则安排有劳动能力的贫困户进入农业合作组织中务工。为了鼓励农业合作组织和一些农业龙头企业积极吸纳贫困户务工，相关部门给予了政策上的大力支持。此外，产业扶贫还特别重视通过实施旅游扶贫、加快林业转型发展、建设电商扶贫试点等形式开辟多元化的产业扶贫渠道，提高贫困户收入。

劳动力就业扶贫的目的是提高贫困人口的就业能力。为此，相关部门必须以就业为导向，深入开展针对贫困户的技能培训，加强面向贫困户的就业服务，鼓励职业院校和技工院校招收贫困家庭的子女入学。作为广东省劳动力就业扶贫的特色项目，"家门口"就业计划实现了贫困户就业的"就地化"，一些有条件的"强乡镇"在本地创建"扶贫车间"和"扶贫工作坊"，吸纳贫困户参与务工。[①] 广东省还进一步落实了公益性岗位的安置工作，在环卫保洁、治安巡逻、道路养护等公益性岗位中优先安排贫困人口就业。此外，广东省还大力培育贫困地区的创业致富人，鼓励他们在贫困村创办各类企业，带动本地的贫困户就业。有条件的地区甚至还建设了区域性的创业孵化基地，为贫困地区的创业致富人提供启动资金和经验支持。

社会保障扶贫主要起到的是兜底作用。[②] 为此，广东省首先完善了农村最低生活保障制度，将不具备劳动能力的贫困户统一纳入低保的覆盖范围，对无法通过常规扶贫方式脱贫的贫困户实行了政策性的兜底保障。广东省对特困供养、受灾人员救助、临时救助等专项救助制度进行了完善，逐步提高了救助的标准和水平，同时积极鼓励企业和社会组织等社会力量参与救助体系的建设。完善城乡居民基本养老保险制度，也是社会保障扶贫的重要内容，广东省支持和引导贫困人口参保，并不断提高保障水平。此外，广东省针对农村"三留守"问题较为突出的现实情况，以养老机构、儿童之家、救助机构等为载体，构建了较为完善的关爱服务体系。

教育文化扶贫的目的是通过知识的传播，提高贫困家庭子女的受教育

[①] 戴惠甜：《蓬江：扶贫车间机器轰鸣，贫困员工忙起来》，2020年4月10日，http://static.nfapp.southcn.com/content/202004/10/c3389734.html，访问日期：2020年6月18日。

[②] 刘玉安、徐琪新：《从精准扶贫看完善农村社会保障制度的紧迫性》，《东岳论丛》2020年第2期。

第六章 从"'双到'扶贫"到"精准扶贫"的广东实践

水平,以帮助他们获取摆脱贫困的知识基础,防止贫困的代际传递。为此,省内和各地市的教育经费实现了向贫困地区、基础教育的倾斜。从学前教育、义务教育、高中教育一直到职业教育的不同阶段,相关部门都根据贫困家庭的具体情况制定了较为细致的帮扶措施,帮助他们免除求学的后顾之忧。广东省还在精准扶贫阶段培养了一批乡村教师,提高他们的福利待遇,对在省内偏远山区工作的教师提供生活补助,鼓励城市教师对贫困地区开展对口支援工作。文化扶贫方面,为了实现"一相当"的目标,广东省致力于加强贫困地区的公共文化服务供给,完善文化基础设施,开展各类文化扶贫活动,鼓励有关单位和个人以"文化下乡"的形式为贫困地区提供产品与服务。

医疗保险和医疗救助保障扶贫的目的是提高贫困人口的健康水平,防止因病致贫、因病返贫的不利局面发生。为此,广东省致力于构建惠及全部贫困人口的基本医疗卫生制度,并通过这一制度保障贫困人口对基本公共卫生服务的获取。针对贫困人口"看病难、看病贵"的问题,广东省全额资助了贫困人口参加城乡居民基本医疗保险的费用,提高了大病医疗的支付比例。[①] 与此同时,为了保障贫困户能够实时咨询和及时就医,广东省还投入一定资源用于贫困地区的基层医疗卫生服务网络的标准化建设。2018年广东省就已经基本上实现了贫困村内标准化卫生站的全覆盖,贫困户能够享受到基本的医疗卫生服务,其主要健康指标也达到了全省的平均水平。[②]

农村危房改造扶贫是实现"三保障"中住房安全这一目标的主要手段。这一扶贫工程的主要对象是建档立卡的贫困户,其中,广东省对农村分散供养五保户的危房住所进行了重点改造。通过财政投入、金融支持、社会捐赠等方式募集的改造资金在先期确定的分级改造标准的基础上,直接分配到了改造农户的"一卡通"账户中,实现了精准到人的差异化补贴。在

---

① 胡林果:《广东贫困人口参加医保可获政府全额资助》,2018年6月30日,http://www.xinhuanet.com/local/2018-06/30/c_1123060215.htm,访问日期:2020年6月19日。
② 张华:《权威访谈 | 广东省卫生健康委主任段宇飞:广东大力实施健康扶贫行动,取得积极成效》,2020年6月24日,http://news.ycwb.com/2020-06/24/content_917605.htm,访问日期:2020年6月25日。

危房改造的具体实施方面，为了确保改造农户的专款专用，防止他们的敷衍应对，广东省加强了危房改造的建设管理，帮助农户选择符合国家规范的设计方案和具备施工资质的改造团队。进一步地，为了确保改造过程的合规，相关部门还组织人员对危房改造的质量进行了现场巡查。此外，广东省还鼓励有条件的地区进行五保户的集中供养，安排这部分特困群体入住敬老院、老年公寓等养老机构。

基础设施建设扶贫通过对贫困地区的交通、水利、电力、新能源和网络等基础设施的投资兴建，全面提升了贫困地区的生活水平和发展环境。第一，针对贫困地区路面不畅的难题，广东省加大公路建设的力度，进一步完善城乡互联的交通运输网络建设，同时对贫困村内的道路进行硬化处理，将汽车开进贫困地区。第二，在水利兴建上，广东省在贫困地区重点建设了一批水利项目，实现"五小水利"[①]工程向贫困地区的倾斜。为了保障贫困人口的饮水安全，广东省实施了农村安全饮水工程，致力于解决贫困地区居民的饮水安全问题。经过几年来的努力，目前广东省已经形成覆盖贫困地区的饮水安全保障体系。第三，广东省全面开展了偏远贫困地区的农网升级改造工程，致力于提升贫困地区的供电服务水平和质量。第四，结合中央层面鼓励光伏发电的相关政策文件，广东省也在农村地区实施了宽泛意义上的农光互补，推进新能源在贫困地区的接入与应用。第五，广东省加大了贫困地区网络基础设施的建设力度，重点是实现光纤、广播电视、宽带网络在贫困村的落地，以提高贫困村的信息化发展水平。

人居环境改善扶贫，不仅改善了贫困人口的居住质量，还通过污染治理、生态保护等手段提高了自然环境质量。对于生活在偏远山区的贫困人口而言，生存环境的恶劣严重阻碍了其脱贫的步伐。为此，广东省通过易地搬迁的形式对贫困人口进行了转移，在新的安置区内配套了基本的公共设施，对迁出区进行了生态恢复。易地搬迁过程中，对于少数不愿搬迁的贫困户，相关部门探索实施了生态扶贫，即将这部分贫困户转为生态保护人员，并对其给予经济补贴。对于自然环境适宜居住的贫困地区，相关部门则在充分规划的基础上对村庄进行了生态改造，着力解决农业面源污染

---

① 即小水窖、小水池、小泵站、小塘坝、小水渠的总称。

第六章　从"'双到'扶贫"到"精准扶贫"的广东实践

问题。更为重要的一点在于，为了与后续的乡村振兴战略进行对接，广东省已经实施了生产生活条件改善的整村推进，稳步进行美丽乡村建设。

可以说，以上八大扶贫工程的全面推进，既各有侧重又相互配合，既是广东省"精准扶贫"战略实践的主要内容，又是实现扶贫目标任务的强力手段。

专栏6-2　新时期广东精准扶贫精准脱贫的八项工程

新时期广东省的"精准扶贫"、精准脱贫行动从产业发展、劳动力就业、社会保障、教育文化、医疗保险和医疗救助保障、农村危房改造扶贫等多方面入手，大力实施八项工程，打出政策组合拳，为脱贫攻坚提供一揽子兜底支撑，对有劳动能力的贫困户，通过开发式扶贫帮助其实现稳定脱贫致富；对丧失劳动能力的贫困户，通过社保政策兜底脱贫，确保贫困人口与全省人民一道实现全面小康。（胡新科、王挺、韦浩：《广东新时期精准扶贫精准脱贫三年攻坚实施意见出台，将实施八项扶贫工程》，2016年6月14日，http://www.gdfupin.org.cn/new31.asp?id=63，访问日期：2020年6月20日）

（三）提供脱贫攻坚的政策支撑

广东省"精准扶贫"战略中的另一项重要内容是对脱贫攻坚提供全方位的政策支撑。包括财政投入、金融支持、扶贫用地、资产收益、科技人才在内的政策体系为打赢脱贫攻坚战提供了完备的保障。

财政投入方面，为了充分发挥政府在脱贫攻坚中的主导地位，广东省以人均2万元的标准安排贫困户的资金投入，这部分扶贫资金由省、对口帮扶市、贫困人口属地市三方按6∶3∶1的比例共同分担，不具备劳动能力的低保人员也经由相关政策得到了专项资金的兜底保障。[1] 民政、住建、教育

---

[1] 胡新科：《广东新时期脱贫攻坚战实现良好开局，今年50万人减贫任务有望如期实现》，2016年12月30日，http://news.southcn.com/gd/content/2016-12/30/content_162692013.htm，访问日期：2020年6月20日。

等部门安排的各项惠民工程配套了一定数量的财政资金,这些工程项目在最大限度上实现了向贫困地区的倾斜,而广东省也支持各帮扶单位自行筹集资金用于精准到户的帮扶工作。此外,为了保证扶贫资金的专款专用,相关单位严格开展了扶贫资金使用的监管和审计工作,进一步完善了扶贫资金使用的各项流程,确保涉及扶贫资金的工作环节公开透明。对于审计过程中发现的扶贫资金的违规使用,纪检监察部门和检察机关给予严肃惩处。

金融支持方面,广东省鼓励各级各类金融机构积极投身金融扶贫工作,创新金融扶贫的方式,推出金融扶贫的产品。从已有的实践来看,为数不少的金融机构设立了对口扶贫的工作部门,并将扶贫成效作为考核的重要内容。在此基础上,各级政府就精准扶贫与金融机构形成了良好的合作关系,而金融机构也通过与有关部门的合作,精准把握了贫困人口的金融服务需求,推出了切合贫困户特点的创业、助学等小额贷款项目,解决了贫困户的燃眉之急。同时,广东省还出台了相关政策,实施了"政银保"项目,鼓励金融机构对满足资质条件的涉农企业或农户提供贷款支持,实现金融资源向能够带动大批贫困户增收的产业发展项目上转移。此外,针对扶贫项目信贷面临的担保问题,广东省也积极探索开展了扶贫项目信贷的担保服务。

扶贫用地方面,"精准扶贫"实施后,广东省内将新增建设用地计划指标适度向贫困地区进行了倾斜,各地在制订土地利用计划时适度考虑了扶贫开发的用地需求,对易地搬迁、特色产业发展等方面的用地需求进行了重点保障。各级政府积极支持边远山区对矿产资源的开发利用,帮助这些地区将资源优势转化为经济优势。贫困地区通过拆旧复垦等方式腾退出来的建设用地指标,除满足自身建设需求外,节余指标可在省内流转交易。扶贫用地政策释放出的政策红利,助力了广东省脱贫攻坚向纵深推进。[1]

资产收益方面,广东省推进了农村地区的集体产权制度改革,鼓励有条件的村庄将村集体资产的部分收益用于帮扶村内贫困户脱贫。各类专项

---

[1] 广东省自然资源厅:《2020年广东省土地利用计划预分配方案出炉,你关心的都在这里!》,2020年1月19日,http://static.nfapp.southcn.com/content/202001/19/c3002353.html?colID=0,访问日期:2020年6月20日。

第六章　从"'双到'扶贫"到"精准扶贫"的广东实践

扶贫资金在投入贫困地区的产业发展项目后产生了一定规模的收益，在符合规定且条件具备的前提下，部分收益折股量化给了贫困村和贫困户，特别是不具备劳动能力的贫困户。此外，广东省还积极探索贫困户以土地经营权、房屋、林地、农业设施等作价入股的扶贫策略，帮助贫困户获得持续性的经营收益。①

科技人才方面，广东省加大科技扶贫力度，以现代技术和人才要素破解贫困地区面临的发展难题。由于财政扶贫资金对科技扶贫的专项投入，涉农的相关科技成果得以在贫困地区及时的转化，一定程度上解决了贫困地区在生态建设中的技术问题。为了扩大贫困地区的人才供给，一方面，广东省借助大学生志愿服务计划，鼓励大学生积极参与扶贫志愿活动；另一方面，广东省进一步完善了贫困地区的人才培养体系，制订了贫困地区本土人才的培养计划，为他们开展实用技术培训。此外，相关部门为实现贫困村的稳定脱贫，鼓励贫困户积极从事创业致富活动，并为他们提供完善的政策保障和资金支持。

诸如此类的政策支撑筑牢了广东省"精准扶贫"战略的基础，正是在这些较为完备的政策的支持下，各项扶贫工程才得以有条不紊地推进。

三、解决"相对贫困"的先行探索

如前所述，当前国家层面贫困户的建档立卡是以 2013 年农民人均纯收入 2736 元（相当于 2010 年 2300 元不变价）的国家农村扶贫标准为识别条件，但广东省的低保标准实际上已经高于国家扶贫标准。换言之，农民人均纯收入低于国家扶贫标准的广东居民都已经纳入了低保的覆盖范围。从这个角度来看，在现行的统计口径下，广东省已经不存在所谓的"绝对贫困人口"。也就是说，广东省实施的"精准扶贫"战略、打响的脱贫攻坚战，实际上已经是一种解决"相对贫困"的先行探索。时至今日，2020 年全面建成小康社会战略目标的日期日益临近，消除绝对贫困的脱贫攻坚战

---

① 徐金鹏、壮锦：《广东：着力阻断贫困代际传递》，2016 年 3 月 24 日，http://www.gov.cn/xinwen/2016-03/24/content_5057417.htm，访问日期：2020 年 6 月 20 日。

也即将取得最后的胜利。取得这样的成就固然值得欢呼和赞叹,但摆在面前的任务却并未因为绝对贫困的消除而出现丝毫的削减。我们需要清醒地认识到,绝对贫困的消除绝不意味着"贫困"的终结,"相对贫困"在全面建设社会主义现代化强国的过程中仍将长期存在,并不断呈现出新的特征与表现形式。[①] 表6-2分阶段呈现了"'双到'扶贫"以来广东贫困标准与国家贫困标准的比较。

表6-2 "'双到'扶贫"以来广东贫困标准与国家贫困标准的比较

年份	扶贫阶段	国家贫困标准(元)	广东贫困标准(元)
2009	第一轮"双到"	1196	2500
2013	第二轮"双到"	2736,综合考虑"两不愁、三保障"	3480,已综合考虑住房安全、义务教育和健康保障等要素
2016	脱贫攻坚阶段	2736(2010年2300元不变价),综合考虑"两不愁、三保障"	4000(2014年不变价),综合考虑"两不愁、三保障、一相当"

资料来源:作者据相关资料整理。

中共十九届四中全会明确提出要探索建立解决相对贫困的长效机制。其后,2020年中央一号文件进一步强调,脱贫攻坚的任务完成后,中国扶贫工作的中心将转向解决相对贫困,为此,要研究建立解决相对贫困的长效机制。[②] 从理论研究的角度来看,当前已经出现了较多探讨相对贫困问题的学术作品。然而,从全国范围来看,由于脱贫攻坚的任务还未完成,因此,与学术领域的热烈探讨相比,解决相对贫困的实践探索却进展缓慢。在这样的背景下,广东省的先行先试具有重要的战略意义,在实践过程中的主要做法和经验教训无疑对后进地区具有一定的示范效果。在深入研究

---

① 关信平:《论现阶段我国贫困的复杂性及反贫困行动的长期性》,《社会科学辑刊》2018年第1期。

② 中华人民共和国农业农村部:《图解2020年中央一号文件》,2020年2月7日,http://www.moa.gov.cn/ztzl/jj2020zyyhwj/tsyhwj/202002/t20200207_6336713.htm,访问日期:2020年6月20日。

第六章 从"'双到'扶贫"到"精准扶贫"的广东实践

的过程中,本书也尝试着从以下几个角度对广东省解决"相对贫困"的先行探索进行归纳与解读,试图较为清晰地展现其内在的逻辑。

(一)设定一个较高的多维贫困标准

贫困标准是贫困测量的基础和依据,目前,中国的农村贫困标准建立在测算方法科学、测算数据准确的基础上,在"两不愁、三保障"的同步落实下,基本上能够反映农村居民对全面建成小康社会的期待,并且实现与国际标准的对接,因而具备合理性。[1] 综合考察目前通用的国际贫困标准,世界银行于1990年划定了人均日收入1.01美元的极端贫困线,2015年,以2011年为价格基期,极端贫困线调整为人均日收入1.9美元。根据国家统计局的测算,同样按照2011年的购买力平价指数计算,中国现行的农村贫困标准约为人均日收入2.3美元,已经高于1.9美元的极端贫困线。[2]

然而,值得注意的是,极端贫困线是以15个最穷国的平均标准来测算的,但全球大部分人口实际上是生活在中等收入国家,因此,极端贫困线并不能完全反映中等收入国家的贫困状况。考虑到这一因素,世界银行在2018年发布的《贫困与共享繁荣2018:拼凑贫困之谜》报告中,提出了针对中等收入国家的两条补充性贫困线:人均日收入3.2美元和5.5美元。[3] 如果按照人均GDP来判定,中国已经迈入了中等偏上国家的行列,这既是对中国经济发展的一种肯定,却也意味着更大的责任承担。作为全球减贫的突出代表,中国已经为消除绝对贫困做出了重要的贡献,而在解决相对贫困的问题上,世界同样需要中国经验。同样,尽管按照现行标准,农村居民的"两不愁、三保障"已基本实现,但为了满足人民日益增长的美好生活需要、解决日益突出的相对贫困问题,新的贫困标准的制定便成

---

[1] 鲜祖德、王萍萍、吴伟:《中国农村贫困标准与贫困监测》,《统计研究》2016年第9期。
[2] 鲜祖德、王萍萍、吴伟:《中国农村贫困标准与贫困监测》,《统计研究》2016年第9期。
[3] The World Bank: Poverty and Shared Prosperity Report 2018: Piecing Together the Poverty Puzzle, 2018-10-17, http://www.worldbank.org/en/topic/poverty,2020年5月20日。

为2020年后的扶贫战略需要考虑的首要问题。① 显然，新的贫困标准必然最为明显地体现在收入指标的提高上。此外，还需要综合考虑2020年后中国的经济社会发展水平和贫困对象的变化，并据此调整扶贫策略。② 有学者认为，中国在2020年后应该继续沿用多维贫困标准，以实现贫困识别的精准与贫困治理的有效性，③ 在维度与指标上应该综合考量经济（收入和就业）、社会发展（教育、健康、社会保障、信息获得）、生态环境（饮用水、生活垃圾、厕所）等多个层面。④ 其中，对于最具识别度与可比性的收入指标，参考国际标准和英美等国的情况，可以考虑按照中位收入比例法确定具体的数字。⑤ 从精准扶贫的广东实践来看，广东省对脱贫攻坚对象范围的确定和目标任务的设置，实际上已经是一种对制定新贫困标准的探索。

《实施意见》将广东省脱贫攻坚的对象确定为贫困户和贫困村两部分。前者以农村居民年人均可支配收入低于4000元（2014年不变价）为标准，后者按村年人均可支配收入低于8000元（2014年不变价）、相对贫困人口占村户籍人口5%以上为标准。在脱贫攻坚的目标任务上，《行动方案》中要求实现的是多维目标。2020年稳定实现农村相对贫困人口"两不愁、三保障"、贫困地区"一相当"，现行标准下农村相对贫困人口全部脱贫、相对贫困村全部出列是脱贫攻坚的基础性要求。在这一目标之上，广东省还对相对贫困人口的饮水安全、相对贫困村的基础设施建设、卫生环境提升及贫困地区的发展环境改善做出了定性要求。此外，脱贫攻坚的目标中对相对贫困人口和相对贫困村的收入情况也做出了进一步要求，即2020年得到帮扶且具备劳动能力的相对贫困人口年人均可支配收入达到全省农民年人均可支配收入的45%，相对贫困村年人均可支配收入达到全省农民年人

---

① 陈志钢、毕洁颖、吴国宝、何晓军、王子妹一：《中国扶贫现状与演进以及2020年后的扶贫愿景和战略重点》，《中国农村经济》2019年第1期。
② 程蹊、陈全功：《较高标准贫困线的确定：世界银行和美英澳的实践及启示》，《贵州社会科学》2019年第6期。
③ 唐任伍、肖彦博、唐常：《后精准扶贫时代的贫困治理——制度安排和路径选择》，《北京师范大学学报》（社会科学版）2020年第1期。
④ 王小林、冯贺霞：《2020年后中国多维相对贫困标准：国际经验与政策取向》，《中国农村经济》2020年第3期。
⑤ 叶兴庆、殷浩栋：《从消除绝对贫困到缓解相对贫困：中国减贫历程与2020年后的减贫战略》，《改革》2019年第12期。

第六章 从"'双到'扶贫"到"精准扶贫"的广东实践

均可支配收入的60%。

显然，如果仅从收入指标这一项来看，广东省的贫困标准已经高于全国标准，且在地区间的比较中位居前列。难能可贵的是，广东省作为人口大省，较高的贫困标准会覆盖更多的相对贫困人口，这实际上给政府的治理能力带来了一定的挑战；广东省同时也是经济大省，生活成本总体而言要高于全国平均水平，因此"两不愁、三保障"的实现难度也较大。从这个角度来看，广东省已经对设立相对较高的贫困标准做出了尝试性的探索。更为重要的一点在于，广东省的脱贫目标已经远远超出了"一相当、两不愁、三保障"的覆盖范围，如前所述的生态环境、基础设施建设等指标虽然更加偏向于定性，在识别上存在一定模糊，但重要文件的显性要求也会成为工作执行中的约束性条件，促使各级政府推动这些指标的落实。此外，脱贫目标中有关收入的比例性指标设置也是一项重要的创举，这意味着广东省的扶贫工作必须在一开始就做好规划，只有协调统筹各项扶贫政策的落实，才能确保这一高难度指标的如期实现。总体而言，广东省目前的贫困标准和脱贫目标，已经是对设立一个相对较高的多维贫困标准的典型探索。下一步，如果广东省能够将脱贫攻坚期内的比例性收入指标作为2020年后的贫困标准，并根据经济发展水平的变化对贫困标准进行调整，确立一条新的"相对贫困线"，无疑能够识别和帮扶更多的相对贫困人口，[①] 再度成为全国范围内先行先试的创新样板。表6-3显示了脱贫攻坚阶段国家与东部6省扶贫标准的对比。

表6-3 脱贫攻坚阶段国家与东部6省扶贫标准对比

地区	贫困标准
国家	2736元（相当于2010年2300元不变价），综合考虑"两不愁、三保障"
广东	4000元（2014年不变价），综合考虑"两不愁、三保障、一相当"
江苏	2016年确定的6000元标准沿用至今，综合考虑"两不愁、三保障"
浙江	2012年确定的4600元标准沿用至今，综合考虑"两不愁、三保障"

---

① 陈宗胜、沈扬扬、周云波：《中国农村贫困状况的绝对与相对变动——兼论相对贫困线的设定》，《管理世界》2013年第1期。

续表 6-3

地区	贫困标准
福建	执行国家标准，综合考虑"两不愁、三保障"
山东	2018 年为 3609 元，综合考虑"两不愁、三保障"
辽宁	2019 年为 4000 元，综合考虑"两不愁、三保障"

资料来源：国务院扶贫开发领导小组办公室：《江苏：扶贫标准 6000 元 涉及人口 300 万》，http://www.cpad.gov.cn/art/2015/12/16/art_5_42750.html；国务院扶贫开发领导小组办公室：《4600 元！浙江新一轮扶贫标准全国最高》，http://www.cpad.gov.cn/art/2012/5/9/art_624_19245.html；福建省人民政府：《贫困户识别标准是什么？》，http://www.fujian.gov.cn/hdjlzsk/nyt/qt_nyt/201901/t20190110_4741089.htm；山东省统计局：《山东省统计局公布 2018 年全省贫困标准》，http://www.cnr.cn/sd/yw/20190518/t20190518_524617349.shtml；辽宁省人民政府：《今年辽宁省贫困人口脱贫标准将提高至 4000 元》，http://district.ce.cn/newarea/roll/201911/02/t20191102_33504316.shtml。

（二）健全区域协调机制，实现区域协调发展

"精准扶贫"的施策对象是收入指标低于现行国家贫困标准中的"绝对贫困人口"，这部分贫困人口生活的欠发达地区大多地形崎岖、交通不便且生态环境脆弱，不具备实现经济快速发展的有利区位条件。本轮脱贫攻坚期结束后，尽管统计意义上的绝对贫困人口被消除了，但区域发展失衡的问题却难以在短时间内解决。也就是说，2020 年后，欠发达地区仍会面临较为突出的相对贫困问题。为此，实施推动欠发达地区发展的区域政策，破除阻碍欠发达地区发展的条件性约束，理应成为探索解决相对贫困机制的一大重点。①

作为全国经济第一大省，广东一直以来饱受区域发展失衡的困扰，粤东西北地区与珠三角之间在发展程度上存在较大的鸿沟。长期以来，广东省针对区域发展失衡的问题采取了诸多措施，"'双到'扶贫"最初也是为了解决粤东西北地区较为严重的贫困问题而提出的。在"'双到'扶贫"奠定的良好基础上，广东省开始了探索解决相对贫困问题的征程，而健全区域协调发展机制，消除区域整体贫困就是其中一项重要的举措。

在新发展理念中，协调发展理念注重的是解决发展不平衡的问题。广

---

① 汪三贵、曾小溪：《后 2020 贫困问题初探》，《河海大学学报》（哲学社会科学版）2018 年第 2 期。

第六章 从"'双到'扶贫"到"精准扶贫"的广东实践

东省在"精准扶贫"战略实施的过程中就十分注重贯彻协调发展理念,推动粤东西北地区振兴发展战略与脱贫攻坚相伴而行。为了实现区域的协调发展,广东省不仅继续延续了"'双到'扶贫"中的区域对口帮扶机制,而且从三个方面进一步拓宽了区域协调发展的视野。

首先是实施了粤东西北地区振兴发展战略。这一战略的出台时间要早于"精准扶贫"战略,但两者对基础设施建设、产业持续发展、社会事业进步等方面给予了共同的关注。实际上,只有对这些基本领域进行投入,才能改善粤东西北地区落后的发展条件,奠定区域振兴的物质基础,挖掘快速发展的潜力。其次是调整了省内区域间的发展格局,确定了功能划分基础上的区域间发展战略。具体而言,广东省委、省政府于 2019 年提出要加快形成由珠三角地区、沿海经济带、北部生态发展区构成的"一核一带一区"发展新格局,促进全省区域协调发展。[①] 在明确各自分区的功能定位与发展方向后,广东省提升了区域基础设施的均衡通达程度,全面推进区域创新体系建设,进一步优化区域产业布局(特别是对于发展程度相对较低的粤东西北地区,要做好承接重大产业转移和发展现代农林、绿色低碳新型工业和文化生态旅游等产业的准备),推进区域间在教育、公共卫生和民生保障等基本公共服务方面的均等化。最后是继续落实对口帮扶机制。在共同富裕的理念感召和实践行动下,珠三角与粤东西北地区开展了长期的结对帮扶,从产业和劳动力的"双转移"一直到基础设施建设、绿色发展、民生保障、脱贫攻坚等领域的广泛合作。在脱贫攻坚期间,珠三角地区选派的驻村工作队和第一书记为粤东西北的贫困地区带来了产业发展方案、人才培养计划和各类帮扶资源的供给,逐步提升贫困地区自我发展的"造血"能力。

总体而言,脱贫攻坚期间的广东省区域协调策略,仍然是以贫困治理为基础,不断加大对粤东西北贫困地区的资源投入,深化对口帮扶机制,以一系列扶贫工程提高贫困人口的自我发展能力,改善贫困地区的发展环境。同时,粤东西北地区振兴发展战略和"一核一带一区"发展格局的提

---

① 中共广东省委、广东省人民政府:《省委省政府印发意见,构建"一核一带一区"区域发展新格局 促进全省区域协调发展》,2019 年 7 月 19 日,http://www.gd.gov.cn/gdywdt/gdyw/content/post_2540205.html,访问日期:2020 年 6 月 20 日。

出，事实上已经不再局限于贫困治理的范畴，而是将视野扩展到更广阔的范围，思考如何通过区域协调实现地区间的整体性发展。这一探索的重要启示意义在于，2020年后，解决相对贫困问题不应再局限于既往扶贫政策的常规性思考，而是应该将贫困治理内化于政府的一般性职能，可以通过制定合理的区域政策这一综合治理的手段发挥欠发达地区的内在优势，挖掘欠发达地区的巨大潜力，找准欠发达地区的角色定位，实现区域间的互联互通和整体性发展。即便各类区域政策的主要目标可能并不在于扶贫，但其附带的政策效果却有利于实现欠发达地区居民的普遍受益。因此，可以将其视为解决相对贫困问题的可行路径。

（三）扶贫工程提升发展能力，筑牢稳固脱贫基础

长期以来的扶贫工作表明，扶贫需要大量的资源投入，但资源投入不能停留于给钱给物的低水平帮扶阶段，而是应该实现"输血"与"造血"的结合，增强贫困人口摆脱贫困的内生动力和发展能力。面向2020年后的贫困治理，解决相对贫困的重点就在于贫困人口发展能力的提升。为此，广东出台了相应的政策，主要以三项工程来提高贫困人口脱贫的积极性，增强其脱贫的发展能力。

首先是不断加大产业扶贫的力度。"产业是经济发展的基础，产业扶贫是脱贫攻坚的核心。"[①] 解决相对贫困问题必须建立在产业兴旺的基础上。从实践开展的具体情况来看，产业扶贫以村镇为基础，在颇具规模的基础上提高了组织化程度。广东省建设了一批特色鲜明且带动能力强的扶贫产业，农产品加工、观光农业、乡村旅游等涉农的第二、第三产业得到了大范围的推广。为了拓宽农产品的销售渠道，相关部门推动农产品批发市场、电商企业、大型商超积极参与产业扶贫，引导这些市场主体开辟面向扶贫产业基地的"绿色销售通道"，鼓励产销双方建立密切的合作关系。由于单纯的提供销售渠道不足以发挥市场主体的全部优势，为了实现企业对产业扶贫的深度参与，广东省构建了"公司+基地+贫困户"模式，完善市场

---

① 袁金辉：《构建解决相对贫困的长效机制》，《中国党政干部论坛》2019年第12期。

第六章 从"'双到'扶贫"到"精准扶贫"的广东实践

主体、扶贫产业基地和相对贫困户之间的利益联结机制。① 此外，广东省还积极借助新兴的互联网手段，以"直播带货"等方式在线对省内的特色农产品和名优农产品进行积极地宣传推荐。更为重要的一点在于，为了提高各级政府对发展产业扶贫的重视程度，广东省已经将产业扶贫纳入贫困地区党政一把手经济责任审计的重要内容，政治责任的强力施压使得各级政府积极发展稳定有效的产业扶贫项目，进一步稳固了产业扶贫在带动省内相对贫困户脱贫中的重要地位。

其次是全力推进就业扶贫的实施。就业扶贫涉及相对贫困户持续增收和能力建设的问题。持续增收是稳定脱贫和防止返贫的重要基础，实现持续增收的目标一是依靠前述的产业扶贫带动，二是借助就业扶贫的扶持。② 对于相对贫困户而言，缺乏就业岗位一直以来都是其脱贫的主要障碍之一。为此，广东省多渠道开辟就业岗位，一方面通过劳动力转移，推动部分相对贫困户前往珠三角地区务工，并鼓励相关的人力资源机构为相对贫困户提供全方位的职业指导和就业服务，实现贫困地区劳动力与珠三角地区用人单位的精准对接。另一方面，广东省鼓励有能力的企业在贫困地区建立扶贫就业基地，帮助相对贫困户实现就地就近就业。此外，相关部门还积极引导以贫困大学生、返乡农民工等为代表的相对贫困户中的青年群体在家乡开展创业计划，并为他们提供创业服务，培育他们成为脱贫致富带头人，以创业带动一批相对贫困户就业。就业扶贫的另一重要任务是提高相对贫困户的职业技能。在就业扶贫的开展过程中，相对贫困户因缺乏岗位要求的职业技能而无法就业的情况屡见不鲜。针对这一情况，广东省推进技能扶贫的深入开展，实施面向相对贫困户的技能提升行动。③ 企业、职业院校和各类培训机构结合用工需求、专业设置和相对贫困户的求职意愿，针对性地分类开展了家政服务培训、农村电商培训、现代农业技术培训等

---

① 陈萍、马吉池、辜昀玥、刘招迎：《吹响冲锋号角 决胜脱贫攻坚》，2018 年 8 月 8 日，https://xw.qq.com/cmsid/20180808A0BEUG/20180808A0BEUG00，访问日期：2020 年 6 月 21 日。
② 高强、孔祥智：《论相对贫困的内涵、特点难点及应对之策》，《新疆师范大学学报》（哲学社会科学版）2020 年第 3 期。
③ 广东省人力资源和社会保障厅：《省人力资源社会保障厅：〈广东省职业技能提升行动实施方案（2019—2021 年）〉政策解读》，2019 年 9 月 20 日，http://www.gd.gov.cn/zwgk/zcjd/bmjd/content/post_2607101.html，访问日期：2020 年 6 月 21 日。

培训项目,提高其市场竞争力。① 培训结束后,这些机构还会为参加训练的相对贫困户提供无偿的技能鉴定,帮助他们寻找适宜的工作岗位,跟踪解决就业问题。

最后,教育扶贫同样是提升相对贫困户发展能力的重要举措。缺乏教育提供的发展能力和就业机会,是导致贫困代际传递的主要原因。为了保证贫困家庭的适龄学生能够正常入学,广东省实施了覆盖各级各类教育的资助体系,推进教育扶贫的全面铺开,目前已基本实现了教育资助政策的"应助尽助"。为了实现义务教育阶段贫困地区学生的就近入学,各级政府改善了这些地区的办学条件,在乡镇和乡村兴建了能够满足学生入学的相应规格的学校。义务教育阶段结束后,贫困地区的学生可以通过定向招生计划继续接受高中教育,或是分流到职业教育。两种教育形式基本都能够帮助贫困地区的学生习得未来职业的基本技能。此外,广东省进一步实施了"教育信息化2.0"行动,提高贫困地区教学的信息化水平,通过网络实现优质教育资源的共享。珠三角地区义务教育阶段的优质师资也通过对口帮扶的形式定期参与贫困地区义务教育的教学,为贫困地区的义务教育注入了发展活力。

广东省的实践表明,产业扶贫、就业扶贫和教育扶贫这"三驾马车"能够成为提升相对贫困户发展能力的重要手段。产业扶贫以组织化的形式聚集并发挥了贫困户的合力,就业扶贫和教育扶贫提升了相对贫困户的人力资本,实现了相对贫困户的持续增收和能力发展。在帮扶政策的合力作用下,相对贫困户的发展速度是非常惊人的。

(四)城乡扶贫一体化,探索扶贫长效机制

扶贫开发一直以来的重点都是在农村地区,在绝对贫困的问题解决后,相对贫困不但会存在于农村地区,而且城市地区同样会面临比较严重的相对贫困问题。因此,2020年后解决相对贫困问题绕不开的一点是如何化解

---

① 范和生、武政宇:《相对贫困治理长效机制构建研究》,《中国特色社会主义研究》2020年第1期。

第六章　从"'双到'扶贫"到"精准扶贫"的广东实践

当前城乡分治的二元扶贫模式,实现城乡扶贫的一体化。① 对于这一点,广东省同样进行了积极的探索。

在脱贫攻坚的过程中,农村贫困的问题已经得到了较为充分的重视,但城镇中也存在贫困问题,长期以来却没有得到足够的关注。为此,广东省率先开展了构建常态化、全覆盖的城乡扶贫长效机制的探索,而江门市的创新举措成为其中的典型代表。具体而言,江门市在探索建立城乡扶贫长效机制方面的创新举措主要体现在两个方面。

首先,江门市实现了"两个率先",即率先将城镇贫困户纳入扶贫开发的帮扶范围,率先将扶贫工作与守住绿水青山及实行基本公共服务均等化相结合。② 对于第一个"率先",江门市在"精准扶贫"建档立卡的过程中将城镇具备劳动能力的相对贫困户也纳入了帮扶范围,共识别城镇相对贫困户 3503 户共 6805 人。此举改变了扶贫开发只扶农村的传统做法,实现了扶贫对象的城乡全覆盖,有利于促进扶贫资源的合理分配和使用。江门市帮扶城镇相对贫困户的具体做法是提高低保标准和月人均补差、实施低收入家庭救助机制及精准到户的帮扶政策。根据广东省民政厅印发的《2020 年全省城乡低保最低标准》,江门市(不含台山市、开平市、恩平市)作为三类地区已经实现了城乡低保标准的一体化,标准为 824 元/人·月,全市城乡低保补差水平分别提高到 565 元和 421 元。③ 同时,江门市还实施了精准到户的帮扶举措,针对城镇相对贫困户不同的致贫原因,分类实施了行之有效的帮扶措施。其中,新会区和蓬江区在帮扶城镇相对贫困户脱贫方面成效显著,新会区通过政府购买公共服务的方式,借助社工力量参与对城镇相对贫困户的心理疏导等活动;蓬江区利用江门市出台的就业新政,引导辖区内城镇相对贫困户提交申请资料,获取就业服务,相关部门会依

---

① 曾小溪、汪三贵:《城乡要素交换:从不平等到平等》,《中州学刊》2015 年第 12 期。
② 唐达:《江门:构建常态化、全覆盖的城乡扶贫长效机制》,2017 年 8 月 20 日,http://jm.southcn.com/content/2017-08/20/content_176401138.htm?COLLCC=1399708460&,访问日期:2020 年 6 月 22 日。
③ 广东省民政厅:《广东省民政厅关于印发 2018 年全省城乡低保最低标准的通知》,2018 年 5 月 15 日,http://smzt.gd.gov.cn/gkmlpt/content/2/2158/mpost_2158501.html#1667,访问日期:2020 年 6 月 22 日。

申请推荐符合申请者特点的培训课程和就业岗位。① 对于第二个"率先",江门市统筹安排管理基本公共服务均等化补助和资源激励型财政补贴政策的专项资金。这一专项资金主要用于推动乡村的整体发展,应用范围包括保护村内的自然资源、提供 103 项基本公共服务及提高村集体收入。可以说,这一政策的实施及其专项资金的配备,既实现了乡村经济发展与资源保护的协调,又推动了村"两委"职能的平衡,促使其更加重视村内的公共服务供给。目前,江门市 1325 个村(社区)内的公共服务站全部建成并投入运营,直接面向村民提供 103 项普惠性基本公共服务,村集体可支配收入全部达到 20 万元以上,② 已经完成了脱贫攻坚的目标。

其次,江门市探索实施了"两线合一"的改革。所谓的"两线合一",指的是扶贫线与低保线的合一。③ 长期以来,扶贫开发政策与城乡低保制度在中国的贫困治理中发挥了重要的作用,但二者之间的独立运作也影响了政策合力的发挥。为此,江门市探索实施"两线合一"的改革,推动扶贫开发政策与城乡低保制度的有效衔接。2018 年 3 月,江门市率先在全省出台《关于推动扶贫线与低保线"两线合一"改革试点工作的实施方案》,迈出了构建常态化、全覆盖的城乡扶贫长效机制的坚实一步。改革后的江门市将不再区分低保户和贫困户,而且一律划分为低收入人口,衡量城乡居民贫困程度的量化指标体系也在审慎设计中,以实现对低收入人口的动态管理和有效帮扶。

江门市的改革实践成为广东省着力构建常态化、全覆盖的城乡扶贫长效机制的缩影,除了以上的探索外,广东省也在不断思考如何为城乡统筹扶贫寻求其他的可行路径,改革仍然在路上。

---

① 唐达:《江门市建立常态化、全覆盖长效机制 创新精准脱贫模式》,2016 年 3 月 9 日,http://wenming.cn/syjj/dfcz/gd/201603/t20160309_3198297.shtml,访问日期:2020 年 6 月 22 日。

② 董有逸、郑琦、许伟强:《全省率先!江门将城镇困难家庭纳入精准扶贫范围》,2017 年 9 月 19 日,http://jm.southcn.com/content/2017-09/19/content_177638723.htm,访问日期:2020 年 6 月 22 日。

③ 广东省扶贫办:《江门 推进扶贫线与低保线"两线合一"》,2018 年 3 月 10 日,http://static.nfapp.southcn.com/content/201803/10/c1013306.html,访问日期:2020 年 6 月 22 日。

第六章 从"'双到'扶贫"到"精准扶贫"的广东实践

(五) 差异化的分类施策,构建综合保障

面向2020年后的相对贫困治理,针对不同群体的分类施策显得尤为重要。有学者认为,在政府主导的贫困治理政策体系中,为了提高相对贫困治理的绩效,政府需要对差异化的减贫需求保持足够的回应性。[①] 此外,对于不具备劳动能力的贫困群体,则应该实施兜底保障式扶贫,将符合条件的贫困群体纳入兜底保障的范围。[②] 实际上,广东省在精准扶贫的实施过程中,已经就不同的贫困群体分类出台了一些行之有效的帮扶方案,并且实施了多重政策的兜底保障。

从分类帮扶来看,由于实施了"双转移"战略,粤东西北贫困地区面临着比较严重的农村"三留守"问题。以留守儿童为例,根据《广东千村调查2019年研究报告》,2019年广东农村留守儿童的占比为41.31%,且年龄越小留守儿童群体的占比越大。[③] 实际上,老人、妇女和儿童由于自我发展能力较弱,很容易陷入贫困的泥潭中。为此,广东省相关部门针对性的出台了《广东省加强农村留守老年人关爱服务工作行动方案》《关于我省妇女精准扶贫精准脱贫三年攻坚的实施方案》《关于健全农村留守儿童关爱保护和困境儿童保障工作体系的意见》等文件,试图在精准扶贫的过程中对这部分群体给予特别的关注。其中,为了鼓励妇女创业就业,广东省于2017年开展了第三期省妇女创业小额担保贷款贴息项目,仅茂名一市就在2017年至2019年第一季度发放了2.8亿元贷款,直接扶持3837名妇女创业发展,间接受惠群众近4万人。[④] 这一项目目前已经成为广东省深化"创业创新巾帼行动"和"巾帼脱贫行动"的重要出口。面向其他群体的帮扶方

[①] 吕方:《迈向2020后减贫治理:建立解决相对贫困问题长效机制》,《新视野》2020年第2期。

[②] 高强、刘同山、沈贵银:《2020年后中国的减贫战略思路与政策转型》,《中州学刊》2019年第5期。

[③] 暨南大学经济与社会研究院政策研究中心:《广东千村调查2019年研究报告》,2020年4月28日,https://cpr-iesr.jnu.edu.cn/56/1d/c14621a480797/page.htm,访问日期:2020年6月24日。

[④] 广东茂名妇联:《第三期广东省妇女创业小额担保贷款贴息项目绩效评价组到茂名考核》,2019年6月25日,https://baijiahao.baidu.com/s?id=1637282491787336347&wfr=spider&for=pc,访问日期:2020年6月24日。

案也在实践中取得了不俗的成效,初步形成了具有广东特色的分类帮扶体系。

从兜底保障来看,底线民生、社会救助、慈善事业在以保障性政策为主的防贫体系中扮演着重要角色。在解决相对贫困问题的阶段,建立全面完备的保障机制将成为一种必然。[①] 在具体的实践探索中,广东省有关部门相继出台《关于底线民生精准扶贫精准脱贫三年攻坚的实施方案》《社会救助兜底脱贫行动实施方案》《广东省推动慈善事业高质量发展若干措施》等文件,以底线民生、社会救助和慈善事业推动脱贫攻坚中兜底保障的落实。其中,在健全完善监测预警机制的基础上,相关部门对低保对象、特困人员、临时救助对象等特殊贫困人口实施了社会救助的兜底保障,一方面为其提供基本的生活保障,另一方面不断提高救助标准和水平。在脱贫攻坚的收官阶段,兜底保障为贫困人口构筑了严密的安全网,保障其生活水平与全面建成小康社会的要求相适应。

分类帮扶与兜底保障的双管齐下,基本实现了贫困人口扶贫救助保障的全覆盖。实践证明,这一政策工具的组合能够有效帮扶无法通过常规扶贫方式脱贫的贫困群体。因此,有理由相信这一政策组合能够在2020年后的相对贫困治理中得到沿用。

(六)建立健全社会协同扶贫机制

脱贫攻坚完成后,相对贫困人口的"两不愁、三保障"基本能够得到满足,但随之而来的养老、教育、医疗等需求的不断涌现却会对政府供给造成冲击。为此,政府部门理应推动市场主体和社会组织通过优质服务的供给,满足不断升级的扶贫需求。换言之,2020年后的相对贫困治理需要建立在政府、市场和社会间协同关系的基础上,需要实现"有为政府"的权威、"有效市场"的活力与"社会力量"的参与之间的合理搭配与充分合作。在"精准扶贫"的实施过程中,广东省充分用好政府、市场和社会三种资源,坚持专项扶贫、行业扶贫和社会扶贫"三位一体"的大扶贫格局,建立健全了社会协同扶贫机制。

---

① 郑继承:《构建相对贫困治理长效机制的政治经济学研究》,《经济学家》2020年第5期。

第六章　从"'双到'扶贫"到"精准扶贫"的广东实践

首先,广东省积极引导企业参与对贫困地区的对口帮扶。长期以来,利润导向的企业被认为不适合参与扶贫开发,人们认为企业参与扶贫活动有可能造成公共利益的流失。然而,企业在产业扶贫和就业扶贫中的巨大优势已经使人们迫切呼唤企业对扶贫的参与。实际上,企业不但能够以低成本、高效益的方式参与公共服务供给,还能够以积极的姿态进行深度扶贫开发。因此,"唯利润论"已经不再适合用来描述企业的发展模式,承担公共责任已经成为现代企业发展战略中的重要诉求。从较为功利的角度来看,企业积极承担公共责任,有助于塑造企业形象、扩大知名度、获取合法性。这种无形资产的增加对于企业发展有益无害,因此,企业期望能够通过参与扶贫开发等活动展现其对增进公共利益的重视。广东省以"万企帮万村"行动为平台,号召民营企业利用自身优势与特点,深入开展企业与村、镇、县的共建行动,将资源精准配置于相对贫困村和相对贫困户。总部位于广东佛山顺德的碧桂园集团,就与英德市结成了帮扶关系,并探索实施了"4+X"扶贫模式(党建、产业、就业与教育的四类常规扶贫,搭配根据地区实际开展的其他帮扶项目),基本实现了相对贫困户的可持续发展。[1]

其次,社会组织的广泛深入参与也成为扶贫开发中的重要一环。一般而言,社会组织存在的目的是增进公共利益与实现组织发展,而达成这一目的的重要途径就是通过合理的渠道积极参与公共服务供给。研究发现,社会组织的发展水平对公共服务的供给质量具有明显的促进作用,[2] 而在社会这一复杂网络结构系统中,社会组织的广泛参与也能够发挥重要作用。[3] 从这个角度来看,政府部门理应实现角色的转换,由服务的直接提供者转变为服务项目的出资者和服务质量的监督者,通过购买公共服务等方式由各类社会组织满足差异化的扶贫需求。目前,广东省积极动员省内的社会组织凭借自身的专业特长,积极参与供给养老、助残、抚幼等贫困地区亟须的公共

---

[1] 清远日报:《碧桂园力推"4+X"扶贫模式 打造一支不走的扶贫工作队》,2019年1月30日,http://k.sina.com.cn/article_2185323034_8241621a01900g0fn.html,访问日期:2020年6月24日。

[2] 李小奕、谢舜:《社会组织、地方财政能力与公共服务供给质量》,《财经问题研究》2019年第4期。

[3] 范如国:《复杂网络结构范型下的社会治理协同创新》,《中国社会科学》2014年第4期。

服务。2020年4月出台的《广东社会组织参与决战决胜脱贫攻坚倡议书》,以倡议的形式鼓励社会组织至少参与一次"社会组织扶百村"等类似的专项扶贫行动,积极践行社会责任。① 可以说,广东省以实际行动破除了社会组织参与扶贫的障碍,并拓宽了社会组织参与扶贫的范围和深度。

综上所述,在绝对贫困治理阶段,政府强制性的命令执行能够提高扶贫效率,解决贫困群体的生存问题。② 在2020年后的相对贫困治理中,社会协同的扶贫机制将成为趋势,各类企业和社会组织无疑将扮演更为重要的角色,而政府部门的主导性作用将集中于完善引导多元主体参与的政策体系和监督机制。广东省的先行实践已经为其他地区提供了可借鉴的宝贵经验。

(七) 实现相对贫困治理与乡村振兴的衔接与融合

脱贫攻坚完成后,农村地区将步入全面开展乡村振兴的新时期,相对贫困问题将在一定程度上实现与乡村振兴的合流,在乡村振兴的各项行动中得到有效治理。作为广东省乡村振兴战略的第一阶段规划,《广东省实施乡村振兴战略规划(2018—2022年)》突出了广东特色,对富民兴村产业发展、现代农业产业园建设、千村示范万村整治、"粤菜师傅"工程、基层党组织"头雁"工程等乡村振兴的核心工作进行了明确表述和重点要求。③ 在具体推进中,脱贫攻坚业已取得的成就为乡村振兴的实施奠定了良好的基础,而乡村振兴的各项政策也优先在相对贫困村得到落实,为数众多的相对贫困村都开展了新农村的创建工作,进一步巩固了脱贫成效。此外,现代产业发展、人居环境整治、公共服务供给、基础设施建设、基层治理完善等乡村振兴的具体内容,不但是脱贫攻坚的具体要求,也激发了乡村发展的内在活力。

---

① 广东省社会组织管理局:《广东社会组织参与决战决胜脱贫攻坚倡议书》,2020年4月10日,http://zhongshan.gdnpo.jmeii.com/info2/InfoContent/2742/26032.html,访问日期:2020年6月24日。
② 郑继承:《构建相对贫困治理长效机制的政治经济学研究》,《经济学家》2020年第5期。
③ 中共广东省委、广东省人民政府:《广东省委、省政府印发〈广东省实施乡村振兴战略规划(2018—2022年)〉》,2019年7月31日,http://drc.gd.gov.cn/fzgh5637/content/post_2575321.html,访问日期:2020年6月24日。

第六章 从"'双到'扶贫"到"精准扶贫"的广东实践

从实践层面来看,"南雄模式"成为广东开展乡村振兴工作的一张闪亮名片,在乡村建设、产业发展、服务供给等方面走出了一条创新之路。首先是乡村建设的创新。在以往的乡村建设中,由于建设重点不明确,较为成熟的城市审美便成为乡村建设中的参照依据。然而,过于向城市看齐的建设取向造成了乡村风格的"千村一面",导致乡村自身的特色未能被充分挖掘。针对这一乡村建设中的普遍问题,南雄市根据辖区内不同区域的地形地势和文化习俗,以乡村田园、泛徽、广府、现代化新农村、赣南五种风格作为主调,将全市划分为五个片区进行分别规划。其次是产业发展的创新。因地制宜的特色乡村建设,极大地改善了人居环境,而生态宜居则是产业兴旺的重要保障。为此,南雄市凭借本地具备的优质农产品优势,兴建第一、第二、第三产业融合发展的现代产业园。产业园以"新型职业农民+龙头企业+农民专业合作社"等新型农业经营主体的结合为基点,以标准化种植、工业化采摘、产品深加工等方式提高农产品的生产质量、生产效率和附加价值,最后辅之以品牌塑造、物流仓储和电商交易,基本实现了完整产业链条的环环相扣。[①] 最后是服务供给的创新。由于南雄市外出务工者众多,因此该市面临着较为突出的农村"养老难"问题。为此,南雄市充分整合各类资源,利用现有的公共设施承载村级居家养老服务中心的功能。为了提高养老服务的质量,南雄市一方面利用专项资金和对口帮扶资金加大政府投入,另一方面也积极鼓励乡贤与村民的自愿投入,扩充服务供给的资金来源。同时,南雄市推动村级居家养老服务中心的自治管理,形成"以老助老"的良好氛围。[②] 可以这样认为,细致规划的建设、持续发展的产业和优质贴心的服务不但解决了贫困人口的增收问题,还以发展的视角探索了乡村振兴的可行路径,恰如其分地体现了相对贫困治理与乡村振兴的衔接与融合。

总的来说,乡村振兴战略意图实现农业农村的现代化发展,但这一目标实际上包含了综合性的内容,目标实现的过程同样也是相对贫困治理取

---

① 邱梓瑶:《600多个村庄美丽蝶变,广东乡村振兴现"南雄模式"》,2019年5月15日,https://m.jiemian.com/article/3127936.html,访问日期:2020年6月30日。
② 韶关日报:《从"南雄模式"看农村养老如何破题》,2016年5月30日,http://sg.southcn.com/content/2016-05-30/content_148528173.htm,访问日期:2020年6月30日。

得实绩的过程。因此,广东省目前致力于推动相对贫困治理与乡村振兴的衔接与融合,后续在农村领域的相对贫困治理将依托和内嵌于乡村振兴战略,这成为广东省探索相对贫困治理的一条重要经验。

第七章 "精准扶贫"广东实践的典型案例：清远市佛冈县

2016年6月4日，《中共广东省委、广东省人民政府〈关于新时期精准扶贫精准脱贫三年攻坚的实施意见〉》》正式出台，标志着广东省正式开始实施精准扶贫战略。清远市佛冈县位于粤北山区地带，曾是广东最贫穷的地方之一，然而在实施了一系列的扶贫举措，尤其是在新时期实施精准扶贫战略后，取得了显著的脱贫成效，诞生了具有地方特色的"佛冈现象""佛冈经验"，与广东省实施精准扶贫的做法相互呼应、相互衔接，交出了一份优异的答卷，因此本章将佛冈县的精准扶贫实践作为广东省精准扶贫实践的典型案例来进行研究。本章第一节首先介绍了清远市和佛冈县的基本情况和在实施"'双到'扶贫"后的减贫成果及不足；第二节重点介绍了佛冈县实施精准扶贫的具体做法、主要特点和突出成效，以及与乡村振兴战略的衔接。

第一节 清远市市情与佛冈县县情

一、清远市市情

清远位于广东省中北部，东北接壤韶关市，西南紧靠肇庆市，东南紧邻广州市和佛山市。总面积1.92万平方千米，为广东省陆地面积最大的地级市，下辖清城、清新2区和佛冈、阳山、连南、连山4县，并代管英德、连州2县级市，有80个乡镇、5个街道、1371个村，全市户籍总人口约410万。

从"'双到'扶贫"到"精准扶贫"——基于广东经验的中国扶贫之路

清远市作为全省"'双到'扶贫"工作的发源地,在实施了两轮"'双到'扶贫"后,取得了较为明显的成效。截至2015年年底,全市284个重点帮扶村累计投入资金26.23亿元,平均每村投入923万元。经过第二轮"双到"帮扶以后,贫困户自身的收入水平和贫困村集体的经济实力显著提升。284个重点帮扶村集体经济收入平均每村15.73万元,比帮扶前增长9.7倍,重点帮扶村农民人均纯收入11702元,有劳动能力的贫困户人均纯收入10227元,分别比帮扶前增长约1.3倍和3.9倍,帮助9.5万人如期实现脱贫。① 此外,贫困村的基本生活生产条件显著改善,民生保障水平显著提高,扶贫党组织运转日益规范。

可以看到,清远市经过两轮"'双到'扶贫"后,已基本解决了大规模贫困的问题,但"'双到'扶贫"模式也存在着一些遗留问题,导致无法应对更加复杂艰巨的脱贫任务,主要体现在帮扶的程度还无法达到更深层次。例如,在扶贫资金方面,"'双到'扶贫"时期,帮扶单位资源有限,每村可获得资金拨付仅为30万~50万元;在扶贫队伍上,"'双到'扶贫"时期仅派出工作队,人数较少,无硬性规定人员需要驻村帮扶,且帮扶人员素质参差不齐;在扶贫考核方面,考核力度不够强大,程序不够规范;等等,这些问题不是清远市独有的,而是整个广东省在实施"'双到'扶贫"中遗留的共性问题。在广东省"'双到'扶贫"工作"回头看"情况报告中也总结了在实施"'双到'扶贫"中存在建立脱贫长效机制局限性大、无法巩固脱贫成果、基础设施建设和财政投入方面仍然存在不足的问题。

基于此,为完成脱贫攻坚的目标任务,实施精准扶贫战略势在必行。新时期精准扶贫工作,清远市共有建档立卡贫困户58740户,共132605人,其中,有劳动能力的贫困人口25597户,共87094人,占比65.7%;无劳动能力的贫困人口33143户,共45511人,占比34.3%,贫困发生率为4.6%。有省定贫困村261个,贫困人口5.2万人,占贫困人口39%;分散贫困人口8.1万人,占总贫困人口61%。可以看出在实施两轮"'双到'扶

---

① 龙跃梅:《清远全面完成扶贫"'双到'扶贫"工作任务 帮扶资金累计投入26.23亿元》,2016年4月17日,http://kb.southcn.com/content/2016-04/17/content_146103542.htm,访问日期:2020年6月24日。

第七章 "精准扶贫"广东实践的典型案例：清远市佛冈县

贫"工作后，清远市余下的脱贫任务依然艰巨。面对剩余这十几万贫困程度深、致贫原因复杂、脱贫难度大的"硬骨头"，精准扶贫正是在这一背景下开始实施。从2016年起，清远市围绕实现贫困地区和贫困人口"两不愁、三保障、一相当"的总目标，扎实推进精准扶贫工作，狠抓政策工作落实，脱贫攻坚取得显著成效。

二、佛冈县县情

佛冈县是广东省清远市的下辖县，位于广东省中部，珠江三角洲大三角边缘，属山区县，与从化、新丰、英德和清远市清城区毗邻，地形地势自东北向西南倾斜，境内低山、丘陵、谷地、平原交错。佛冈县共有6个镇（石角镇、汤塘镇、迳头镇、水头镇、高岗镇、龙山镇），78个村委会和12个社区居委会，另有省级林场和自然保护区各1个。总面积1295平方千米。截至2016年，户籍人口约33万。

在脱贫工作方面，佛冈县实施了两轮"'双到'扶贫"后取得了不错的成效：截至2015年12月，全县14个重点帮扶村集体纯收入均超5万元，平均值达13.77万多元，比帮扶前增长744%。其中，有劳动能力的749户贫困户3113人，年人均可支配收入达到9540.3元，实现100%脱贫。重点帮扶村内符合低保条件的贫困户，100%纳入当地最低生活保障；五保户100%纳入生活保障；贫困户中60周岁以上老人，按照政策规定100%参加城乡居民社会养老保险；贫困户子女入学率达100%，民生和社会保障政策全部落到实处。[①] 此外，通过各村实际帮助贫困户发展农业产业、外出务工等增加贫困户的家庭经济收入；推动贫困村基础设施建设，使贫困村的村容村貌和贫困户的基本生产生活水平显著提高。[②] 另一方面，"'双到'扶贫"模式的遗留问题也同样体现在了佛冈的扶贫工作中。例如，帮扶单位

---

① 程浩、梁井生：《3年投入上亿元，佛冈扶贫"双到"结硕果》，2015年12月11日，http://epaper.southcn.com/nfdaily/html/2015-12/11/content_7497221.htm，访问日期：2020年6月24日。

② 清远市扶贫办：《清远市大力推进精准扶贫精准脱贫工作》，2017年3月6日，http://www.gdfp.gov.cn/gzdt/gddt/201703/t20170306_824745.htm?from=groupmessage&isappinstalled=0，访问日期：2020年6月24日。

的扶贫资金投入不足导致各个贫困村的脱贫发展差异巨大，部分帮扶部门和扶贫干部一味追求"短、平、快"的工作成效，只追求短期的数字上的脱贫指标到位，而忽视贫困户的真实需求和建立解决贫困问题的长效机制；考核机制不够健全，扶贫队伍人员的素质参差不齐，责任意识缺乏，没有积极主动去谋划脱贫工作中的各个项目，存在"等、靠、要"和观望的思想，这也导致实际的帮扶成效大打折扣。

总体而言，借助于两轮"'双到'扶贫"的有效实施，佛冈县的贫困形态已经由绝对贫困演变为相对贫困。与绝对贫困相比，相对贫困的表现形态更具多样性，不仅包括了收入型贫困形态，还包括了刚性支出型贫困形态、工作贫困形态、社会排斥贫困形态。因此，相对贫困阶段既要注重实现相对贫困人口的稳定增收和长效脱贫，也要防止多重风险叠加造成的返贫和致贫现象。对于佛冈县而言，两轮"'双到'扶贫"尚未解决一些贫困遗留问题，为了解决这些遗留问题，打赢2020年脱贫攻坚战，佛冈县积极响应上级政府的政策号召，于2016年开始正式实施精准扶贫。精准扶贫新时期，佛冈县全县确认有贫困户5357户，贫困人口11544人（其中，一般贫困户1375户4723人，低保户2162户4954人，五保户1820户1867人）；有劳动能力的贫困户2061户7183人，因病致贫1056户2555人，因学致贫333户1237人，因残致贫1054户2517人；有相对贫困村22个，分散贫困村56个。为了保证这些贫困人口全面脱贫、如期脱贫，佛冈县实施了一系列的举措，走出了一条符合当地实际，具有地方特色的精准扶贫之路。

第二节 佛冈县实施"精准扶贫"战略的主要内容

为响应广东省在2016年6月4日出台的《中共广东省委、广东省人民政府〈关于新时期精准扶贫精准脱贫三年攻坚的实施意见〉》，佛冈县委在2016年6月发布了《佛冈县新时期精准扶贫帮扶工作方案》，从而正式拉开了佛冈县精准扶贫工作的序幕。具体而言，佛冈县的主要目标是致力于以其域内22个重点贫困村4785人以及56个面上贫困村8738人为主要对象，

第七章 "精准扶贫"广东实践的典型案例：清远市佛冈县

聚焦贫困村及贫困人口、面上村贫困人口迫切需要解决的经济、民生等一系列问题，做到贫困者的准确筛选、贫困原因的准确识别、脱贫方案的准确制定、脱贫政策的准确执行、脱贫效果的准确反馈，确保到2020年实现贫困人口全部脱贫。截至2019年年底，佛冈县的精准扶贫工作取得了显著的成效，全县脱贫11544人，脱贫率100%，有劳动能力贫困人口人均可支配收入达15323.94元。本节将具体介绍佛冈县精准扶贫战略的主要做法、概括其主要特点、总结其政策成效，最后结合"乡村振兴"战略对如何更高质量地推进精准扶贫、实现两者的有效衔接、建立脱贫的长效机制进行分析并提出改进建议。

一、佛冈县实施"精准扶贫"战略的主要做法

（一）充分利用大数据技术，确保对扶贫对象的精准识别

对扶贫对象的精准识别是精准扶贫的基础。为此，佛冈县在精准扶贫中广泛运用了大数据这一"颠覆性技术"，力求以此撬动更大的政策效果。

首先，佛冈县致力于加强精准扶贫中与大数据相关的技术人员的培训工作。一方面，佛冈县积极调配了计算机、信息等专业领域的人才加入扶贫队伍，并给予编制岗位，或通过地方政府购买服务的方式充实基层扶贫队伍，确保有足够的专业人员参与扶贫。另一方面，佛冈县政府同时加强对驻镇驻村扶贫工作队的大数据业务指导和培训，帮助驻镇驻村工作队员熟悉掌握信息化技能，提升扶贫工作的能力和效率。

其次，在数据采集上，政府实行了代办员制度，即让驻村干部、镇村干部成为贫困户的代办员，让其代办帮扶信息的上传。需要提及的是，由于贫困户文化素质不足等问题，代办员制度有效保证了数据采集工作的落实。

扶贫初期我们要一户一户地跑，很累，毕竟那么多户，而且很多时候要牺牲假期，但是没办法呀，确实很多贫困户不知道怎么办手续，不知道怎么上传信息，还有文化素质不太高。像我们去了，帮他们集中办，效率一下就提高了，这样我们也可以早点完成任务。（访谈资料，20200827）

可以看出，代办员的存在对于数据录入效率的提高起了重要的作用。此外，为保障数据采集的准确性，佛冈县政府更是建立起了常态化的核查制度，对录入数据进行统计、分析和研判。在责任划分方面，对录入扶贫信息系统的数据，严格按照"谁主管、谁负责，谁录入、谁负责"的原则，实行村、镇、县三级审核，驻村干部、第一书记对录入的贫困村、贫困户信息数据先自审，自审以后提交到镇复审，镇复审后若无问题则提交到县一级审查，审核人员要严把审核关，及时处理下一级提交的数据信息，并对审核结果签字确认。

再次，在大数据平台建设上，佛冈县将镇办事大厅和网上办事大厅有机结合起来，实现了线下线上扶贫大数据平台应用空间的扩大，拓展了扶贫大数据平台服务的范围。例如，县政府将涉及扶贫的服务事项集中到镇或县级办事大厅实行"一站式"办理，从而提高了事务办理的集成度；再如，政府推动了扶贫大数据平台与网上办事大厅对接，推进扶贫服务事项进驻网上办事大厅，从而拓宽了线上办事大厅应用范围。

再者，在大数据平台的使用上，佛冈政府充分运用广东扶贫大数据平台模块和"广东扶贫"App，以加强各地对扶贫建档立卡和项目数据录入的监控和校对。在实际运作中，各镇可以根据扶贫大数据平台反映的薄弱环节，找出扶贫工作的问题所在，并以此进行扶贫工作的督查巡查，推动实际工作中问题的解决。例如，从2017年3月开始，各镇政府需要每月从信息系统导出本地贫困人口录入数据，如发现数据异常的，即当月贫困人口比上月增减比例超过2%的，政府即被要求查找分析原因，并及时向县扶贫部门报告。

每个月都要上传，所以压力还是蛮大的。数据不好的马上就会被要求去报告。问题是这个可能会留下不好的印象，所以要格外留心。尤其是有时候上面还会时不时下来暗访，检查数据的真实性。（扶贫工作队队长B）

可见，对于数据的动态管理给基层官员施加了相应的压力，在推动扶贫工作及时完成的基础上，还能够更好地保证扶贫工作的质量。

最后，在不同扶贫大数据平台的整合上，县政府以县领导牵头抓总，建立起了扶贫大数据政务共享机制，并通过相关部门联席会议制度，推动各行业部门信息集聚和共享，避免了大数据平台的碎片化问题。例如，2017

第七章 "精准扶贫"广东实践的典型案例：清远市佛冈县

年项目录入模块已开发了县级行业部门数据批量导入功能，实现了县一级贫困户/低保/五保补助、贫困学生补助、住房改造补贴、生态林补助、种粮补贴等方面的数据与县级行业部门数据对接。

值得提及的是，佛冈县的扶贫对象识别工作除了具有全面性与精准性之外，还突出了对于贫困对象内部的边缘群体的识别工作。首先，对于残障人士而言，生活及工作能力的缺乏往往加剧这一群体的贫困处境。其次，对于女性而言，由于重男轻女现象在贫困地区尤为明显，残疾女性，尤其是女童的权益更可能无法得到保障。基于此，佛冈县在2020年2月出台了《关于做好智力残疾和精神残疾女童救助帮扶和关爱服务工作的通知》，以切实维护和加强困境女童的合法权益。这一举措突出了佛冈县的精准扶贫工作的层次性与系统性，体现了精准扶贫"不落一人"的全面性扶贫特征。

（二）聚焦产业扶贫，助力增收创收

与强调输送外部资源的"外输式"扶贫相比，旨在激发居民内在发展动力的"内生式"扶贫是精准扶贫的一项重要特征。作为"内生性"扶贫的关键引导要素，佛冈县依托当地资源所大力发展的各项产业为增加贫困户经营性收入、提高扶贫质量提供了保障。

为此，根据本县贫困户创收能力差且分散的特点，佛冈县在2017年出台了《佛冈县新时期分散贫困人口脱贫攻坚工作方案》，从而为产业扶贫提供了指导。基于此，佛冈县与一系列公司签订了投资项目。例如，佛冈县政府与万兴（佛冈）玩具有限公司签订了3800万元的合作项目，与佛冈华联有限公司签订了4200万元的合作项目。此外，还和与碧桂园签订资金项目36份。截至2019年年底，全县6个镇均有"一镇一业"，22个贫困村均有"一村一品"。全县实施精准脱贫项目616个，投入资金18510.6万元。八大统筹项目共投入资金10674.358万元，22个贫困村项目有496个，投入资金7225.58万元。面上村项目112个，投入资金610.67万元。（见表7-1）

表7-1 佛冈县精准扶贫投资项目介绍

八大项目	广东省金鲜美粮油有限公司	县级统筹资金5500万元进行投资
	华润电力新能源投资有限公司高山风电项目	县级统筹资金4515.42万元进行投资
	水电站	迳头镇统筹58.90万元进行投资
	柑橘大苗基地	迳头镇统筹20万元进行投资
	华旺畜牧设备公司	石角镇统筹250万元进行投资
	高佛冈县臻汇贸易有限公司	高岗镇统筹40万元进行投资
	清远市德晟光伏	水头镇统筹100万元进行投资
	惟德现代农业蔬菜基地	龙山镇统筹190万元进行投资
贫困村项目	集体项目231个	投入资金4923.34万元
	户项目265个	投入资金2302.24万元
面上村项目	集体项目11个	投入资金261.75万元
	户项目101个	投入资金348.92万元

资料来源：作者根据佛冈县扶贫开发领导小组办公室提供的数据整理。

案例1：石角镇三八村召开兰花种植项目收益分红大会，会议由三八村支部书记宋培信主持。石角镇党委副书记林育忠、驻三八村领导罗邦治党委委员等领导出席，驻村扶贫干部、村干部及46户贫困户参加分红会议。众富兰花基地负责人李杨明就三八村众富兰花种植基地的运行情况、项目的成效等进行详细的介绍，让贫困群众明明白白、高高兴兴地享受分红。最后，在现场各级领导的见证下，三八村干部为46户贫困户兑现了每户5000元的分红，共计23万元。分红现场气氛热烈，贫困户们在拿到分红之后，脸上都洋溢着灿烂的笑容，感激之情溢于言表。①

可以看到，产业项目的签订和投资为贫困村的贫困户们带来了实实在在的利润收益，使他们尝到了产业扶贫的甜头，因此更能激发其依托产业发展脱贫致富的内生动力，从而有利于扶贫对象从根本上实现脱贫。

---

① 佛冈县融媒体中心：《石角镇三八村众富兰花基地举行分红大会》，2020年1月19日，http://www.fogang.gov.cn/fgzx/tpxw/content/post_982826.html，访问日期：2020年6月24日。

第七章 "精准扶贫"广东实践的典型案例:清远市佛冈县

除了前期的资金投入外,为进一步扩大产业规模,使产业效益持续扩大,带动更多贫困户脱贫致富,各个村镇结合自身的实际情况与农业企业展开合作,探索出了不同的产业发展合作模式。

专栏7-1 佛冈县精准扶贫产业发展合作模式

1. "公司+基地+农户"模式

(1) 佛冈县惟德科技农业有限公司在龙山镇建设了两个种植场,两个场共有大棚700个,占地面积约230亩,投资约1400万元,日产约7000斤。龙山镇政府统筹"面上村"资金,组织全镇4个省定相对贫困村一起共计350万元扶贫资金入股佛冈县惟德科技农业有限公司建设现代农业蔬菜大棚,采取"公司+基地+农户"的方式,聘请本村9个以上建档立卡贫困人口到基地工作,并在5年的合作期内每年以"投入金额×9%"作为项目效益,贫困户以入股的方式获得分红,预计5年合作期14条村的合计收益315万元。合作期后惟德科技农业有限公司将原价回购该蔬菜大棚。

(2) 广东省佛冈金鲜美粮油食品有限公司是一家省级龙头企业,公司建立优质粮种植基地2个,面积680亩,带动农户种植面积1万多亩。通过提供种子和技术、定价收购的方式,2018年带动农户增收612万元,户均增收2500元。为进一步扩大产能和带动增收,公司接受了5500万元扶贫资金的入股投资,每年为贫困户固定分红9%,并用银行原始股作抵押,合作5年后本金返还给县政府。此举措为全县有劳动能力的贫困户2232户带来2217元/人的增收。

2. "公司+专业合作社+贫困户"模式

(1) 石角镇三八村按照"一村一品"的要求,经过深入调研评估后,最终确定墨兰种植项目,驻村干部物色优质可信的合作商家,并成立了众富兰花种植专业合作社。三八村所有有劳动能力的贫困户均加入了合作社,46户贫困户成功向银行申请贷款230万元。在各方努力下,项目总投入350万元,建设规模达到40亩。经过多次沟通,三八村与广

> 州清芳兰品农业科技有限公司及英德君泓兰花股份有限公司达成合作共识，确定了"公司＋专业合作社＋贫困户"的合作模式，由公司提供种苗、技术、固定价格收购等，把贫困户的贷款变为股金，每年享受固定分红。2018年已分红3000元/户，2019和2020年预计可分红5000元/户和7000元/户。
>
> （2）清远市广生元畜牧发展有限公司是一个原生态的鸡蛋养殖场，经过几年稳定发展已成为粤北地区最大的鸡蛋养殖基地。2019年7月，佛冈县农商银行为341户建档立卡贫困户发放贷款总金额1023万元。佛冈县汤塘镇成立专业合作社将小额信贷的贷款投入该公司，每年可为每户贫困户带来2700元收益。
>
> （3）自开展扶贫小额信贷工作以来，华农奶牛场与佛冈农商银行紧密对接沟通，形成一种以奶牛为核心的产业式精准扶贫模式。与广东华农大新龙畜牧股份有限公司通过"公司＋专业合作社＋贫困户"的合作模式，让贫困户获得的资金投入共同发展的奶牛养殖项目中，进一步扩大产业规模，让更多贫困户受惠。

此外，由于电子商务的应用有利于贫困村走出在空间上闭塞的困境，佛冈县还大力开展了电子商务进农村综合示范县建设。截至2018年，全县农村服务站点覆盖率已达到70%以上，其中，贫困村覆盖已达到100%，基本实现所有行政村主流电商快递物流双向畅通。农村产品的商品化、标准化、电商化、品牌化有利于带动贫困人口脱贫，进一步提高脱贫效率。

在产业脱贫的资金募集上，佛冈县坚持以农村金融作为主力军。具体而言，2017年佛冈县出台了《佛冈县精准扶贫小额担保贷款项目实施方案》，成立精准扶贫小额贷款办公室，处理和协调扶贫担保贷款中的各项事宜，同时设立300万元的担保基金和给予贴息的保障措施来加大对建档立卡贫困户的信贷支持，降低贷款风险，助其早日脱贫。贷款主要用于发展家庭种植养殖业、简单家庭加工业、家庭旅游业、农村电子商务业等生产经营类项目，购置小型农机具，投资当地新型农业经营主体如光伏、水电等增收创收项目，不得用于购置生活用品，建房、治病、子女上学等非生产

第七章 "精准扶贫"广东实践的典型案例：清远市佛冈县

经营项目。金融扶贫使得贫困户有了一定资本进行投资，从而能够积极投身于"造血"项目，早日实现脱贫致富。

同时，为进一步激发贫困户的"内生性脱贫"能力，佛冈政府还大力开展了对贫困户的就业与技能培训。

第一，由政府联系帮扶单位与农户，保障供需的精准对接。首先由佛冈县人力资源和社会保障局着手开展贫困家庭劳动力摸底调查工作，准确掌握贫困家庭劳动力情况，为有针对性开展就业技能帮扶打下坚实的基础。其次，政府主动与县内职业培训机构联系，并动员和组织有技能提升意愿的贫困劳动力参加免费技能培训，例如，举办刺绣技能培训班、壮瑶宝手工技能培训班、粤菜师傅培训班等多种类型的就业技能培训班。最后，政府主动与县内优质企业联系，在企业内设立"扶贫车间"，推荐有就业意愿的贫困劳动力就近就业。

第二，县政府对于参加技能培训的农户加以补偿。县政府出台了《佛冈县新时期精准扶贫就业扶贫以奖代补实施办法（试行）》和《关于促进有劳动能力贫困户就业务工的工作意见》，通过设立500万元的务工奖励基金，充分调动贫困户自我脱贫内生动力。按照"先干后补"原则，对有劳动能力、自愿参与就业扶贫项目的建档立卡户，经政府相关部门验收后，按照项目的收益状况给予相应的资金奖励。对于通过学习或参加正规培训获得职业资格证书的拥有较为稳定工作和可观收入的建档立卡贫困户，按其务工年收入的8%进行奖励；对于未参加过学习或正规培训，但积极务工并取得工资性收入的建档立卡贫困户，按其务工年收入的6%进行奖励；对于居家创业的，即在家中从事手工编织、农产品加工等工作的，按照其创业年度的纯利润（年度纯利润＝年度总收入－年度总成本）的8%进行奖励。单户就业扶贫奖补标准不超过3500元。

说心里话，去参加这些培训还是蛮有用的，关键是学完可以用来干活。而且只要你参加了这些培训，后面的你去主动做事，就算是在家做一些简单的，例如，编扫帚啊之类的，都可以得一些额外的钱。而且有时候还确实学到了一点东西吧，比如，怎么推销自己的东西。（访谈资料，20200827）

由此可见，通过对就业培训的激励，贫困户的学习积极性得以提高，从而有利于进一步提高其脱贫的效果。

第三，在吸聚、调配村庄经济资源的过程中，帮助贫困户营销农产品、掌握营销技能方面，扶贫干部发挥了重要的作用。

案例2：近日，涅镇村扶贫干部在走访贫困户过程中，得知贫困户韦大姐因受疫情影响在山上散养的2600多只本地走地鸡销售不佳。涅镇村扶贫干部到韦大姐的鸡棚实地了解相关情况后，通过线上线下等方式帮助韦大姐解决农产品销路问题。为帮助韦大姐解决销路问题，扶贫干部们纷纷做起了产品代言人和私家快递员。他们将介绍韦大姐的走地鸡和村中其他贫困户的农特产品的场景，和邀请厨艺精湛的村干部教授烹制"特色焗鸡"做法的场景制作成微视频，以直播的方式推介给单位同事和朋友。同时，扶贫干部还用自己的私家车帮助贫困户将农畜产品送到客户手中。该做法得到了同事和朋友的认同和响应。广州市越秀区洪桥街道办事处更是积极发动广大党员干部职工进行采购，并出资安排车辆运输，通过"以购代捐"的方式促进消费扶贫，为贫困户增加收入。仅清明期间，扶贫干部就帮助贫困户销售了151只走地鸡、100斤土淮山、160只土鸡蛋和200只土鸭蛋，共计销售额1.3万元。扶贫干部还利用空余时间，专门上门教导韦大姐如何利用微信录制视频、拍摄照片、撰写简单的文字描述后把作品发布到朋友圈，指导她利用物流打包运输，通过村党总支部连线附近的卖鸡商家，想方设法帮助其拓宽养殖销路和渠道。经过数天的培训，韦大姐基本掌握了以上销售技能。4月1日至9日，韦大姐自销麻鸡1000多只，销售额近7万元。贫困户韦大姐表示，自己已和附近的养殖商家建立购销关系，鸡的销路问题也得到了解决，真的非常感谢帮扶单位、村党总支部及驻村扶贫干部们给予的帮助和教导。

涅镇村扶贫干部表示，今后将会继续通过线上线下、微信朋友圈和"以购代扶"等多种形式开展扶志扶智工作，帮助贫困户拓宽农产品销售渠道，有效促进贫困户增收脱贫。①

在这个过程中，一方面，扶贫干部通过私人帮助的形式努力让自己嵌入被帮扶对象的生产生活中，设身处地地为贫困户谋脱贫谋发展，进一步

---

① 李卓凡：《涅镇村扶贫干部助力贫困户农产品销售》，2020年4月10日，http://www.fogang.gov.cn/qyfgls/gkmlpt/content/1/1105/post_1105539.html#2817，访问日期：2020年6月24日。

第七章 "精准扶贫"广东实践的典型案例:清远市佛冈县

拉近与贫困户之间的距离,从而有利于后续工作的开展;另一方面,扶贫干部也利用自身在包含农村与更广阔的外部环境的社会网络中的"结构洞"位置,吸引来自其他网络中的更多资源的流入以及促进农村产品的推销。从这个角度看,佛冈县精准扶贫的过程实际上也是努力将相对孤立、异质的乡村网络融入城市网络、尽可能破除城乡二元对立格局的过程,并且这一行动是由政府所主导,推动城市资源融入乡村的"反哺"过程。

(三) 落实民生保障性扶贫工作

除致力于从根本上推动贫困者"造血"功能的完善外,佛冈县政府还推动了一系列民生保障性的"输血性"扶贫工作。这些工作有利于更直接地改善贫困者的恶劣的外部环境、推动社会安全网络的形成,从而避免情况进一步恶化及促使贫困者尽快走出贫困境地。具体而言,佛冈县的民生保障性扶贫工作主要包括四个方面。

第一,保障落实危房改造。对于部分整改工作,首先,佛冈县政府采取兜底原则,以尽量减轻农户负担;其次,政府还督促历年危改任务中未装修入住的危改户尽快装修入住;最后,对于住房改造实行动态监测机制,切实保障贫困户住房安全。2016—2018 年,佛冈县预脱贫户需落实 2201 户,已落实 2065 户,落实率 93.82%。2019 年有 82 户为建档立卡贫困户,全部列入县 2019 年农村危房改造计划任务。截至 2019 年 11 月 30 日,已全部竣工并验收拨付。

其实这也算是一个契机吧。之前因为各种原因,当然主要还是资金的原因,部分危房改造的进度就是难以推进了。(精准扶贫)政策一来后,上面拨了一批专项款过来,资金就有了着落。趁着这个机会刚好可以把这些危房给解决掉。(访谈资料,20200827)

第二,落实贫困子女的教育保障工作。贫困的代际传递是影响脱贫的一个重要方面,为了避免贫困的再生产,对贫困子女的教育进行保障是推动脱贫的一个重要措施。佛冈县在实施教育精准扶贫方面,对贫困户子女就读小学、初中、高中、中职(含技校)、全日制高等院校(大专)实行生活费补助,避免因贫辍学情况的发生。

我觉得这个政策还是很好的,毕竟我怎么穷都不怕,怕就怕在孩子穷。

我孩子也怎么穷都不怕,就怕上学穷。上学多重要啊,不是说知识改变命运吗?发的这些钱就能在很大程度上节省上学的负担。(访谈资料,20200827)

对教育的扶贫有效减少了贫困户的教育负担,为降低贫困的代际传递提供了保障。

第三,落实养老、医疗保障。对于养老保险,截至 2019 年 12 月 30 日,全县符合参加社会养老保险的贫困人口 8817 人,其中,参加城乡居民养老保险 8799 人,参加企业职工养老保险 18 人,参保率 100%;60 周岁以上符合领取养老待遇 3723 人,目前领取城乡居民养老保险待遇 3713 人,领取职工养老保险待遇 10 人。领取城乡居民养老保险待遇率达 100%。对于医疗保险,截至 2019 年年底,佛冈目前在册建档立卡贫困人员名单共 11544 人,均已按照国家精准扶贫"三保障"政策规定,全员参加佛冈县 2019 年度、2020 年度城乡居民医疗保险。

第四,落实好低保政策的兜底工作。佛冈政府将符合条件的农村贫困家庭全部纳入低保范围,逐步实现低保线与扶贫标准线"两线合一"。对不符合低保政策的无劳动能力的贫困人口,佛冈县设立最低生活救助金,将其纳入最低生活救助。2019 年 1—12 月,将全县 3105 名建档立卡无劳动能力的贫困户纳入精准扶贫兜底范畴,完成率为 100%,共发放基本生活保障金 64.79 万元。

(四)完善基础设施建设,提升公共服务能力

推动贫困地区的基础设施建设。基础设施建设的滞后是阻碍经济资源向贫困地区流动的重要原因。为此,县政府在贫困村大力推行了基础设施建设。在供水方面,目前通过近年的饮水安全工程、村村通自来水工程建设,已经基本形成覆盖全县的农村供水安全保障体系。全县 781 个自然村,已有 640 个自然村实现了集中供水,覆盖率达到了 81.95%。全县 22 个省定贫困村已全部落实供水建设方案,到各村的配水管网已经基本铺设完毕。在交通方面,佛冈县制定了《佛冈县行政村"村村通班车"实施方案》,大力推进农村公路生命安全防护工程和窄路路基拓宽工程的建设,并按照建制村通客车目标,2019 年开通了 10 条农村客运线路,实现全县 78 个建制

第七章 "精准扶贫"广东实践的典型案例：清远市佛冈县

村 100% 通客车（含公交）。在通讯方面，佛冈县制订了信息基础设施建设三年行动计划，着力解决县内乡村工作中手机网络信号覆盖率低的问题。2019 年，中国电信实现了 5 户以上自然村光网络信号覆盖，20 户以上自然村手机信号基本覆盖。全县实现所有行政村、20 户以上自然村的手机信号、网络信号基本覆盖。

> 总之一个字，就是修！修水、修路、修信号。想致富，这些东西都不能少。你没有这些东西谁愿意过来做生意？这些是基本的。这些东西通了，我个人称之为'三通'，钱也就通了。另外这些基础设施的改善也可以提高贫困户的生活质量嘛，以前条件实在太恶劣了。（访谈资料，20200827）

可见，基础设施的完善为开发式扶贫提供了保障，同时也提高了贫困者的生活品质。此外，佛冈县还大力推进农村社区卫生服务站和农村社区公共服务中心站的规范化建设，力图实现对贫困户的公共服务保障全覆盖。

（五）关注边缘群体，确保帮扶不落一人

贫困地区残障人数较多，其中，智力和精神残疾是十分严重的残疾，残疾人士因失去劳动能力甚至是生活自理能力而陷入贫困的状况，尤其值得重视。此外，重男轻女现象在贫困地区尤为明显，因此，患有精神疾病的女童的处境更加艰难，更难以得到应有的照顾。为此，佛冈县出台了《关于做好智力残疾和精神残疾女童救助帮扶和关爱服务工作的通知》，以加强救助与帮扶，切实维护和保障困境女童的合法权益。具体来讲，首先，通过由政府工作人员上门协助或网络办证等多样化的措施积极为未满十八周岁的困境女童办理残疾证，确保残疾人证全面覆盖，并对已有符合条件的和疑似残疾的女童进行系统的排查和登记。其次，将符合残疾条件的女童家庭纳入重点扶贫对象，对有法定监护人的女童实行一对一的结对帮扶，扶贫工作队须定期走访慰问残疾女童及其家庭，了解和解决其实际需求，同时开展具有针对性和形式多样的关爱服务。最后，落实对残疾女童的各类保障。在教育保障方面，政府通过线上教育、送教上门等多种方式，帮助精神残疾女童完成义务教育，着力帮助其解决入读特殊学校的问题；医疗保障方面，为患病女童办理城乡居民医疗保险，同时指导医疗机构须及时收治患病女童，并为其提供评残证明；按期足额发放残疾人两项津贴，

保障其基本生活水平。

（六）发挥政治优势，党建扶贫并举

由于贫困地区存在如公共物品问题、扶贫的外部性问题等一系列市场失灵问题，以政府干预为主的扶贫策略成为必然。而在如何对政府进行动员这一问题上，佛冈县政府采取了依托党组织进行政治动员的策略，推动党员干部将注意力向精准扶贫议题转向与维系。

第一，由第一书记挂帅，充分发挥第一书记在精准扶贫中的作用。在扶贫工作负责人的安排上，全县22个贫困村由广州市和清远市相关单位对其进行对口帮扶，余下的56个村由本县自行帮扶，从县直副科以上单位和党组织关系在本县的省市直单位各派优秀干部担任帮扶村第一书记。

三年一任，任内要负责组（基层队伍的）班子，班子里你就是第一责任人。队伍里的扶贫任务要一起分担，但是出了事首先是找你，所以责任还是特别大的。另外，还要求我们经常入户，像我大概每周周末基本都会去那些贫困户看看，看看有啥困难没有，之前的问题解决没有。没办法，我们要起到引领作用嘛，而且扶贫任务还是很重的，必须盯着完成才行。这也是提高队伍士气的一个办法。（访谈资料，20200827）

与首长负责制相结合的严格的目标责任制给予扶贫队伍以重大的压力，这种压力迫使扶贫官员对脱贫进度进行跟进，保证了扶贫效率。

同时，为了对第一书记进行激励，政府强调派出单位要当第一书记的后盾，在各方面给予支持。例如，驻村期间，驻村工作队长和第一书记在原单位的有关待遇不变，驻村发生的食宿、交通、差旅补贴等费用，由原单位按规定予以报销，以进一步提高扶贫系统干部的积极性和战斗力。

首先，政府还强调组织部门对第一书记的督查指导，严格考核精准扶贫成效。具体做法包括强调宣传部门应及时发现和宣传驻村工作中的第一书记先进典型，不能胜任的，及时"召回"调整。其次，第一书记任期满后，要对其工作成效进行考察，考评结果作为评选先进、提拔使用、晋升职级的重要依据，表现优异的按干部管理权优先提拔使用。最后，对抓党建促脱贫工作不到位、扶贫脱贫目标完不成的，要对单位主要负责人及分管领导实行问责。

第七章 "精准扶贫"广东实践的典型案例：清远市佛冈县

通过对第一书记的任命，政府对基层的嵌入实际在某种程度上有了"代理人"。这种"代理人"一方面能够依托其背后的组织资源推动各地问题的解决，另一方面可以"下达民意"，对精准扶贫中所遇到的各项问题进行及时反映。此外，通过对"第一书记"扶贫权责的强调，上级政府可以以这些"关键责任人"为支点，撬动其属下官员的扶贫积极性，从而巧妙地实现对基层官员更广泛的政治动员。

第二，优化基层党组织领导班子结构。在职责上，第一书记更多承担的是对扶贫工作的"总体责任"，实际上在实践中较少面对更具体的扶贫事务。为避免基层扶贫的"主体悬浮"问题，政府对基层党组织领导班子进行了优化，并依托基层党组织推动扶贫任务的进一步完成。为此，对于基层贫困村的党组织带头人，佛冈县政府强调应从对家乡有建设作用的乡贤中选拔，如大学生村官、乡村医生、教师、致富带头人等。选拔完成后，政府还会继续加强这些带头人的专业化能力培养和作风建设，以确保领导班子的个人素质过硬，能切实解决群众的实际问题。

案例3：李扬明，中共预备党员，现任佛冈县石角三八公共服务站站长。他从事土方工程行业，高中毕业以来凭借自己的勤劳和眼界从开手扶拖拉机到现在成为拥有十几台钩机、推土机的"粤松工程机械公司"的老板，跌宕起伏，历经风雨。在拥有财富的同时，他也是一个关心家乡发展建设的贤人。在自己个人先富起来的同时，他也一直在默默地参与家乡的公益事业，村里每次搞公益活动或惠民建设工程，他没落下过一次。

去年（2017年）恰逢三八村的书记（站长）到了退休年龄，选贤举能，在群众的拥护下，李扬明当上了三八公共服务站站长，同时兼任经济联合社社长。上任后，他面临着村委一穷二白的境况，自己不得不垫资了2万元才解了燃眉之急。面临村内各项建设落后的情况，他深知只有发展才是硬道理，于是他身体力行带着全村搞农业产业建设，充分利用政策积极为贫困户申请小额贷款。在他的带领下，三八村的村容村貌整个焕然一新，对于新农村建设的成果，村民们十分满意并给予了李扬明高度的评价："有李扬明这样的致富带头人，我们对未来充满了信心。"①

乡村能人具有更熟悉本地"乡土社会"的优势，这种优势可以帮助他结合当地实际对外部输入的资源进行更优的配置。此外，其私人关系网也有利于以"软方法"对扶贫中遇到的困难进行变通性解决。对这些新乡贤的任用实际上是对自上而下的行政式扶贫路径的一个潜在补充，从而提高了扶贫战略的灵活性。

第三，整顿贫困村涣散的党组织。除了以第一书记、党组领导班子为抓点以外，县政府还对基层党组织进行更系统的组织建设。在整顿的主体上，由县委书记带头亲自抓"老大难"贫困村，镇党委领导班子包村整顿，组织部门要联合民政、扶贫、农业、财政等部门综合施策，第一书记和驻村工作队协助开展整顿。在基层组织的职权上，县委按照农村基层党组织发挥领导核心的作用要求，制定村党组织权责清单，强化党组织的人事安排权、重要事项决定权、领导保障权和管理监督权。此外，基层领导班子还应按照"四议两公开"要求，规范实施班子联席会议制度和党群联席会议制度，由党组织提议召开，党组织书记负责召集并主持会议，讨论决定村中经济社会发展的重要问题。在被整顿对象上，强调各级党组织通过留存一部分党费，每年对村党组织书记和村委会主任进行一次集中的轮流培训。

主要就是培训上面的文件精神，更重要的还有各种惠农政策知识，还有农业知识和大数据之类技术的知识。还是蛮接地气的，你总不能去扶贫，结果人家问你你一问三不知吧。这样我们肚子里的货也多了些，也方便我们后面开展工作。（访谈资料，20200827）

通过对扶贫人员的培训，扶贫队伍的专业素质得以进一步提升，这为其后续扶贫工作的开展打下了基础。

（七）凝聚多方力量，形成"大扶贫"格局

政府作为扶贫的主体，发挥着核心的力量和作用。但由于贫困地区的

---

① 佛冈县扶贫办：《脱贫致富带头人——李扬明》，2018年9月12日，http://www.fogang.gov.cn/fgxzwgk/zdlyxx/fpgz/tpcxjkh/content/post_918992.html，访问日期：2020年6月24日。

第七章 "精准扶贫"广东实践的典型案例：清远市佛冈县

基层政府资源和能力有限，需要通过上级政府和发达地区政府的支持和援助才能更好地完成脱贫任务，因此，对口帮扶模式在精准脱贫中发挥着重要作用。佛冈县政府就落实采用了部门帮扶责任制，全县22个省定贫困村由广州市帮扶20个（广州市直帮扶4个，越秀区帮扶16个），清远市帮扶2个（见表7-2）。县直单位挂钩56个有分散贫困人口的村，统筹进行帮扶（见表7-3）。借助上级政府和发达地区政府的先进经验，发挥其各类资源优势，集中力量助力精准脱贫，一方面能更有针对性地帮扶贫困群体实现脱贫，另一方面也更能彰显"一方有难，八方支援"的社会主义制度的优越性。

表7-2 佛冈县相对贫困村帮扶情况

序号	县别	乡镇	行政村	帮扶单位
1	佛冈县	高岗镇	高岗村	越秀区建设和水务局
2	佛冈县	高岗镇	高镇村	越秀区公安分局
3	佛冈县	高岗镇	新联村	越秀区黄花岗街
4	佛冈县	迳头镇	社坪村	越秀区教育局
5	佛冈县	迳头镇	大村村	越秀区文广新局
6	佛冈县	龙山镇	从化围村	越秀区财政局
7	佛冈县	龙山镇	浰镇村	越秀区洪桥街
8	佛冈县	龙山镇	关前村	越秀区东山街
9	佛冈县	龙山镇	白沙塘村	越秀区房管局
10	佛冈县	石角镇	小梅村	越秀区公安分局
11	佛冈县	石角镇	二七村	越秀区食品药品监督管理局
12	佛冈县	石角镇	石铺村	越秀区民政局
13	佛冈县	石角镇	里水村	越秀区市场监管局
14	佛冈县	水头镇	新坣村	越秀区珠光街
15	佛冈县	水头镇	石谭村	越秀区光塔街
16	佛冈县	水头镇	桂元村	越秀区商务局
17	佛冈县	汤塘镇	黎安村	广州市城市更新局
18	佛冈县	汤塘镇	高岭村	广州医科大学

续表 7-2

序号	县别	乡镇	行政村	帮扶单位
19	佛冈县	汤塘镇	石门村	广州市审计局
20	佛冈县	汤塘镇	大埔村	广州港务局
21	佛冈县	迳头镇	青竹村	清远市住建局
22	佛冈县	迳头镇	井冈村	清远市农村农业局

表 7-3 佛冈县部分机关单位对口援助情况

序号	帮扶联系镇	挂扶贫困村	相对贫困人口（户）	挂扶贫困村帮扶单位
1	石角	黄花	152	县委办、武警中队
2	石角	吉田	43	县科协
3	汤塘	联和	85	城北中学、建行佛冈支行
4	汤塘	新塘	97	县档案局、县信用用联社
5	汤塘	汤塘	116	佛冈中学
6	迳头	楼下	46	县纪委
7	石角	三八	148	县土地开发储备局
8	石角	科旺	130	清远市长线局佛冈分局
9	汤塘	洛洞	46	县市场开发服务中心
10	汤塘	脉塘	118	县检察院、县人武部
11	汤塘	围镇	69	县审计局、农行佛冈支行
12	龙山	门楼富	54	县食品药品监管局
13	龙山	浮良	43	县供销社

资料来源：作者根据佛冈县扶贫开发领导小组办公室提供的数据和佛冈县人民政府网站资料整理。

此外，由于精准扶贫的复杂性和艰巨性，单纯的政府力量帮扶可能存在覆盖面不够、精英俘获、效率低下等局限性。为此，佛冈县政府除完成政府在精准扶贫上的主体性职责之外，还广泛凝聚社会力量，以形成"大扶贫"格局，尽可能地对政府扶贫工作进行补充。

具体而言，佛冈县对各项有助于扶贫工作的志愿服务活动和调研活动

第七章 "精准扶贫"广东实践的典型案例：清远市佛冈县

进行了鼓励和支持，内容包括：支持社会各界人士参与爱心捐献活动，为贫困群体捐款捐物；支持大学生等教师群体来下乡义教，为贫困人口子女提供良好的教育，开拓贫困学生的视野，激励其努力读书，用知识摆脱贫困；支持专业医疗群体下乡义诊，给贫困群体的健康增添保障；支持科技文化行业的专家群体下乡调研，为县各个镇、村的扶贫工作提供指导性的意见和建议，同时也为争取上级政府的政策支持和向社会宣传介绍该县助力。

案例4：2019年11月24日上午，广佛善心志愿者团队共120多人来到汤塘镇四九村开展扶贫慰问活动。在活动开展前，驻村扶贫工作队杨东权同志详细为志愿者们解答扶贫工作问题，介绍四九村社会事业发展、乡村振兴等工作和扶贫工作进度，并介绍了这次慰问活动的六户建档立卡贫困户。为表达对善心志愿者们的衷心感谢和表达美好的祝愿，杨东权同志还代表帮扶单位与村"两委"向广佛善心志愿者团队献上锦旗。这次慰问活动，广佛善心志愿者团队向这六户贫困户每户赠送了价值1000多元的日常用品与家电，部分善心志愿者还向每户贫困户捐献慰问金额1400元。①

志愿团队等社会力量的加入进一步壮大了社会扶贫力量。此外，志愿爱心人士所拥有的专业特长也有利于弥补政府扶贫的能力局限。正是多方社会力量对扶贫工作的参与，"大扶贫"格局得以实现，这也体现了政府对于广大社会资源的强大动员能力。

二、佛冈县实施"精准扶贫"战略的主要特点

（一）运动式扶贫的制度化

佛冈县"精准扶贫"战略具有鲜明的运动式治理制度化的特点。

首先，在佛冈县"精准扶贫"战略开局之年的2016年，县委组织部所

---

① 佛冈县汤塘镇人民政府：《广佛善心志愿者团队助力四九村脱贫攻坚》，2019年12月27日，http://www.fogang.gov.cn/qyfgtt/gkmlpt/content/0/965/post_965096.html#2803，访问日期：2020年6月24日。

颁布的《中共佛冈县委组织部关于抓好党建促精准扶贫精准脱贫三年攻坚的实施意见》明确提出"坚持从组织路线服务政治路线的高度"开展精准扶贫工作，由此，县精准扶贫工作便上升到了政治高度。这意味着，对各级党员领导来说，如果未能做好"精准扶贫"工作，不仅仅是行政工作的失败，更是对"全面建成小康社会"这一重大政治任务的不重视。这种行政议题政治化的过程使官僚组织的注意力被高度聚焦于"精准扶贫"工作中。

其次，作为佛冈县"精准扶贫"工作的纲领性文件，《佛冈县新时期精准扶贫帮扶工作方案》花了大量篇幅用于对扶贫目标分配及扶贫人员的职责划分进行规定，这实际代表着上级政府通过目标责任制将政治压力传递到各级党员领导身上。尤其是通过对党政第一领导人挂以脱贫任务的"第一责任"，党政一把手的扶贫积极性得以激发。

我们这儿叫"领导挂点、单位包村、干部包户"。总之就是把责任划分得相当明确。哪里出了问题，是谁的责任，一查就知道了。一把手在做事上是一把手，在承担责任上也是第一把手。所以必须逼着下面的人和你一起完成任务。不然是要问责的，谁也承担不起。（访谈资料，20200827）

清晰的目标责任制赋予各级党员领导巨大的政治压力，使得党员领导们对任务的思维由"需要完成"变为"不得不完成"，这推动了扶贫速度的提升。

最后，在机构建设上，佛冈县为"精准扶贫"特地成立了脱贫开发领导小组，小组成员由县委主要领导担任，这使"首长负责制"得以进一步制度化。在脱贫开发领导小组之下，佛冈县在2017年还成立了佛冈县脱贫攻坚决战工作专责小组，小组的职责在于领导各专项任务下的扶贫工作，相当于脱贫攻坚的中观负责机构。在最基层，由驻村扶贫工作队处理最直接的扶贫工作，工作队成员共担风险、责任与成果，这使政治动员的触手得以延伸至最基层。

（二）社会政策和经济政策相结合的复合式扶贫策略

面对复杂的贫困问题，佛冈县采取了多模式、全方位的社会政策和经济政策相结合的复合式扶贫策略。

第七章 "精准扶贫"广东实践的典型案例：清远市佛冈县

第一，面对贫困现状，佛冈县采取了保障性扶贫模式，即通过一系列民生工程，直接改善贫困地区的落后现状。首先，危房的存在直接影响了贫困者的生活质量，甚至危及其生命安全。通过落实危房改造工程，较好地改善了贫困村民的生活品质。其次，对贫困子女教育权的保障，有利于避免贫困的代际传播，有效遏制了贫困边界的扩张。再者，通过对养老保险、医疗保险及低保政策的落实，有效构建了对贫困者的扶贫安全网。再次，通过加强贫困地区落后的基础设施建设，为产业扶贫打下了基础。最后，通过强调对残疾女童等贫困群体内部的边缘群体进行进一步的关爱，体现了与当地特殊实际的结合，并完善了扶贫工作的覆盖面。

第二，为从根本上促使当地居民脱贫，佛冈县采取了开发式扶贫模式，即通过与企业合作、在当地设立项目等形式发展产业。此外，为了推动贫困者的就业，一系列就业培训活动也开展起来，这有利于提高贫困者的就业竞争力，增加其生活收入，更重要的是激发其脱贫的内生性动力。开发式扶贫实质上是"造血式扶贫"，这种扶贫模式有利于在保障性扶贫模式的基础上提高被扶贫者自主脱贫的意识与能力，从而有利于可持续脱贫机制的建立，最终提高脱贫的质量。

第三，基于当地优质的自然生态条件，佛冈县采取了发展绿色农业等生态建设扶贫模式。例如，在汤塘镇大铺村，当地引进了新技术和新品种，成功开发了鱼菜共生绿色生态循环项目、飞天芦鸭养殖基地、山泉水酿酒坊等子项目。这些绿色项目的开展充分利用当地良好的自然环境，同时其绿色农业的本质更是有利于避免经济开发给环境带来的过度污染，从而推动经济效益与社会效益的统一。

第四，为充分发挥扶贫资源的最大效用，更具针对性地帮扶贫困对象，佛冈县采取了对口帮扶模式。对口帮扶的一个重要特色便是让不同层级或不同属地的部门机关分别直接对口贫困村和贫困户进行扶贫，这种做法有利于充分结合各个部门机关的职能优势，为扶贫队伍的能动性的发挥开拓空间，同时在扶贫技术手段、经济往来合作、人才交流等方面也利于开展深层次全方位的协作。

第五，为帮助贫困户脱贫提供更多的资金扶持，佛冈县采取了小额信贷模式。佛冈县所专门出台的《佛冈县精准扶贫小额担保贷款项目实施方案》为贫困户小额信贷的获得提供了保障。面对零散的贫困户，小额信贷具有灵活性的优势，从而更符合其生活实际。通过为贫困户提供小额信贷，贫困户得以增加其生活状况改善、就业乃至创业的资本，从而为其脱贫创造更有利的经济条件。

不同的发展模式实际对应着贫困的不同方面。例如，保障式扶贫着眼于直接改善贫困现状，开发式扶贫着眼于建立更加可持续的扶贫机制，生态建设扶贫实际上是在结合当地实际基础上所推行的特色性扶贫模式，机关对口扶贫着眼于扶贫资源的优化配置，小额信贷模式落脚于贫困者生活、生产所需的资金问题。由于贫困实际上涉及自然、社会、经济甚至政治等多元化议题，这种复杂的属性决定了扶贫模式的复合性。因此，可以说，佛冈县的复合型扶贫模式实际上是由贫困的复杂本质所决定的。

（三）因地制宜地发展特色扶贫产业项目

为进一步提升扶贫效果，佛冈县在扶贫政策的推行上充分结合了当地特色，这集中体现在其特色产业的开发上。

首先，全县大力发展生态旅游扶贫。佛冈县属于山区县，拥有省级林场和自然保护区各1个，森林覆盖率达70%，崇山峻岭环境优美；地处广东最大的温泉集聚带，拥有全国唯一的出水温度达到87摄氏度高温珍稀氡温泉；历史悠久，文化底蕴深厚，民风民俗保留得较为完好。此外，佛冈又是清远面向大湾区的南大门，发展机会难能可贵。因此，佛冈县立足自身的地理位置和生态资源优势，聚焦温泉、康养、美丽乡村等重点领域，带动贫困户积极融入，扶持贫困群体开展农家乐、特色民宿、农业观光采摘、沉浸式体验等多元的旅游项目。

我们举办了很多节日，比如中国（广东佛冈）民间狮王大会暨佛冈豆腐节狂欢活动，属于全国"乡村春晚"联盟活动的一部分，还有佛冈县"中国农民丰收节"系列活动、广清穿越徒步大会、佛冈县"乡村美食"擂台赛等活动。这些活动吸引了很多游客过来，也提高了佛冈的知名度。这样又有利于企业过来投资。（访谈资料，20200827）

可见，通过对佛冈旅游资源的开发，佛冈县的"象征性资本"得到加强，这反过来有利于吸引投资、增加居民收入，从而为经济资本的壮大创

第七章 "精准扶贫"广东实践的典型案例：清远市佛冈县

造条件。

其次，利用良好的自然环境发展生态农业。具体而言，佛冈县着眼于"一村一品"的发展方向，以农业企业、合作社、家庭农场等为龙头，推行"公司+专业合作社+农户""公司+基地+农户""专业合作社+农户"等合作模式，给贫困户创造更多的就近就业机会，拓宽致富门路。同时结合贫困户实际，开展养殖、种植项目，并通过技术、销售扶持保障贫困户稳定持续发展产业，稳定增收。

发展模式的创新使得佛冈为生态农业的发展提供了技术支持，增加了资金来源，拓宽了销售渠道，推动了生态农业的高质量发展。最终，经过不懈的探索，佛冈县发展出了三大特色农业产业，并打造了"3+X"的农业产业体系。

其一，柑橘产业。通过制定《佛冈县柑橘产业创新发展2019—2021年实施细则》和《2019年佛冈县柑橘产业发展实施方案》，2019年全县新种柑橘面积为8502.3亩，其中，新种30亩以上的有48户，已进场正在整地的有3619亩，有种植计划5469亩。新增家庭农场5个，新增专业合作社22家，已完成新建400亩柑橘种植示范基地、920亩柑橘统防统治示范园、20亩无病毒柑橘大苗繁育基地。

其二，茶叶产业。佛冈茶叶累计种植面积1000亩。种植茶叶较具规模的主要是观音山生态茶叶有限公司在石角镇观山村开发的"佛冈县观音山生态茶叶种植观光园"项目，基地种植规模约600亩，主要种植品种是英红九号、鸿雁十二号，邹镜初茶场200亩、农户分散种植约300亩。

其三，清远鸡产业。通过制订《佛冈县2019年清远鸡产业发展行动计划》，截至2019年12月，清远鸡存栏222.314万只，已出栏401.3478万只，规模以上养殖场数量为217家。

最后，探索推进新能源产业。佛冈县积极探索符合本地实际的光伏扶贫项目建设模式，力图实现光伏发电与精准扶贫相结合。通过抓好光伏扶贫资金扶持、项目审批、收益分配等政策落地，确保光伏扶贫收益精准落实到特困人口身上；借助光伏扶贫大好政策和稳定收益，保障最困难的贫困人口兜底脱贫。如佛冈县水头石潭村光伏已并网发电，新坐村光伏项目也正在建设当中。

通过结合当地实际的因地扶贫项目，佛冈县的扶贫工作得以更具效率，扶贫质量也得以进一步提高。

三、佛冈县实施"精准扶贫"战略的主要成效

（一）全面落实精准扶贫目标任务

2020年是脱贫攻坚的收官之年，佛冈县的总体目标是确保符合新时期精准扶贫标准的贫困户全部如期脱贫。根据佛冈县2016年颁布的《佛冈县新时期精准扶贫帮扶工作方案》，佛冈县新时期精准扶贫任务中有贫困户5357户、11544人。包含有劳动能力的贫困户2061户、7183人；无劳动能力的贫困户3296户、4361人；因病致贫1056户、2555人；因学致贫352户、1237人；因残致贫1054户、2517人；有相对贫困村22个（其中，广州市帮扶20个），分散贫困村56个。截至2019年12月31日，佛冈县全部贫困户均已达到脱贫标准并标识脱贫。由此可见，经过4年的政策实践，佛冈县的精准扶贫目标任务得到全面完成。[①]

（二）扶贫队伍建设日益规范

通过对驻村干部队伍实施轮换与培训，优化基层组织结构；开展"青苗"培育工程和"头雁"工程，精选驻村第一书记和党建指导员，确保优秀的扶贫人才得以重用；积极开展党建工作等措施，使扶贫队伍的思想素质和能力水平都得到有力的提升，这为佛冈县的"精准扶贫"工作创造了良好的智力支撑。

每半年就要开展一次"两学一做"，由县委组织部和县委扶贫办组织。另外，会经常对第一书记进行考评。有的书记做得好的被树立成了典型，这当然会对政治前途很有帮助咯。没有完成任务的书记也会被批评，有些甚至可能会被通报批评甚至"召回"。所以最后基本上每个人都是尽百分之两百的努力来干扶贫这个事的。怎么说呢，算是对自己负责，对组织负责，

---

① 数据由佛冈县扶贫开发领导小组办公室提供。

第七章 "精准扶贫"广东实践的典型案例：清远市佛冈县

也是对百姓负责吧。(访谈资料，20200827)

扶贫队伍的素质建设有效地提高了扶贫人员的工作能力及工作积极性，从而为扶贫任务的完成打下了坚实的组织基础。

(三) 脱贫质量逐步提升

产业扶贫方面，在发展旅游业上，2019年，佛冈旅游经济数据取得了两位数增长：接待国内外游客超654万人次，同比增长11%以上；旅游总收入超44亿元，同比增长15%以上。旅游扶贫所带来的经济效益是巨大的，促进了全县的整体经济发展水平的提高，从而使区域内的贫困人口也都受益良多。

在发展农业产业方面，2019年佛冈县建设了12个"一村一品项目"，"一村一品"专业村约束性任务指标已全部完成。值得一提的是，这些项目很好地结合了各地自身的实际，因地制宜，从而使得项目卓有成效又各具特色；同时，广泛采用农业企业、合作社、家庭农场三者间的多种合作模式，使农业产业发展根基更加稳固，收益最大化。

此外，该县更进一步地拓展思路，积极发展新能源产业，将"精准扶贫"工作与国家光伏发电政策相结合，积极探索出了符合当地实际的光伏扶贫项目建设模式，确保了光伏扶贫收益精准落实到特困人口身上。佛冈县借助光伏扶贫的有利政策和稳定收益，保障最困难的贫困人口稳定脱贫。[①]

(四) 配套保障措施日臻完善

具体来讲，佛冈县"精准扶贫"配套措施的完善主要表现在以下5个方面。

第一，基本的物质生活需求保障日益完善。佛冈县为建档立卡无劳动能力的贫困户提供基本生活保障金兜底，为贫困户的生活提供了基本的资金保障；危房改造项目得到验收拨付，完成率100%，这有效地消除了贫困户住房的安全隐患；供水、交通、通信等基础设施工程建设卓有成效，基

---

① 数据由佛冈县扶贫开发领导小组办公室提供。

本实现全覆盖。

第二，教育资金保障工作持续推进，学生补助得到发放与落实。截至2018年年底，全县应落实人数2342人，已全部落实。自开展精准扶贫精准脱贫工作以来，全县共发放建档立卡贫困户子女生活费补助3918人次，发放补助金590.10万元。其中，义务教育阶段3388人次，补助资金508.20万元，高中阶段415人次，补助资金62.25万元，中职103人次，补助资金15.45万元，省外大专12人次，补助资金4.20万元。[①]（见表7-4）

表7-4 佛冈县教育资金保障落实情况

发放建档立卡贫困户子女生活费补助次数	义务教育阶段	高中阶段	中职	省外大专
3918人次	3388人次	415人次	103人次	12人次
发放补助金额	义务教育阶段	高中阶段	中职	省外大专
590.10万元	508.20万元	62.25万元	15.45万元	4.20万元

资料来源：作者根据佛冈县扶贫开发领导小组办公室提供的数据整理。

对贫困户子女学生发放补助有利于减少贫困学生的就学压力，助力其完成基础教育和职业发展教育，从而在一定程度上缓解了贫困户因为子女缺乏教育而产生的贫困代际传递困境。

第三，养老、医疗保障工作基本完成。截至2019年12月30日，佛冈县符合参加社会养老保险的贫困人口8817人，其中，参加城乡居民养老保险8799人，参加企业职工养老保险18人，参保率100%；60周岁以上符合领取养老待遇3723人，目前领取城乡居民养老保险待遇3713人，领取职工养老保险待遇10人，领取城乡居民养老保险待遇率达100%。医疗保险参保方面，目前在册建档立卡贫困人员名单共11544人，均已按照国家精准扶贫"三保障"政策规定，全员参加2019年度和2020年度城乡居民医疗保险。（见表7-5）

---

① 数据由佛冈县扶贫开发领导小组办公室提供。

第七章 "精准扶贫"广东实践的典型案例：清远市佛冈县

表7-5 佛冈县养老与医疗保障完成度

养老保险	符合参加社会养老保险的贫困人口数	参加城乡居民养老保险人口	城乡居民养老保险参保率	参加企业职工养老保险人口	企业职工养老保险参保率	社会养老保险参保率合计
	8817人	8799人	99.8%	18人	0.2%	100%
医疗保险	在册建档立卡贫困人员数	参加县2019年度、2020年度城乡居民医疗保险人数	医疗保险参保率			
	11544人	11544人	100%			

资料来源：作者根据佛冈县扶贫开发领导小组办公室提供的数据整理。

由此可见，佛冈县的养老与医疗保障完成情况良好，这使得贫困户能够真正地"老有所养""病有所医"。

第四，就业和技能培训得到多项举措的帮扶保障，实现一人就业、全家脱贫的目标。据统计，截至2017年3月，县人社局累计为207名贫困家庭劳动力提供就业服务，其中，成功就业11人；组织了210名贫困家庭劳动力参加技能培训。实现了劳动力资源供给与用工需求上的"双赢"。

第五，对于残障人弱势群体，尤其是精神残疾的女童给予一系列的特殊关照与帮扶，帮助其享受与正常人同等的待遇，使得精准扶贫绝不落下任何一人。

这些配套保障措施为佛冈县实施精准扶贫工作提供了有效补充，从而使精准扶贫工作更加立体与全面。

（五）人居环境显著改善

改善人居环境是精准扶贫一项重要的民生工程。通过改善生活环境，能够直接保障贫困群体的身体健康，预防各类疾病，减少因病致贫的人口数量。

为改善贫困人口的生活环境，提高生活质量，佛冈县全域推进农村人居环境整治工作,补短板,强弱项。通过"三清理、三拆除、三整治"行动,使村落街道焕然一新;通过推进生活垃圾的处理,建立"户收集、村集中、镇转运、县处理"的城乡生活垃圾收运处理体系,建立长效管护机制,使得保洁覆盖全域;通过推进农村生活污水处理,完善农村雨污分流管网建设,推行农村"厕所革命",直接降低村民的得病率和死亡率;通过开展畜禽养殖废弃物资源化利用工程,变废为宝;通过开展"五清"专项行动,整治河道,保护生态环境。这些举措不仅改善了贫困群体的生活质量,也极大地提升了村民的幸福感,从而实现农村生活的和谐稳定,为脱贫攻坚打下基础。(见表7-6)

通过对违章建筑、生活垃圾、生活污水进行处理,以及开展畜禽养殖废弃物资源化利用工程、推动"厕所革命"、清洁河道等政策措施,贫困户的生活环境得到优化,生活品质得到提升。

表7-6 佛冈县推进农村人居环境整治工作举措和成效

举措	成效
"三清理、三拆除、三整治"行动	全县781条自然村,达到干净整洁的村有553条,完成率70.81%,超额完成省级下达我县60%任务目标
推进生活垃圾的处理	全县6个镇共配备有保洁员1330人,村庄保洁和管护覆盖面达100%,农村生活垃圾分类减量比例达50%,农村生活垃圾有效处理率达90%
推进农村生活污水处理	全县781条自然村有564条建有雨污分流管网,完成率72.21%,建有污水处理池379条,完成率48.5%,已建设座数共有451座,完成省下达雨污分流任务
开展畜禽养殖废弃物资源化利用工程	佛冈县直联直报系统中配套任务数147家,已完成配套数139家,配套率达94.56%,规模场畜禽粪污综合利用率为73.37%,大型规模养殖场粪污处理设施装备配套率为100%
推进农村"厕所革命"	2019年全县纳入改厕67525(户),已累计改成无害化卫生户厕户数66619(户),无害化卫生户厕普及率98.65%。累计已建设完成农村卫生公厕374座,其中新建、改扩建完成旅游厕所53间,已完成市下达佛冈县农村公用厕所建设6座的工作任务

第七章 "精准扶贫"广东实践的典型案例：清远市佛冈县

续表 7-6

举措	成效
全面开展"五清"专项行动	至 2019 年年底，全县"清漂"已完成清理 39.8 千米；完成"清淤"河湖共 20 条，完成清淤河道长度 42.57 千米。共投入资金 354.7 万元，完成整治入河排污口共 28 个，整改率为 100%。截至目前，全县没有未完成整改销号或存在非法排污、成片垃圾漂浮物、明显黑臭水体、行洪障碍体、违法违建等问题

资料来源：作者根据佛冈县扶贫开发领导小组办公室提供的数据整理。

四、"精准扶贫"与"乡村振兴"的衔接

总体来讲，佛冈县的"精准扶贫"战略取得了良好的成效。2020 年是脱贫攻坚的收官之年，脱贫攻坚任务完成后，扶贫工作的重点任务将转向解决相对贫困问题。因此，如何建立脱贫的长效机制和常态化的扶贫工作模式仍需要不断进行思考与探索。首先，以运动式扶贫为主的扶贫策略虽然已经开始了制度化的尝试，但目前仍然缺乏更加制度化的长效机制。当下扶贫成果的达成有赖于中央的高度政治动员。这种政治动员一方面赋予各级官员强大的政治压力，从而使得各级政府的注意力被强力聚焦在精准扶贫的议题之上。另一方面，针对扶贫这一高优先度的特殊议题所成立的特别机构发挥了资源协调的作用，整合了条块分割的行政体制，从而尽可能避免了职能相对碎片化的政府部门在扶贫这一复杂议题上的局限。然而，问题在于，当扶贫攻坚的任务完成，"全面小康社会"得以建成后，这种政治动员是否还会继续存在？倘若这种政治动员消失，常规性的制度治理如何保证各级政府对于扶贫议题的进一步维系？例如，倘若"第一书记"与"扶贫工作队"撤出了，既有政策是否还能得到贯彻？政策的连贯性如何得到保障？其次，佛冈县的扶贫工作虽然也是解决相对贫困问题，但却是低收入水平的"相对贫困"，随着贫困户生活质量的逐步提高，如何有效地应对较高收入水平的"相对贫困"也将成为进一步的挑战。在我国传统的城

乡二元机制下，乡村与城市的分割也往往意味着贫困与富裕的分割。这种社会与经济资源的断裂可能成为进一步加大不平等的潜在因素。因此，在保证了贫困户越过贫困线的基础上，如何以更加动态的视角促使贫困户得以进一步进行社会阶层的向上流动，消除"相对剥夺感"，最终实现共同富裕，这将成为下一步的难题。最后，从整体上看，当前的扶贫仍然以输入物质资源的"硬扶贫"为主，尽管这种扶贫方式也强调通过开发式扶贫等途径激发贫困户的内生性发展动力，但如何通过在恢复乡村价值的基础上更深层次地改变贫困户的价值观念却是当前扶贫政策所较少提及的。值得一提的是，佛冈县在此前已经做过加强乡村自治能力的政策实验，该实验充分激发了村民参与公共事务、参与地方自治的积极性。可否在自上而下的扶贫模式之外，利用村民自治所带来的自发性动力，探究出新的扶贫路径，从而让扶贫战略焕发出新的活力？

从当前的政策实施来看，中共十九大提出的乡村振兴战略为上述问题的解决提供了出口。乡村振兴战略作为实现"两个一百年"奋斗目标的重大举措，以着力解决好三农问题为重中之重，坚持农业农村优先发展，按照产业兴旺、生态宜居、乡风文明、治理有效、生活富裕的总要求，建立健全城乡融合发展的体制机制和政策体系，加快推进农业农村现代化。可以说，精准扶贫是实施乡村振兴的前提和基础，乡村振兴是对精准扶贫成果的巩固和发展，从精准扶贫到乡村振兴实际上就是农村从补齐贫困短板到实现可持续发展的过程。两大战略的实施拥有一个重合期，如何做好二者的有效衔接，使二者互促共进成为目前值得研究的重点问题。以佛冈县为例，实现二者的有效衔接已具备必要的前提。一方面，精准扶贫夯实了乡村振兴的基础：其一，在精准扶贫战略下，佛冈县的产业扶贫投入资金最多，带动脱贫人数也最多，建立了许多规模化、特色化的产业项目，为产业振兴奠定了基础。其二，通过优化基层党组织结构，加强专业化素养培训，大力选拔乡贤担任扶贫要职，为乡村振兴提供了人才储备。其三，通过扶贫与扶智、扶志并举，积极开展脱贫典型宣传，激发贫困户的内生动力；探索乡村自治，激发村民参与公共事务的动力，为文化振兴培养了主体意识。其四，通过发展绿色生态产业，大大降低了对生态环境的破坏污染，同时大力整治人居环境，推进美丽乡村建设，为生态振兴奠定基础。

第七章 "精准扶贫"广东实践的典型案例：清远市佛冈县

其五，党建引领在脱贫攻坚中发挥着关键作用，第一书记和扶贫工作队的设立强化了组织动员能力，在后脱贫时代可就地转变为乡村振兴工作队和第一书记，"党支部+"的产业扶贫助推模式，为组织振兴奠定引领格局。另一方面，通过制订一系列推进乡村振兴的政策方案，统筹推进农村的五位一体建设，以更多的资源投入来提高精准扶贫的脱贫质量。

虽然佛冈县在实施精准扶贫和乡村振兴的有效衔接方面具备一定的基础，但通过实际调研发现，在具体实践上还存在着以下这些问题：第一，尚未出台有关两项战略衔接的专门措施。目前，佛冈县并没有出台专门的有关精准扶贫与乡村振兴有效衔接的文件，衔接政策的缺失导致基层工作者无据可依，缺乏指导，相关工作难以及时推进。第二，组织队伍建设有待强化。由于精准扶贫和乡村振兴的侧重点不同，组织部门的设置和人员配置方面也有所不同，但又不能完全脱节，如何打造使二者有效衔接的工作队伍还缺乏相关的保障举措。第三，总体上产业发展基础比较薄弱，抗风险能力差，可持续性发展动力不足。

对此，本书提出以下建议：第一，依据上级文件精神，结合当地在精准扶贫和乡村振兴衔接工作中的实际需要出台促进二者有效衔接的政策指引和实施方案，指导下级部门的具体工作。此外，总结精准扶贫时期政策方案的经验教训，对于出台的具有可持续性、符合乡村振兴规划的政策方案予以沿用，实施政策共享。对不合时宜、收效甚微的政策方案予以摒弃，参考成功的政策范例来健全推进乡村振兴的政策方案。第二，加强组织建设，抓好组织衔接工作。强化地方党委和政府的主体责任，进一步发挥以县委书记为主要负责人的乡村振兴领导小组的作用，提拔任用精准扶贫时期考核评价优异的第一书记和扶贫干部担任主要领导职务，依据自身的扶贫经验统筹指导推进脱贫工作与乡村振兴的衔接。第三，在因地制宜发展特色产业的同时，加快推进产业融合发展。以第三产业带动第一、第二产业发展，例如，打造"旅游景点+驿站+农产品""手工艺品消费+网络宣传"的产业发展模式，推动区域经济一体化发展，提高产业的市场竞争力。

第八章 "精准扶贫"的广东成效与基本经验

自2016年广东实施"精准扶贫"战略以来，脱贫攻坚取得了巨大成效，这些成效的背后蕴含着一系列值得挖掘的重要经验。随着脱贫攻坚将在2020年年底取得全面胜利，系统回顾"精准扶贫"的广东成效与基本经验显得越发必要和重要。秉持着这样的理念，本章分两节讨论以下内容：第一节从三个方面介绍广东实施精准扶贫战略的成效；第二节从多个方面总结广东实施精准扶贫战略的基本经验。

第一节 广东实施"精准扶贫"战略的成效

一、建立了坚实的脱贫攻坚制度体系

根据中央和广东省委、省政府的决策部署，广东在精准扶贫战略的实施过程中建立了责任落实、政策支撑、投入保障、组织动员、监督考核五大体系（见表8-1），为打赢脱贫攻坚战提供了坚实的制度保障。

第一，建立了责任落实体系。为了响应"中央统筹、省负总责、市县抓落实"的扶贫管理体制，广东省出台了脱贫攻坚责任制实施细则，压实了五级书记抓扶贫工作责任，构建了责任清晰、各负其责、合力攻坚的责任体系。为了响应《关于新时期精准扶贫精准脱贫三年攻坚的实施意见》中的各项任务要求，广东省分解落实了60条重要举措，同时明确了包括民

第八章 "精准扶贫"的广东成效与基本经验

政、教育、交通、农业等部门在内的省直56个牵头部门的任务分工。肩负脱贫任务的14个地市党委的主政领导与省委、省政府签署了脱贫攻坚责任书。与之相对应,县、镇、村分别向上一级党委、政府签订脱贫攻坚责任书,实现了帮扶责任全覆盖。根据《广东省脱贫攻坚责任制实施细则》中的规定,市级党委和政府对脱贫攻坚的任务完成实施监督考核,如河源市把脱贫攻坚列入市委"三赛"即"赛小康建设、赛创新发展、赛责任落实"的考核范围,实施"亮灯管理",在全省率先实施出台驻村第一书记召回制度,将不胜任、不作为的第一书记强制"召回";县级党委和政府承担脱贫攻坚的主体责任,为此,县级党委和政府致力于建立健全县帮扶工作班子、乡镇帮扶工作组和干部挂钩联系帮扶制度。[①]

表 8-1 广东省的脱贫攻坚制度体系

脱贫攻坚制度体系	主要内容
责任落实体系	《广东省脱贫攻坚责任制实施细则》:省负总责、市县镇落实、多主体合力攻坚、严格执行失职问责
政策支撑体系	《广东省脱贫攻坚政策小册子》:涉及产业扶贫、就业扶贫、消费扶贫、教育扶贫等16个方面
投入保障体系	专项扶贫资金投入:自2016年以来,广东省已累计投入近千亿元资金,用于省内各项脱贫攻坚及对口扶贫协作工作
组织动员体系	继续实施珠三角与粤东西北的对口帮扶;通过6月30日"广东扶贫济困日"、10月17日国家"扶贫日"等平台扩大社会参与
监督考核体系	加强扶贫与纪检监察、财政、审计等部门监督力量和媒体、社会组织等社会监督力量的合作;组织开展多批次、多部门的联合专项督查巡查

资料来源:作者据相关资料整理。

第二,建立了政策支撑体系。据不完全统计,广东省级层面仅在3年攻坚期间就出台了脱贫攻坚政策文件58份,其中,省人大通过的条例1份,

---

① 广东省扶贫办:《一图读懂〈广东省脱贫攻坚责任制实施细则〉》,2017年4月7日,http://www.gdfp.gov.cn/fpyw/jdxw/201704/t20170407_831215.htm,访问日期:2020年6月25日。

省委、省政府出台文件2份,"两办"① 出台配套文件7份,省扶贫开发领导小组出台文件30份,省直有关部门出台文件18份;各地也相继出台和完善"1+N"的脱贫攻坚系列文件。② 2020年5月,广东省扶贫开发办公室发布的《广东省脱贫攻坚政策小册子》显示(见表8-2),脱贫攻坚期内,广东省发布的政策文件涉及产业扶贫、就业扶贫、消费扶贫、教育扶贫、健康扶贫、住房保障、社会救助、城乡居民养老保险、交通扶贫、水利扶贫、省定贫困村创建新农村示范村等16个方面,很多长期存在的贫困问题在针对性措施下得以解决。③

表8-2 广东省脱贫攻坚的主要扶贫方式及其相关政策文件

主要扶贫方式	相关政策文件
产业扶贫	《关于印发扎实推进产业精准扶贫工作指导意见的通知》《关于做好新时期精准扶贫精准脱贫资产收益扶贫工作的指导意见》《广东省林业厅关于我省林业精准扶贫精准脱贫三年攻坚的实施方案》《广东省扶贫小额信贷工作实施方案》《广东省国土资源厅关于我省国土资源精准扶贫精准脱贫三年攻坚的实施方案》
就业扶贫	《广东省人力资源和社会保障厅关于我省就业技能社保精准扶贫精准脱贫三年攻坚的实施方案》
消费扶贫	《关于进一步加大工作力度扎实推进消费扶贫的实施意见》
教育扶贫	《广东省教育厅关于推进教育精准扶贫精准脱贫三年攻坚的实施方案》《广东省贯彻落实〈教育脱贫攻坚"十三五"规划〉实施方案》《关于打赢贫困残疾人脱贫攻坚战三年行动方案(2018—2020年)》
健康扶贫	《关于广东省困难群众医疗救助的暂行办法》《广东省卫生和计划生育委员会关于卫生计生新时期精准扶贫精准脱贫三年攻坚的实施方案》《关于打赢脱贫攻坚战三年行动方案(2018—2020年)》

---

① 即省委办公厅和省政府办公厅。
② 资料由广东省扶贫开发领导小组办公室提供。
③ 广东省扶贫开发办公室:《广东省脱贫攻坚政策小册子》,2020年5月8日,http://www.heyuan.gov.cn/hysfpj/gkmlpt/content/0/369/post_369800.html#3852,访问日期:2020年6月25日。

第八章 "精准扶贫"的广东成效与基本经验

续表 8-2

主要扶贫方式	相关政策文件
住房保障	《广东省住房和城乡建设厅关于改善农村人居环境精准扶贫精准脱贫三年攻坚的实施方案》《广东省农村危房改造实施方案（2017）》《广东省农村危房改造实施方案（2018）》
社会救助	《广东省民政厅关于底线民生精准扶贫精准脱贫三年攻坚的实施方案》《社会救助兜底脱贫行动实施方案》
城乡居民养老保险	《广东省城乡居民基本养老保险实施办法》
交通扶贫	《广东省交通运输厅关于推进交通精准扶贫精准脱贫三年攻坚的实施方案》《关于打赢脱贫攻坚战三年行动方案（2018—2020年）》
水利扶贫	《广东省水利厅关于我省水利精准扶贫精准脱贫三年攻坚的实施方案》《关于打赢脱贫攻坚战三年行动方案（2018—2020年）》
省定贫困村创建新农村示范村	《关于2277个省定贫困村创建社会主义新农村示范村的实施方案》
电力和网络扶贫	《广东电网有限责任公司关于我省电网精准扶贫精准脱贫三年攻坚的实施方案》《广东省经济和信息化委员会关于信息化精准扶贫精准脱贫三年攻坚的实施方案》《关于打赢脱贫攻坚战三年行动方案（2018—2020年）》
社会扶贫	《新时期相对贫困村定点扶贫工作方案》《广东省工商业联合会关于"千企帮千村"精准扶贫精准脱贫三年攻坚的实施方案》《广东扶贫济困日活动捐赠管理办法》
扶贫资金使用管理	《关于我省财政支持新时期精准扶贫精准脱贫三年攻坚的资金筹措方案》《进一步加强省级扶贫资金使用管理的意见》
党建扶贫	《共青团广东省委员会关于培育"领头雁"农村青年人才助力精准扶贫精准脱贫三年攻坚的实施方案》《关于做好新时期精准扶贫精准脱贫三年攻坚驻村工作队和第一书记选派管理工作的意见》《中共广东省组织部关于抓好党建促精准扶贫精准脱贫三年攻坚的指导意见》
贫困退出	《广东省相对贫困人口相对贫困村退出机制实施方案》

资料来源：根据《广东省脱贫攻坚政策小册子》整理。

第三，建立了投入保障体系。广东省在脱贫攻坚中坚持政府主导，增加专项扶贫资金投入，确保扶贫投入力度与打赢脱贫攻坚战的要求相适应。2013 年至 2015 年的第二轮"'双到'扶贫"期间，广东全省共投入各类帮扶资金 202.95 亿元。① 在此基础上，自 2016 年以来，广东省已累计投入近千亿元资金，用于省内各项脱贫攻坚及对口扶贫协作工作，为决战决胜脱贫攻坚提供了坚实的财政保障（见图 8-1）。此外，广东省也不断加强东西部扶贫协作的财政帮扶力度，按照确定的对口扶贫协作关系，自 2016 年以来，广东已累计向广西、四川、云南、贵州 4 省（区）14 个市（州）93 个贫困县投入财政援助资金 159.9 亿元，受到中国共产党中央委员会办公厅和中华人民共和国国务院办公厅的通报表扬。②

第四，建立了组织动员体系。在脱贫攻坚的过程中，各方力量充分发挥合力。"'双到'扶贫"的经验证明，省内区域间的对口帮扶对于提升扶贫绩效能够发挥重要作用。为此，广东省自 2016 年 3 月起继续实施珠三角与粤东西北地区的对口帮扶，优化扶贫结对帮扶关系，建立健全市县镇对口帮扶协调联动机制。三年攻坚期间，珠三角 6 市向被帮扶的粤东西北 12 个市派出驻市驻县工作队 52 个，驻村工作队 1719 个。③ 佛山市在帮扶湛江、云浮的过程中，根据两市劳动力资源丰富的优势，积极开展多种形式的贫困户劳动力转移就业，同时探索实施"互联网+精准扶贫"的新模式，提升帮扶效益。同样是在三年攻坚期间，广东省进一步加强定点扶贫工作，全省各级党政机关、企事业单位向贫困村选派第一书记和驻村工作队，派出驻镇（街道）工作组 1112 个、驻村工作队 1.2 万个、驻镇驻村工作队员 4.4 万人。④ 广东省也利用

---

① 胡新科：《广东 4 年助 147 万人稳定脱贫》，2017 年 7 月 6 日，http://gd.people.com.cn/GB/n2/2017/0706/c123932-30429623.html，访问日期：2020 年 6 月 25 日。
② 广东省财政厅：《投入近千亿，我省建档立卡贫困户"两不愁三保障"总体实现》，2020 年 3 月 18 日，http://www.gd.gov.cn/gdywdt/bmdt/content/post_2934642.html，访问日期：2020 年 6 月 25 日。
③ 胡新科：《珠三角 6 市对口帮扶粤东西北 12 市 广东全面推进区域协调发展》，2016 年 10 月 24 日，http://news.southcn.com/gd/content/2016-10/24/content_158131722.htm，访问日期：2020 年 6 月 25 日。
④ 广东省扶贫开发办公室：《致敬扶贫路上最可爱的人——首届南粤慈善盛典在清远英德连樟村举行》，2019 年 1 月 12 日，http://m.xinhuanet.com/gd/2019-01/12/c_1123981852.htm，访问日期：2020 年 6 月 25 日。

第八章 "精准扶贫"的广东成效与基本经验

6月30日"广东扶贫济困日"、10月17日国家"扶贫日"等平台,动员社会各界积极参与扶贫,募集的善款有力地支持了广东省的脱贫攻坚事业。广东省的各类民营企业在快速发展的同时也积极支持脱贫攻坚事业,2019年4月,广东省"万企帮万村"对接信息平台启动时已帮助2292家企业结对帮扶2653个村,投入资金31.19亿元助力脱贫攻坚和乡村振兴。①

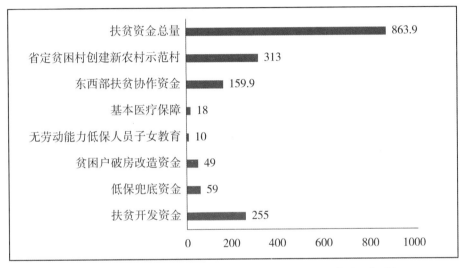

图8-1 脱贫攻坚阶段广东省各级财政扶贫投入(单位:亿元)

注:2016—2020年,广东共安排投入各项脱贫攻坚专项资金近千亿元,其中,"东西部扶贫协作资金"为159.9亿元;②"省定贫困村创建新农村示范村"为2017—2020年广东省财政新增安排,达313亿元;③图内其余各项皆为2016—2018年广东省各级财政安排三年攻坚一揽子资金投入项目,总规模约391亿元。④

---

① 吴涛:《广东"万企帮万村"信息平台为乡村振兴"募资"31亿元》,2019年4月7日,http://www.xinhuanet.com/politics/2019-04/07/c_1124335412.htm,访问日期:2020年6月25日。

② 广东省财政厅:《投入近千亿,我省建档立卡贫困户"两不愁三保障"总体实现》,2020年3月18日,http://www.gd.gov.cn/gdywdt/bmdt/content/post_2934642.html,访问日期:2020年6月25日。

③ 卢益飞:《乡村振兴:一代接着一代干》,2019年7月2日,http://news.southcn.com/nfzz/content/2019-07/02/content_188173293.htm,访问日期:2020年6月25日。

④ 广东省财政厅:《2016—2018年广东省乡村振兴战略专项资金(精准扶贫精准脱贫攻坚)绩效评价报告》,2019年3月1日,http://czt.gd.gov.cn/jxglxxgk/content/post_2207306.html,访问日期:2020年6月25日。

> **专栏 8-1　脱贫攻坚阶段广东省内对口帮扶关系**
>
> 在脱贫攻坚期内,广东省重新调整确立了珠三角 6 市和粤东西北 12 市之间的对口帮扶关系,其中:广州市对口帮扶梅州、清远市;深圳市对口帮扶河源、汕尾市;珠海市对口帮扶阳江、茂名市;佛山市对口帮扶湛江、云浮市;东莞市对口帮扶韶关、揭阳市;中山市对口帮扶肇庆、潮州市。汕头市、惠州市和江门市自行负责本市的脱贫攻坚工作。(张建军:《珠三角 6 市对口帮扶粤东西北 12 市,广东:"6+12"推进精准扶贫》,2016 年 11 月 9 日,http://www.ce.cn/xwzx/gnsz/gdxw/201611/09/t20161109_17632918.shtml,访问日期:2020 年 6 月 25 日)

第五,建立了监督考核体系。广东省把全面从严治党要求贯穿脱贫攻坚全过程各环节,将年度减贫任务纳入省政府"十件民生实事"督查范围,出台脱贫攻坚督查巡查工作办法。广东省扶贫办加强与纪检监察、财政、审计等部门监督力量和媒体、社会组织等社会监督力量的合作,组织多批次、多部门的联合专项督查巡查,把各方面的监督结果运用到考核评估和督查巡查中,三年攻坚期间先后发出 67 份督办函督促各地各单位及时整改。2017 年 7 月,广东省上线了 12317 扶贫监督举报服务热线,受理省内贫困人口对相关扶贫政策的咨询和投诉等工作,[①] 该热线已于 2019 年 1 月实现升级,提高了面向贫困人口的服务效能。

二、精准扶贫、精准脱贫全面推进

习近平总书记在 2015 年 11 月召开的中央扶贫开发工作会议上重点回答了"扶持谁""谁来扶""怎么扶"三个关键性问题,广东省围绕这三个问题及"如何退"的贫困退出机制,全面推进精准扶贫、精准脱贫工作。

第一,精准识别得到有效落实。精准识别是精准扶贫的基础和前提。

[①] 广东省扶贫办:《全省 12317 扶贫监督举报受理工作培训班在广州举办》,2018 年 12 月 22 日,http://static.nfapp.southcn.com/content/201812/22/c1784219.html?group_id=1,访问日期:2020 年 6 月 25 日。

第八章 "精准扶贫"的广东成效与基本经验

为做好精准识别工作,2016年,广东省组织干部32.67万人次进村入户,整村摸排、逐户核实、精准识别,严格执行农户申请、群众评议、村组公示、镇审核、县批准等程序,识别录入相对贫困人口66.4万户、173.1万人,完成了分布在97个县市区(含90个建制县区、7个非建制区)、1112个乡镇(街道等)、16483个村的相对贫困人口建档立卡工作,做到"户有卡、村有册、镇有簿、市县有数据库、省有数据平台"(见表8-3和图8-2)。① 2017年,根据国务院扶贫办统一部署,广东省对建档立卡贫困人口进行动态调整,通过覆盖县、镇、村的大数据平台对比筛查,结合四类人群的动态管理,对不符合条件的对象予以清退,将符合条件的及时纳入帮扶对象,调整后确认农村相对贫困人口62.89万户、162.6万人,贫困户识别误差率稳定在2%以内。② 此外,广东省扶贫大数据信息平台建设取得重要成果,有相对贫困户分布的14个地级市辖下的县、镇、贫困村平台建成率达100%,扶贫数据对接民政、教育、人社等行业部门数据,基本实现了"数据监控、责任监控、项目监控、示范村建设、扶贫服务"的可查、可视、可共享。③ 图8-2呈现了脱贫攻坚期广东省各市相对贫困人口分布情况。

表8-3 脱贫攻坚期广东省相对贫困人口分布情况

地区	录入总数		相对贫困村内			相对贫困村外		
	户数	人数	户数	人数	占比	户数	人数	占比
合计	664031	1731046	162700	521596	30.13%	501331	1209450	69.87%
汕头市	31569	104095	2200	8936	8.58%	29369	95159	91.42%
韶关市	36305	93504	12931	36450	38.98%	23374	57054	61.02%
河源市	43868	120981	14594	46869	38.74%	29274	74112	61.26%
梅州市	63045	175917	19479	61603	35.02%	43566	114314	64.98%
惠州市	17955	40855	2091	6593	16.14%	15864	34262	83.86%

---

① 王智亮:《粤式精准扶贫,为了176万多人的共同小康》,2017年1月3日,http://epaper.southcn.com/nfzz/251/content/2017-01/03/content_162918190.htm,访问日期:2020年6月25日。
② 胡新科:《广东出台实施意见:发展"三精"农业 打造农村"三美"》,2017年3月30日,http://gd.people.com.cn/n2/2017/0330/c123932-29940816.html,访问日期:2020年6月25日。
③ 占文平、金宏慧、邵启文、杜思敏:《"精准扶贫"系列提案获正式答复大数据信息平台打牢精准扶贫基础》,2018年1月22日,http://www.gdfp.gov.cn/fpyw/jdxw/201801/t20180122_921257.htm,访问日期:2020年6月26日。

续表 8-3

地区	录入总数		相对贫困村内			相对贫困村外		
	户数	人数	户数	人数	占比	户数	人数	占比
汕尾市	42176	140578	16418	66612	47.38%	25758	73966	52.62%
阳江市	40452	84365	6955	17166	20.35%	33497	67199	79.65%
湛江市	91050	248957	20120	68285	27.43%	70930	180672	72.57%
茂名市	74522	174033	14439	44524	25.58%	60083	129509	74.42%
肇庆市	42110	96803	6442	19075	19.70%	35668	77728	80.30%
清远市	62181	141216	21636	55196	39.09%	40545	86020	60.91%
潮州市	20952	51322	1588	4712	9.18%	19364	46610	90.82%
揭阳市	47357	134861	12737	50233	37.25%	34620	84628	62.75%
云浮市	50489	123559	11070	35342	28.60%	39419	88217	71.40%

资料来源：作者根据广东省扶贫开发领导小组办公室提供的数据整理，表内所示为 2016 年相对贫困人口建档立卡数。

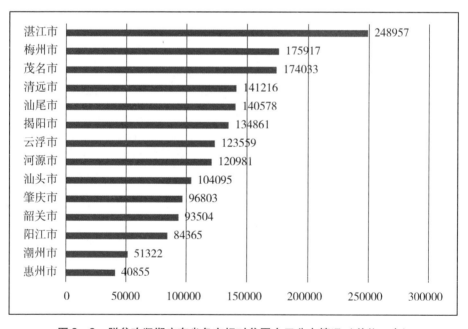

图 8-2 脱贫攻坚期广东省各市相对贫困人口分布情况（单位：人）

（资料来源：作者根据广东省扶贫开发领导小组办公室提供的数据整理，图中所示为 2016 年相对贫困人口建档立卡数）

第八章 "精准扶贫"的广东成效与基本经验

第二,"三保障"目标总体实现。教育补助方面,如图8-3所示,广东省通过落实建档立卡精准资助政策,将建档立卡贫困户子女入读义务教育、高中(含中职)、大专院校学生生活补助提高到每生每年3000元、5000元(含国家助学金)、10000元(含国家助学金)。截至2019年年底,广东全省共补助建档立卡贫困学生29.5万人,发放免学费和生活费补助资金10.8亿元,补助发放率达100%,杜绝了因贫辍学的情况。基本医疗方面,通过全额资助建档立卡贫困人口参加基本医疗保险,广东省符合医疗保险参保条件的161.32万名贫困人员已全部纳入医疗保障范围,建档立卡贫困人口政策范围内基本医疗保险住院费用报销比例平均达到76%,救助比例达到80%以上。住房安全方面,广东省于2018年单年开展了包括相对贫困户在内的40407户的农村危房改造任务,已基本完成相对贫困户危房改造任务,后续新增的危房改造任务由各地级市自行落实并给予资金保障。[①] 此外,截至2020年1月底,广东全省共有城乡低保对象140.2万人(城镇15.6万人,农村124.6万人),城乡低保最低标准分别为9264元/人·年和6384元/人·年,基本实现了"应保尽保"。[②]

第三,各项扶贫政策取得巨大成效。长效脱贫只有在贫困户持续增收的基础上才有实现的可能性,因此,为贫困户"赋能"就显得尤为重要,而这也是发展型扶贫政策的主要目的。广东省在脱贫攻坚的过程中坚持用发展的办法解决贫困问题,走开发式"造血"扶贫道路。对有劳动能力的相对贫困户,以特色产业扶贫和就业创业帮扶的形式,不断增强其自我发展能力,实现稳定增收脱贫致富。具体而言,首先是大力发展特色优势产业。广东省已经探索创造出"龙头企业+基地+农户""龙头企业+合作社+农户""产业园区(基地)+贫困村+贫困户""家庭农场+贫困户""农村电商+贫困户"、股份合作等多种产业发展模式,创新电商扶贫、旅游扶贫、光伏扶贫、农产品加工扶贫、"扶贫车间"、资产收益扶贫等多种帮扶

---

① 胡新科:《我省脱贫攻坚取得决定性进展 有劳动能力的贫困户人均年可支配收入达9046元》,2018年10月24日,http://www.gd.gov.cn/zwgk/zdlyxxgkzl/fpgzxx/content/post_158536.html,访问日期:2020年6月26日。

② 李雄鹰:《广东提高城乡低保标准》,2020年2月11日,http://www.gov.cn/xinwen/2020-02/11/content_5477385.htm,访问日期:2020年6月26日。

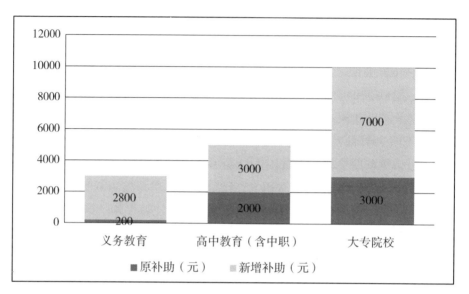

图 8-3 脱贫攻坚阶段广东省建档立卡贫困学生生活费补助结构

（资料来源：作者根据广东省扶贫开发领导小组办公室提供的数据整理）

方式，实现产业增收脱贫。据初步统计，自 2016 年以来，广东省已实施特色产业扶贫项目 3.6 万个，带动相对贫困户 62.8 万人，年人均产业增收超过 2400 元。① 如潮州市在自身"潮味文化"的基础上，通过与单丛茶、青梅、竹子、橄榄等特色农产品相结合，为扶贫产业赋予文化内涵。② 目前，潮州市着力打造的单丛茶优势品牌已经颇具知名度和影响力，相关茶企联结带动农户和贫困户 7 万多人，辐射带动 92 个村的贫困群众增收。其次是在就业帮扶上取得突破性进展。通过实施就地就近就业、转移就业和技能培训等多方面举措，广东省帮助大量贫困户找到了合适的工作岗位。截至 2020 年年初，广东省已累计创建"扶贫车间""扶贫工作坊"240 多个，贫

---

① 黄鸿基、黄进：《广东战法：省内外齐头并进》，2020 年 6 月 30 日，http://dara.gd.gov.cn/nyyw/content/post_3025961.html，访问日期：2020 年 6 月 30 日。

② 半月谈：《单丛梅竹青橄榄，一枝一叶总关情——广东潮州市扶贫攻坚纪事》，2020 年 5 月 26 日，http://www.banyuetan.org/tpgj/detail/20200526/1000200033137851590498957033143136_1.html，访问日期：2020 年 6 月 30 日。

第八章 "精准扶贫"的广东成效与基本经验

困劳动力就业率达到98%以上。[①] 实施超过两年的"粤菜师傅"工程已帮助不少贫困人口走上了一条"美味脱贫"之路。目前，广东全省已组织1.1万多名贫困人员接受粤菜师傅培训，各地的"粤菜师傅"创业店也如雨后春笋般纷纷涌现，成为贫困人口创业、就业的重要载体。[②]

第四，扶贫资金使用管理不断加强。广东省加强扶贫资金使用管理，出台《广东省精准扶贫开发资金筹集使用监管办法》《关于进一步加强省级扶贫资金使用管理的意见（试行）》《广东省财政专项扶贫资金绩效评价办法（试行）》和《广东省扶贫开发项目资金公告公示制度》等相关文件，实行扶贫资金县级统筹使用，创新实施以奖代补、先建后补、民办公助等办法提高扶贫资金使用效率；建立健全从资金筹集使用到监督考核全过程监管机制，严格规范扶贫资金使用范围和禁止使用范围，确保扶贫开发资金合理规范使用。此外，广东省扶贫办联合省纪委开展扶贫领域腐败和作风问题专项治理，联合省人民检察院开展集中整治和加强预防扶贫领域职务犯罪，进一步保障了扶贫资金使用的合理合规。

三、脱贫攻坚取得决定性进展

在脱贫攻坚的收官之年，广东省的脱贫攻坚战已经取得了决定性进展，本书认为主要体现在以下几个方面。

第一，相对贫困人口收入大幅增加。截至2019年年底，广东省有劳动能力的相对贫困户年人均可支配收入达到10560元，相当于全省农村常住居民年人均可支配收入18818元的56.12%，无劳动能力的相对贫困人口全部纳入兜底保障，累计160万相对贫困人口实现脱贫，现行标准下农村贫困发

[①] 吴松山、王群：《广东扶贫工作从实绩到认知创新的贡献》，2020年6月15日，http://www.nfzz.net.cn/epaper/fb/327/content/2020-06/15/content_191026263.htm，访问日期：2020年6月30日。

[②] 南方日报：《"粤菜师傅"工程实施两周年，已组织1.1万名贫困人员接受培训》，2020年4月29日，http://www.gd.gov.cn/zwgk/zdlyxxgkzl/fpgzxx/content/post_2985853.html，访问日期：2020年6月30日。

生率从4.54%下降至0.10%以下。① 2277个省定贫困村居民年人均可支配收入达17456元，相当于全省农村居民年人均可支配收入的92.76%，94%的相对贫困村达到出列标准。② 表8-4和图8-4分别显示了脱贫攻坚阶段广东历年减贫情况以及全国贫困发生率与广东贫困发生率的对比。此外，自2016年以来，广东的东西部扶贫协作与省内的脱贫攻坚同步推进，目前已累计带动帮扶地区379.2万贫困人口增收脱贫。2020年5月，深圳市福田区对口帮扶的广西环江毛南族自治县退出贫困县序列，毛南族实现了整族脱贫，回应了习近平总书记"全面建成小康社会，一个少数民族也不能少"的重要指示。③

表8-4 脱贫攻坚阶段广东历年减贫情况

年份	脱贫人数（万人）	贫困发生率（%）	有劳动能力相对贫困户年人均可支配收入（元）
2016	54.76	4.54	8093
2017	62.26	1.52	9046
2018	33.00	0.30	9600
2019	10.00	0.10	10560

资料来源：作者根据广东省扶贫开发领导小组办公室提供的数据整理而成。

---

① 谢珍、张楠、郑嘉琪、王冰、张佳俊：《一图看懂广东扶贫成绩单》，2020年5月27日，https://m.21jingji.com/article/20200527/herald/890641965f127b4e2aa50ab1d9ac034d.html，访问日期：2020年6月30日。

② 黄进：《广东脱贫攻坚取得决定性进展 94%相对贫困村达出列标准》，2020年3月14日，http://news.southcn.com/gd/content/2020-03/14/content_190574866.htm，访问日期：2020年6月30日。

③ 习近平：《习近平：全面建成小康社会，一个少数民族也不能少》，2020年6月10日，http://www.xinhuanet.com/2020-06/10/c_1126098849.htm，访问日期：2020年6月30日。

第八章 "精准扶贫"的广东成效与基本经验

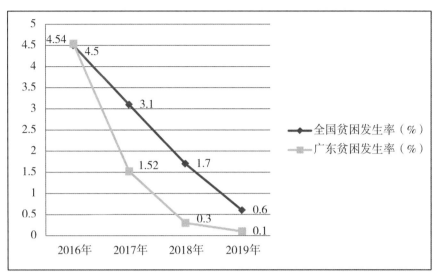

图8-4 脱贫攻坚阶段全国贫困发生率与广东贫困发生率对比

（资料来源：作者根据广东省扶贫开发领导小组办公室提供的数据和《中华人民共和国2019年国民经济和社会发展统计公报》① 整理而成）

第二，贫困村发展环境明显改善。为改善贫困村发展环境、高质量完成脱贫攻坚任务，2017年，广东省委、省政府做出在2277个省定贫困村率先启动新农村示范村建设工作的决定。截至2019年年底，广东省2277个省定贫困村的人居环境基础整治任务全面完成，涉及村庄整治规划编制工作和"三清三拆"村容村貌整治工作等内容；村内道路硬化、雨污分流、集中供水等基础设施和基本公共服务达到全省中等以上水平，发展环境进一步优化。如韶关市始兴县按照把29个贫困村建成新农村示范村的目标，每年投入1000万元实行农村垃圾收运市场化运作。② 目前，该市农村生活垃圾清运保洁覆盖率达100%，被列为"农村生活垃圾分类减量和资源化利用全国示范县"。

---

① 国家统计局：《中华人民共和国2019年国民经济和社会发展统计公报》2020年2月28日，http://www.stats.gov.cn/tjsj/zxfb/202002/t20200228_1728913.html，访问日期：2020年6月30日。
② 广东省扶贫开发领导小组：《上半年脱贫攻坚工作巡查中发现的各地好经验、好做法》，2017年7月21日，http://www.gdfp.gov.cn/gzdt/fpjb/201707/t20170721_854953.htm，访问日期：2020年6月30日。

第三，贫困地区整体发展环境不断优化。广东省将脱贫攻坚纳入粤东西北振兴发展战略框架，统筹推进珠三角地区与粤东西北地区对口帮扶工作，以交通基础设施建设、珠三角和粤东西北产业共建、粤东西北中心城区扩容提质为抓手，全面促进粤东西北跨越式发展，改善欠发达地区整体发展环境。截至2020年1月，广东省高速公路通车里程达9495千米，粤东西北地区高速公路网络明显改善，全省已实现"县县通高速"。[①] 珠三角与粤东西北地区的产业共建快速发展，如深圳和河源两市以深河八个产业转移工业园为共建平台，以完善产业链、融入大湾区为主攻方向，实现了两地的协同发展。诸如此类的政策部署明显改善了相对贫困地区的发展环境。

第四，扶贫开发格局发生历史性转变。自2016年实施脱贫攻坚以来，广东省的扶贫开发事业发生了巨大的变化。建立实施相对贫困标准，实现了从帮扶绝对贫困到扶持相对贫困的转变；拓展"6·30广东扶贫济困日"活动，实现了从政府扶贫向政府、市场、社会、个人四方力量的大扶贫转变；精准扶贫精准脱贫深化了"'双到'扶贫"的各项要求，实现了扶贫开发从大水漫灌向精准滴灌的转变；推动打造"一镇一品""一村一业"，实现了特色产业发展由点上开发向面上统筹的转变。可以说，脱贫攻坚战的打响推动广东扶贫开发事业实现了体制机制、政策措施、方式方法的整体变迁，为2020年后继续探索解决相对贫困问题奠定了坚实基础。

第二节 广东实施"精准扶贫"战略的经验总结

在脱贫攻坚的收官之年，回望这几年"精准扶贫"、精准脱贫的历程，能够发现广东省取得了一系列突出的成就。这些成就取得的背后是多方面因素共同作用的结果，如果能够将其中的某些关键因素识别出来并加以推广，在更广阔的范围内实现扶贫经验的扩散，将有助于其他地区提高扶贫

---

① 刘豪伟：《到2035年广东将新增47条高速公路！》，2020年6月29日，http://www.rm-jtxw.com/news/gl/118394.html，访问日期：2020年6月30日。

第八章 "精准扶贫"的广东成效与基本经验

成效。为此,本书尝试从以下几个方面对广东省实施精准扶贫战略的经验进行总结,并期冀能够以这些经验与其他地区展开对话,共同制定一份体现中国扶贫智慧的行动方案。

一、坚持党的领导,扶贫与党建双管齐下

中国共产党的领导是中国特色社会主义最本质的特征,也是中国特色社会主义制度的最大优势,在脱贫攻坚中也必须时刻坚持党的领导。实际上,从脱贫力量上来看,中国实现大规模贫困人口脱贫的根本动力正是在于党的领导。[1] 习近平总书记在 2015 年的中央扶贫开发工作会议上指出:"抓好党建促脱贫攻坚,是贫困地区脱贫致富的重要经验,群众对此深有感触。'帮钱帮物,不如帮助建个好支部。'要把夯实农村基层党组织同脱贫攻坚有机结合起来。"[2] 2018 年 10 月,习近平总书记在广东视察期间提出了四方面工作要求,其中一点便是"加强党的领导和党的建设"。[3] 习近平总书记的重要指示表明,脱贫攻坚中的顶层设计固然重要,但如果直接面向贫困人口的基层党组织不具备政策执行的能力,缺乏承接上级政策的组织基础,则脱贫攻坚就不能真正落到实处。此外,为了更好地宣传党的政治主张和领导基层治理活动,加强基层党建也与脱贫攻坚同样地成为一项重要的政治任务。由此,广东省通过选派驻村工作队和第一书记、实施"头雁工程"等方式,深入探索以基层党建带动脱贫攻坚,帮助相对贫困村获取长效脱贫的组织力量。

对于广东省的相对贫困户而言,缺乏脱贫志向的情况是客观存在的,但更大比例的相对贫困户却期望能够摆脱贫困置于他们身上的"枷锁",步入富裕的生活道路。然而,由于技能、经验和资源的相对缺乏,大量相对贫困户始终无法走出贫困的阴影。更为不利的一点在于,贫困地区的基层

---

[1] 黄承伟:《中国扶贫理论研究论纲》,《华中农业大学学报》(社会科学版) 2020 年第 2 期。
[2] 中共中央党史和文献研究院编:《十八大以来重要文献选编》(下),中央文献出版社 2018 年版,第 47—48 页。
[3] 卢益飞:《2018 年习近平总书记视察广东足迹》,2019 年 10 月 22 日,http://news.southcn.com/nfzz/content/2019-10/22/content_189287992.htm,访问日期:2020 年 6 月 30 日。

党组织往往组织涣散，不具备开展脱贫攻坚的能力。在这样的背景下，广东省实施了全面提升省定贫困村基层党组织建设质量的行动，向省定贫困村、软弱涣散村、集体经济试点村全面派驻第一书记。据统计，广东省累计选派1.5万个驻村工作队、6.5万名驻村干部参与脱贫攻坚。[①] 2277个省定贫困村的第一书记主要履行包括加强基层党组织建设、推动脱贫攻坚与乡村振兴衔接在内的五项职责任务。

为了避免驻村工作队和第一书记撤离后乡村治理出现真空，防止基层党组织建设的后继乏力，广东省实施"头雁工程"，对基层党组织书记进行选优配强，包括选拔"农村能人"和返乡大学生等有能力和有情怀的党员人才担任基层党组织书记，引导他们完善基层治理体系。目前，广东省已建立了4.6万人的基层党组织书记后备队伍，这部分群体将成为继续强化基层党组织建设的力量保证。[②] 同时，为了不断提高基层党组织书记带动村民发展的能力，广东省还建立了基层党组织书记年度轮训制度，通过举办示范培训班、组织全员轮训、开展学历教育等综合性举措，基层党组织书记的能力得到了极大提升。此外，在基层党组织优化设置后，广东省进一步推广"三个在先"[③]党建扶贫工作机制，提升基层党组织政治引领能力，强化基层党组织领导核心地位，发挥党员模范带头作用。

根据既定的发展目标，在脱贫攻坚战取得胜利后，广东力争在2050年实现乡村全面振兴，为此将每年选拔千名优秀党员担任村党支部第一书记。由此可见，当前基层党建带动的是脱贫攻坚，而在未来则将继续与乡村振兴紧密联结。今后，为了更好地发挥党的领导作用，基层党建的发展方向应当是将碎片化的党建形态转变为资源共享、力量整合的区域化党建。

---

① 谢庆裕、陈咏怀、韩安东等：《广东脱贫攻坚蹄疾步稳，向推动乡村振兴接续奋斗》，2020年5月28日，http://news.southcn.com/gd/content/2020-05/28/content_190957646.htm，访问日期：2020年6月30日。

② 卜瑜、谭玉玲、钟华、蔡明清：《决战决胜脱贫攻坚·南粤答卷丨广东奏响精准扶贫最强音》，2020年5月18日，https://www.gzdaily.cn/site2/pad/content/2020-05/18/content_1267522.html，访问日期：2020年6月30日。

③ 所谓"三个在先"，指的是党组织优化设置在先、党组织领导决策在先和党员作用发挥在先的党建扶贫工作机制。

二、各方合作，打造扶贫治理新格局

精准扶贫的内涵极为丰富，其意在扶贫却又不只是扶贫。从现实情况来看，精准扶贫的目标任务必须在各级党委的领导下，通过政府、市场、社会、个人间的通力合作才能实现和完成。也就是说，扶贫活动开展的全过程既需要政府各部门的政策保障，又需要社会力量[①]的广泛参与。回顾广东省近年来的脱贫攻坚实践，能够发现一个显著的趋势，即政府和社会力量间的合作范围不断扩大、合作成效不断增强。实际上，为打赢脱贫攻坚战，政府与社会力量间的合作已经不可或缺。从宽泛意义上的职能分工来看，政府各部门负责构建完整的政策体系，实现政策效应的最大化；社会力量实际参与精准扶贫中的各项扶贫工程，发挥市场优势、资源优势、专业优势和智力优势。

第一，从构建政策体系来看，《实施意见》首先提出了实施脱贫攻坚的八大工程，通过产业发展、劳动力就业、社会保障等手段的实施，打出了多措并举的组合拳。进一步地，围绕《实施意见》，民政、教育、住建、卫计、环保、农业等部门的配套实施方案也相继出台，以此构建了"1+N"的政策体系。以广东省教育厅出台的配套实施方案为例，方案中明确了教育部门参与精准扶贫的主要任务是改善教育基础设施建设、实施学生资助惠民政策、实施特殊困难儿童保障政策、实施职业教育富民政策和加强贫困地区师资队伍建设，每一项具体任务都伴随着较为详细的工作内容。[②] 其他部门的配套方案也都根据各自的职能制定了相应的工作任务。由此，广东省在一开始就打造了精准扶贫的政策体系，为脱贫攻坚奠定了坚实的基础。

第二，尽管政策体系需要由政府的强制性来构建，但政策体系的维持则必须为社会力量的参与预留空间。作为广东省精准扶贫战略的纲领性文

[①] 此处的社会力量为泛指，包括社会组织、企业、个人等参与精准扶贫中的非政府力量。
[②] 广东省教育厅：《广东省教育厅关于推进教育精准扶贫精准脱贫三年攻坚的实施方案》，2016年10月12日，http://www.gdfp.gov.cn/zcfg/szbm/201610/t20161012_798025.htm，访问日期：2020年6月30日。

件,《实施意见》已经将"政府主导、各方参与"作为一项基本原则来传达,这一原则在配套方案中也得到了清晰的体现。以广东省商务厅的配套方案为例,搭建省级"互联网+消费扶贫"电商平台是省商务厅在精准扶贫中的重要工作内容,而在这一任务的完成过程中,商务厅就积极借助了社会组织和电商企业的力量。具体而言,商务厅通过鼓励涉农电商企业和农民合作社开办"农家网店",在一定程度上实现了"订制农业"的创新发展,并开拓了特色农产品在线营销的渠道。[①] 诸如此类的社会力量参与在其他政府部门的配套方案中也不胜枚举。在后续出台的《行动方案》中,社会力量参与得到了更多的鼓励、引导和支持,重点是发挥社会力量在人才支持、市场对接、就业帮扶、资金投入、技术服务等方面的积极作用。如引导企业参与产业扶贫、就业扶贫、基础设施扶贫,推进村、镇、县三级部门与企业的合作;支持社会组织发挥专业优势参与扶贫开发,鼓励志愿者投身脱贫攻坚事业;重视社会扶贫的力量,相关部门投入资源建设和推广社会扶贫平台,实现扶贫资源与相对贫困人口的精准对接。

值得一提的是,"'双到'扶贫"中贡献重要力量的"广东扶贫济困日"活动,在精准扶贫中继续发挥了重要作用。借助"6·30广东扶贫济困日"和"10·17全国扶贫日"活动,广东省搭建了一个社会扶贫平台,通过多样化的活动设置,激起社会各界对精准扶贫的深度关注,号召社会各界以爱心捐赠、访贫慰问等形式积极投身于社会扶贫的大潮中。2020年的"广东扶贫济困日"是该活动开展的10周年,2020年的活动主题为"决胜脱贫攻坚,助力乡村振兴",相关部门意图在脱贫攻坚战的最后关头,将社会关注的焦点引导到尚未脱贫出列的部分贫困村和贫困户。[②] 其中,广东省内诸如连南县等少数民族聚居地区仍然是脱贫攻坚的重难点区域。为此,2020年的"广东扶贫济困日"活动专门强调要做好针对民族地区的定向捐赠工作,通过开设专项的捐赠资金类别,向社会公开筹集资金,

---

[①] 广东省商务厅:《广东省商务厅关于我省农村电商精准扶贫精准脱贫三年攻坚的实施方案》,2016年8月18日,http://www.gdfp.gov.cn/zcfg/szbm/201608/t20160818_788485.htm,访问日期:2020年6月30日。

[②] 徐林、岳宗:《2020年广东扶贫济困日活动在广州举行》,2020年7月1日,http://www.gd.xinhuanet.com/newscenter/2020-07/01/c_1126182722.htm,访问日期:2020年7月1日。

第八章 "精准扶贫"的广东成效与基本经验

用于省内少数民族聚居区域的脱贫攻坚事业。此外,除了传统的慈善捐赠活动以外,2020年的"广东扶贫济困日"还以消费扶贫为重点,以购买农产品的方式部分替代直接的资金捐赠,也就是所谓的"以购代捐"活动。这一活动形式拓宽了贫困地区农产品的销售渠道,减轻了贫困地区农产品积压的库存压力,避免了可能产生的浪费。广东省于2020年6月初借助广东东西部扶贫协作产品交易市场这一重要的销售平台,组织举办"6·30——爱心助农产品网销会",号召各级政府部门、企事业单位及有能力的个人开展扶贫产品"认购"活动。同时,考虑到"广东扶贫济困日"系列活动10周年这一颇具纪念意义的时刻,与之相伴随的扶贫济困"红棉杯"认定活动不仅将继续实施,还将开展10周年突出贡献评比活动。这一评比活动将系统回顾自2010年以来在省级"广东扶贫济困日"活动中做出突出贡献的爱心企业、爱心人士和社会组织,从中评选出脱贫攻坚的十大爱心企业、十佳贡献个人和十佳社会组织。数据显示,过去10年"广东扶贫济困日"活动,全省各级累计认捐327亿元,[1] 这些数字的背后无疑体现了社会扶贫贡献的巨大力量。

总的来说,在精准扶贫脱贫攻坚的系列行动中,政府始终占据主导地位,但是政府主导不等于政府垄断。政策体系构建和工作机制完善的宏观框架固然需要政府来进行设计,但是微观层面的具体实施则不能缺少社会力量广泛深入的参与。社会力量实际上寓于或者说嵌入了政策体系提供的执行空间,并在此空间内凭借自身的优势积极参与脱贫攻坚。本书认为,尽管这一执行空间是由政府部门先行预设的,但是根据政策后续的实施情况,执行空间也不是固定不变的。通过行政体系内部的效果反馈和行政体系外部的交流沟通,执行空间也在不断进行适应性调整。可以说,在脱贫攻坚向纵深推进的过程中,社会力量参与的范围和领域在不断扩大,作用也在不断增强。从理论和实践两方面来看,只有政府与社会力量通力合作,扶贫新格局才有望形成,而这一格局的形成不仅有利于提升扶贫绩效、打赢脱贫攻坚战,而且也对共同富裕进行了生动的诠释。

---

[1] 袁炯贤:《攻坚三年多!广东160万贫困人口脱贫》,2020年7月1日,http://czt.gd.gov.cn/mtgz/content/post_3026745.html,访问日期:2020年7月1日。

三、增强政治势能,推动政策执行

在"精准扶贫"战略的推进过程中,相关政策是否能够得到有效执行,始终是影响脱贫攻坚成效的关键问题。为此,广东省以增强"政治势能"的方式,推动了扶贫政策的有效执行。所谓"政治势能",指的是某项公共政策因发文单位位阶的不同而传递出强弱不同的政治信号,而政策文件出台时的位阶也就成为判定其政治势能强弱的主要指标。[①] 其中,政策文件的"位阶"应做两方面理解:一是指政策文件发文单位级别的高低,相比于低级别部门,高级别部门发布的政策文件自然具有更强的政治势能;二是指发文单位的类别与属性,相比于政府部门的单独发文,党政部门的联合发文具有更强的政治势能。在我国现行的体制安排下,"党关注的议题"所蕴含的政治意义能够带来超越科层体制的强势执行力量。换言之,如果政府部门能够与党的部门在某项政策上联合发文,长期浸淫于政治体系和行政体系中的官员便能敏锐地觉察到政策传递的政治信号,从而积极地执行策略。从这个角度来看,增强特定政策的政治势能,不失为推动政策执行的一种有效手段。

作为关系到全面建成小康社会成败的关键任务,打赢脱贫攻坚战承载着重要的政治意义。为此,精准扶贫战略下的各项宏观政策往往由党中央和国务院联合出台,凭借极强的政治势能提高省级层面对精准扶贫的注意力配置及相应的资源注入,进而实现脱贫攻坚的既定目标。不过,宏观扶贫政策的政治势能传递到省级层面后,并不能直接和自动地转化为显著的政策成效。实际上,尽管党中央和国务院传递的政治势能是一致的,但各省级政府的执行策略却有所不同,导致政策落地的实际绩效也出现了明显的差异。这一现象背后体现的是省级政府间治理能力的差距,而省级政府向下传递政治势能的过程是否顺畅,无疑是一个影响政府治理能力的重要因素。可以说,省级政府在政治势能自上而下的传递环节中起到的是承上

---

① 贺东航、孔繁斌:《中国公共政策执行中的政治势能——基于近20年农村林改政策的分析》,《中国社会科学》2019年第4期。

第八章 "精准扶贫"的广东成效与基本经验

启下的作用,作为连接中央顶层设计与基层政策执行的关键一环,省级政府的中观政策必须通过形式和内容上的双重设置来确保政治势能的顺畅传递。从广东的扶贫实践来看,相关政策和系列行动裹挟着强劲的政治势能确保了脱贫攻坚的全面胜利,而广东省传递和增强政治势能的做法,主要体现在以下两个方面。

一是省委、省政府对省内精准扶贫政策的联合发文。如前所述,党委和政府对某项政策的联合发文,是一种典型的对政策赋予政治势能的行为,往往能够以"高位推动"统一思想,进而整合跨部门利益,破除政策执行中的障碍。自2016年广东省全面实施精准扶贫政策以来,广东省委、省政府先后于2016年和2018年发布《关于新时期精准扶贫精准脱贫三年攻坚的实施意见》和《关于打赢脱贫攻坚战三年行动方案(2018—2020年)》两份纲领性文件,旨在落实中央有关脱贫攻坚的政策部署。从目标要求来看,两份文件中均体现了约束性指标和预期性指标的综合。一方面,"两不愁、三保障、一相当"作为脱贫攻坚的底线要求,毫无疑问是必须予以实现的约束性指标。另一方面,涉及相对贫困人口和相对贫困村人均可支配收入增长幅度的指标,体现了持续发展内涵下的动态要求,目的是提高脱贫质量,但考虑到发展环境和能力要素,这部分指标被确立为预期性指标。纲领性文件中对两类指标的合理设置,既明确了执行层面基础性的任务要求,又引导和动员了参与扶贫的各方力量朝着持续提升脱贫质量的目标迈进。这成为广东扶贫取得突出成效的重要保障。

二是党政主要领导在脱贫攻坚中时刻表现出极强的政治意志。一般而言,在党政主要领导的话语体系和行动体系中,政治意志能够通过多种形式予以表现。话语体系的表现以各类决议、决定、批示、指令中的"高度重视""认真执行""坚决贯彻"等形式出现;行动体系的表现则以领导主持召开各类会议(常委会、专题会、推进会、工作会、动员会)、出台相关政策、建立专门机构等形式出现。实际上,前述的党政部门联合发文,也可以看作政治意志在行动上的一种具体呈现,只不过这种方式强调的更多是制度上的正式性。从广东脱贫攻坚的具体实践来看,话语体系和行动体系在党政主要领导表现政治意志的过程中得到了综合运用,而党政主要领导为扶贫活动"站台",则成为其中的典型代表。长期以来,广东省委和省政府的主要领导十分重视和鼓励各类扶贫活动的开展，以"广东扶贫济困日"为例，自2010年首次举办以来，基本上历任广东省委书记和省长都会在每年的6月30日这天出席相关活动，活动期间常伴随有领导发表讲话和会见爱心人士代表。同时，在各级扶贫开发领导小组的周密部署下，广东各地市的党政主要领导也会积极参加涉及扶贫的各类活动。可以说，通过党政主要领导特别是一把手为扶贫活动的"站台"，以及活动期间有关扶贫的主题讲话，全省上下进一步达成了将脱贫攻坚进行到底的共识。政治意志嵌入这些共识中，成为直接推动各级各类执行部门推进脱贫攻坚的重要力量。[1]

总的来说，广东省以增强政治势能的方式，加快了扶贫政策的"变现"速度，即从文本上的政策预期转变为实际显现的政策成效的速度。同时，责任落实体系、监督考核体系、政策支撑体系、组织协调体系和投入保障体系的同步构建，[2] 以及党政主要领导在各类扶贫活动中的政治意志传递，进一步增强了执行层面的积极性和力量配备，契合了精准扶贫战略内在的系统性要求。

四、以柔性尺度重构的政策创新实现区域协调发展

如前所述，区域发展失衡始终是广东整体实现全面建成小康社会的主要障碍。在区域发展失衡的局面下，广东省内欠发达地区的人口贫困问题越发凸显。为此，广东省多年来一直在积极探索以区域协调发展的方式实现贫困人口的脱贫。在精准扶贫阶段，由于广东已经率先解决了省内的绝对贫困问题，因此，广东并不是中央扶贫政策面向的重点地区。换言之，中央对广东扶贫政策制定的介入度较低。从府际学习的视角来看，此时广东在扶贫政策的创新方面具有典型的"自主模式"的特点，[3] 在扶贫政策的

---

[1] 徐岩、范娜娜、陈那波：《合法性承载：对运动式治理及其转变的新解释——以A市18年创卫历程为例》，《公共行政评论》2015年第2期。

[2] 王松磊、吕鸿强：《脱贫攻坚中的政治势能与政策执行——基于扶贫政策文本与地方政府行为的分析》，《中共福建省委党校（福建行政学院）学报》2020年第3期。

[3] 杨宏山、李娉：《政策创新争先模式的府际学习机制》，《公共管理学报》2019年第2期。

第八章 "精准扶贫"的广东成效与基本经验

制定上具有较高的自主权限。面对区域发展失衡问题,广东也拿出了政策创新方案——以柔性尺度重构的方式推进区域合作。

由于"尺度"(scale)①及"尺度重构"(scale rescaling)②是有着丰富内涵的复杂概念,本书无意对其进行深度探讨,在不改变其本意的前提下,我们可以将"尺度"简单地理解为用以描述地理意义上的空间规模、层次与相互关系的量度,③而"尺度重构"则指的是行政组织调整和地域重构的一种方式。④据此,行政组织的调整和行政区划的重置就成为可观察到的典型的尺度重构现象。研究表明,以尺度重构的方式实现的行政区划调整,能够有效地实现区域整合和治理方式的优化,提升区域整体竞争力。⑤

不过,值得注意的是,尺度重构偏重于制度层面自上而下的正式规划,上级部门的规划文件已经预先设计了行政区划的演进方向。可以这样理解,尺度重构下的行政区划调整更多的是以一种直接变迁的方式出现,相对而言缺少了一些"逐渐演变"的态势,自然也无法提供一种历时性考察的视角。此外,尺度重构下的行政区划调整一旦发生,则意味着该区域的行政权力发生了全部的转移。相较之下,柔性尺度重构在不对行政区划进行硬性调整的前提下,通过合理吸纳地方实践,在逐渐演变的过程中实现了区域间的优势互补和协调发展,实际上是一种对行政区划调整的超越。在实践开展中,近年来,建立在汕尾市的深汕特别合作区的发展得到了全国范围内的广泛关注,从其发展历程来看,这一特别合作区的建成模式能够成为诠释柔性尺度重构的典型例证。

从 2008 年深圳(汕尾)产业转移园建立,到 2011 年深圳、汕尾两市

---

① Howitt R, "Scale and the other: Levinas and geography", *Geoforum*, vol. 33, no. 3 (2002), pp. 299-313.

② Shen J, "Scale and the city: Urban transformation in post reform China", *Habitat International*, vol. 31, no. 3 (2007), pp. 303-316.

③ 张践祚、李贵才、王超:《尺度重构视角下行政区划演变的动力机制——以广东省为例》,《人文地理》2016 年第 2 期。

④ 晁恒、林雄斌、李贵才:《尺度重构视角下国家级新区"多规合一"的特征与实现途径》,《城市发展研究》2015 年第 3 期。

⑤ 马学广、李鲁奇:《城际合作空间的生产与重构——基于领域、网络与尺度的视角》,《地理科学进展》2017 年第 12 期。

共同管理,① 再到 2018 年深圳市深汕特别合作区正式揭牌，深汕特别合作区的成立与运作充分发挥了促进区域协调发展的作用。目前，深汕特别合作区已经由深圳全面负责建设管理，享有地级市一级管理权限。然而，最开始的深圳（汕尾）产业转移园只是作为彼时广东"双转移"战略的一个组成部分而得以建立，省级部门并未对这一园区给予超出其他产业转移园的特别重视。不过，在深圳和汕尾两地政府的支持和鼓励下，产业转移园的发展态势一路向好。值得注意的一点在于，不同于一般意义上低端落后的产业转移所具有的环境污染严重、产能落后及附加值低的普遍特征，深圳（汕尾）产业转移园内不仅集聚了技术优势下的先进制造业和区位优势下的临港工业，而且坚守环境保护的底线，走绿色工业的发展道路。随着两地合作范围的不断扩大，产业转移园的功能事实上已经由最初单一的产业发展扩展到了包含经济管理和社会发展在内的综合性领域。可以说，在深度合作的基础上，深圳和汕尾事实上对产业转移园进行了共同管辖，而这一既成事实也得到了官方文件的承认——广东省委、省政府于 2011 年批复《深汕（尾）特别合作区基本框架方案》，正式设立深汕特别合作区。

深汕特别合作区成立之初，深圳和汕尾依然按照既定的分工原则维持着"齐抓共管"的格局。然而，共同管辖也在一定程度上造成了权责模糊，因而难以长期为继。在这样的背景下，为了充分发挥合作区的区位优势与政策优势，广东省在深汕特别合作区创造性地实施了管理权与行政属地所有权的分置，即深圳享有特别合作区的管理权，而汕尾仍然保留行政属地所有权。这样一种特殊的政策安排既突破了行政区划调整的束缚，又充分考虑了利益分配的合理性，从而提供了一种区域合作的新思路。

目前，作为深圳市的一块"飞地"，深汕特别合作区的运作开辟了区域合作的一条新路。深圳市凭借先进的管理经验和充足的资源供给，深耕深汕特别合作区建设，目前已经在招商引资、产业转移与发展、交通基础设施建设、城市综合配套规划等方面取得了不俗的成绩。对于汕尾市而言，深汕特别合作区的建设打破了汕尾与深圳的空间隔离，自此汕尾可以更加

---

① 深圳市主导经济管理和建设，汕尾市负责征地拆迁和社会事务。

第八章 "精准扶贫"的广东成效与基本经验

快速、便捷和有效地获取合作共赢的收益。① 同时,深汕特别合作区带来的示范效应也很明显,当前正在规划建设的"大深圳统筹合作示范区"仍将沿用柔性尺度重构的思路,旨在进一步扩散这一政策创新经验,推动区域协调发展迈上新台阶。

总的来说,广东省以深汕特别合作区的成立与发展为突破口,通过柔性尺度重构的政策创新为区域协调发展提供了新的思路、方式与路径。从扶贫的角度来看,区域协调发展带来的最为明显的改变,在于欠发达地区贫困人口收入的提高和发展机会的增加,而这正是精准扶贫战略下各项政策出台的基础性目标。

五、以"技术治理"提高扶贫绩效

改革开放以来,我国国家治理已经由总体支配向技术治理转变。具体而言,技术治理的基本内涵主要有两方面:一是指政府通过应用现代信息技术来提升社会治理效率;二是指政府的治理方式和管理手段正在变得越来越"技术化"。② 随着科学技术的迅猛发展,技术治理成为中国治理语境中引导政策推行与改革实践的主要逻辑。③ 换言之,在信息化和网络化时代,技术治理为提升政策执行绩效开辟了一条新的路径。

广东省在实施精准扶贫战略的过程中,无论是扶贫政策体系的构建,还是各项工作机制的保障,均随处可见技术治理的影子。以社会救助兜底脱贫行动的实施为例,其中的一项重点任务是"健全完善监测预警机制",这一机制的构建就充分体现了技术治理的应用。一是在贫困人口监测方面。广东省借助省级政务数据共享平台,通过大数据比对筛选出农村低保和特困供养的应纳未纳人员,并为这部分群体建立台账,深入分析他们的返贫致贫风险,为兜底保障提供实时的监测数据。二是在信息共享方面。广东

---

① 徐林、岳宗:《深圳市深汕特别合作区党工委、管委会正式挂牌》,2018年12月16日,http://sz.people.com.cn/n2/2018/1216/c202846-32415376.html,访问日期:2020年7月1日。

② 渠敬东、周飞舟、应星:《从总体支配到技术治理——基于中国30年改革经验的社会学分析》,《中国社会科学》2009年第6期。

③ 黄晓春、嵇欣:《技术治理的极限及其超越》,《社会科学》2016年第11期。

省健全社会救助信息共享机制，以低保对象、特困人员、临时救助对象的监测数据为基础，推动相关的救助信息在政府部门间的共享，为这部分群体提供契合其实际需要的医疗、教育、住房等方面的救助服务。三是在跟踪研判潜在对象方面。广东省采用一套识别方法对相对贫困人口的家庭经济状况和生活状况进行评估，以此作为社会救助对象的识别标准。同时，对未达标准但生活同样存在困难的对象，相关部门则做好备案管理，制定预警措施。四是完善发现转介机制。相关部门指导基层单位主动核查社会救助对象，采取分类管理的方式，为符合条件的对象提供生活救助或专项救助等差异化救助方式。

综观社会救助兜底脱贫行动的实施，不难发现技术治理贯穿于其中。在大数据的强力支撑下，社会救助对象的精准识别和动态管理在操作上显得更为容易；① 而相关部门通过信息共享，也能够为社会救助对象提供需求匹配程度更高的救助服务。诸如此类的技术治理应用已经常态化地融入了精准扶贫战略实施的全过程中，为扶贫绩效的提高做出了重要的贡献。而"借助技术进行扶贫"的观念也已经深入人心，成为公务人员在扶贫工作推进中的共识。

值得注意的是，随着技术治理在扶贫领域的深度应用，其"规避化简"和量化考核的特点也被质疑扭曲了真实的社会情境。一般而言，技术治理力图通过对社会模糊性的规避和社会复杂性的化简来达到清晰展现社会图像的目的。然而，这种极度的规避和化简导致信息量被一步步压缩，甚至最后成为一串串数字，无法还原为真实的社会情境，造成社会图像失真。② 这些外显的数字指标作为考核、评价的核心要件，如果不能保证实质合理性的增加，对绩效提高没有任何的助益。③ 因此，为了避免诸如"数字脱贫"等情况的发生，广东省在精准扶贫的技术治理中非常强调"人"的作用的发挥。在技术手段提高效率的同时，一线的扶贫干部始终将实质脱贫而不是数字脱贫作为脱贫实绩，注重提高相对贫困户的发展能力，而这也

---

① 万国威：《新时代我国贫困人口兜底保障的大数据治理变革》，《华中科技大学学报》（社会科学版）2020 年第 2 期。
② 彭亚平：《技术治理的悖论：一项民意调查的政治过程及其结果》，《社会》2018 年第 3 期。
③ 王雨磊：《数字下乡：农村精准扶贫中的技术治理》，《社会学研究》2016 年第 6 期。

第八章 "精准扶贫"的广东成效与基本经验

正契合了行政体系中一直以来呼吁的价值理性与工具理性的整合,有助于保证工具性的技术应用始终服务于摆脱贫困的价值目标。

六、先行先试,探索建立解决相对贫困的长效机制

立足当前、面向未来,这可以看作精准扶贫广东实践的基调。作为改革开放的前沿阵地,广东省长期以来一直肩负着对顶层设计出台的重要政策先行先试的重要使命,而广东省对建立解决相对贫困长效机制的探索,将成为国家层面制定相关政策所参考的重要依据。在这样的背景下,广东省已经开展了一些积极的探索,其思路主要体现在以下几个方面。

一是高层政策引导与基层实质赋权的结合。广东省在开展精准扶贫的过程中,充分实现了省级层面的政策意见与执行部门的实施方案间的协调配合。一方面,高标准的系统实施意见从总体上确定了广东实施精准扶贫的战略目标,从而引导了相关政策的实施方向。另一方面,考虑到宏观层面的政策方案可能不完全适用于基层的实际情况,广东省委、省政府又通过各种方式为基层赋权,明确基层行政组织和一线扶贫干部在精准扶贫中的重要地位,支持和引导他们在贯彻政策精神的基础上根据相对贫困村和相对贫困户的实际情况制定行之有效的帮扶对策。

二是区域协调与城乡统筹的结合。未来的相对贫困治理需要实现贫困人口的持续增收和能力扩容,为此就应当考虑以区域协调、对口帮扶、城乡一体化的形式走共同发展的道路。广东省开展的珠三角与粤东西北地区的对口帮扶、城乡统筹扶贫等方面的实践表明,相对发达的地区向相对落后的地区进行资源注入,能够有效带动落后地区的发展,进而实现区域整体实力的增强。显然,区域协调与城乡统筹相结合,既是共同富裕的必然要求,也是实现合作共赢的必经之路。

三是多样化扶贫方式与底线民生的结合。以产业扶贫、就业扶贫、教育扶贫等为代表的八项扶贫工程是广东省"精准扶贫"、精准脱贫三年攻坚时期实施的重要政策,在帮助相对贫困户脱贫方面发挥了重要作用。不过,这些多样化扶贫方式的作用主体是有劳动能力的相对贫困户,对于不具备劳动能力的相对贫困户而言,广东省则实施了底线民生的社会救助,以兜

底保障的方式维护这部分群体最基本的生存权利,实际上体现了政府对民众最基本生计的责任担当。①

四是分散帮扶与分类帮扶的结合。由于将近70%的相对贫困人口生活在相对贫困村外,因此广东省制定了分散帮扶"九到户"的行动策略。② 同时,面对相对贫困人口中的老人、妇女、儿童等不同群体的差异化诉求,广东省不仅制定了与之相对应的个性化帮扶方案,还保障了他们对基本公共服务的获得,极大地提升了帮扶活动的针对性成效。

总体而言,广东省立足于当前省内相对贫困人口的现状与需求,针对性地提出了一系列行之有效且面向未来的帮扶对策,这些政策的组合效应对探索建立解决相对贫困的长效机制发挥了重要的作用。"衙斋卧听萧萧竹,疑是民间疾苦声。些小吾曹州县吏,一枝一叶总关情。"在绝对贫困治理向相对贫困治理的转轨期内,广东省各级政府的工作人员将继续在以人民为中心的发展理念下开展贫困治理的积极探索,为最终的顶层设计出台提供广东先行先试的经验素材。同时,伴随脱贫攻坚的最终胜利和贫困形态的变化,有两方面任务值得持续关注。一是巩固和拓展既有的脱贫攻坚成果,二是实现农民增收、农业发展和农村振兴。显然,这两方面任务需要寓于乡村振兴战略中全面推进。当前,乡村振兴战略的总体框架已经搭建,脱贫攻坚与乡村振兴有效衔接的政策举措已经铺开。在脱贫攻坚胜利果实的基础上,顶层设计必将通过先进的指导理念、可及的总体目标、完备的制度框架、细致的政策体系、明晰的实现路径和坚实的行动策略实现乡村的全面振兴和可持续发展。

---

① 高和荣:《论托底型民生》,《北京师范大学学报》(社会科学版)2020年第3期。
② 梅州市扶贫开发局:《梅州抓重点攻难点扎实推进分散贫困人口帮扶工作》,2017年10月31日,http://www.gdfp.gov.cn/fpyewu/fsbf/201711/t20171107_899837.htm?from=singlemessage,访问日期:2020年7月1日。

结语：中国贫困治理的"广东样本"

提笔至此，本书已经将广东省自"'双到'扶贫"以来在扶贫方面的探索进行了系统的梳理，较为全面地展现了广东省在贫困治理方面的政策实践与基本经验。本书认为，广东省的扶贫探索与显著成效表明，广东省担当得起中国贫困治理的"广东样本"这一赞誉。具体而言，广东省的贫困治理可用"先锋"与"模范"这两个词分别予以表述。

所谓"先锋"，指的是广东省的"'双到'扶贫"模式最早开启了中国省级层面贫困治理的"精准"探索。如前所述，"'双到'扶贫"在"扶持谁""谁来扶""怎么扶"和"如何退"这四个方面的政策举措，已经十分接近于中央层面"精准扶贫"的实践要求。可以据此认为，广东省在扶贫"精准"方面的探索，事实上对中央的政策出台产生了积极的影响。此外，"'双到'扶贫"期间各项扶贫政策的力度之大，也充分体现出了广东省对治理贫困的坚定态度，"政治挂帅"的责任承担显著提高了"'双到'扶贫"的资源注入，进而提高了贫困治理的成效。2012年全国"两会"期间，时任国务院扶贫开发领导小组副组长、国务院扶贫办主任范小建在接受采访时表示："广东的扶贫工作很有远见，为全国树立了榜样，对于丰富中国扶贫开发道路非常有意义。"[①] 这无疑是对"'双到'扶贫"模式的一种高度认可。其后，广东省第二轮"'双到'扶贫"和接续实施的"精准扶贫"更是率先开启了建立解决相对贫困长效机制的探索，并已经实施了一些行之有效的策略。

在相对贫困治理阶段，政府治贫的工作重心逐渐由"扶贫"向"防贫"

---

① 谢伕芳、盛海辉：《建设"幸福广东"的一个璀璨点——李容根就广东扶贫开发"'双到'扶贫"工作答本刊记者问》，《源流》2012年第9期。

从"'双到'扶贫"到"精准扶贫"——基于广东经验的中国扶贫之路

迁移。① 与之相对应,治贫策略也需要进行方向性的调整。从国际和国内经验来看,唯有合理施策的政府与积极行动的穷人之间的结合,才能够达致最有效的扶贫效果。② 对于中国而言,政府的治贫态度与穷人的脱贫态度并不总是同向的,由此造成的差异化行为选择屡见不鲜。一方面,改革开放特别是20世纪80年代中期以来,国家层面扶贫政策的渐次出台及其带来的显著减贫效果已经足以证明中国在贫困治理方面是一个"有效国家"。另一方面,长期的贫困治理历程却始终存在着部分贫困户自身的"不作为"。他们或是对于贫困的现状无动于衷,或是过分依赖政府、市场和社会提供的各类扶贫资源,这种不同于物质贫困的精神贫困不仅会造成扶贫资源配置效率的低下,导致扶贫"内卷化",③ 而且也严重影响了脱贫的稳定性。从这个角度来看,相对贫困治理阶段尽管仍要关注物质贫困,但考虑到精神贫困会以损害贫困人口自我发展意识的方式阻碍脱贫和导致返贫,因而精神贫困治理的重要性愈发凸显。④ 实际上,由于贫困人口的增收始终是贫困治理的首要目标,因而贫困认知长期以来也被局限在物质贫困的范畴,精神贫困在一定程度上遭到忽视。

相较之下,广东省的"先锋"意识不仅使其较早关注到了贫困人口的精神贫困问题,而且采取的措施也极具前瞻性和长效性。具体而言,广东省应对精神贫困的核心策略是充分挖掘贫困地区的特色与优势,帮助贫困人口建立乡村自信和个体自信。长期以来,贫困地区由于发展较为落后,难以与外界进行有效的沟通交流。在缺乏了解的情况下,先入为主的刻板印象导致外界对贫困地区产生了误解和偏见,而生活在这些地区的贫困人口往往也被贴上"不思进取"的污名化标签。由此,贫困人口背上了沉重的心理负担,陷入自我否定的负面情绪。不能否认的是,许多贫困地区确

---

① 李小云、苑军军、于乐荣:《论2020后农村减贫战略与政策:从"扶贫"向"防贫"的转变》,《农业经济问题》2020年第2期。

② 邓大才:《积极国家:反贫困战略中的政府干预与理论基础——基于国际反贫困战略的比较研究》,《新疆师范大学学报》(哲学社会科学版) 2021年第2期。

③ 郭劲光、俎邵静、邓韬:《扶贫资源配置低效问题研究:生成机制与治理路径》,《农业经济问题》2019年第7期。

④ 刘欢、韩广富:《后脱贫时代农村精神贫困治理的现实思考》,《甘肃社会科学》2020年第4期。

结语：中国贫困治理的"广东样本"

实面临着资源禀赋不足、生态环境恶劣、地形条件崎岖等诸多阻碍发展的问题。但是，对于贫困地区而言，漫长的发展过程已然使其形成了与自身生产生活相适应的特有功能，这些功能承载着乡村价值和乡村智慧，成为乡村社会发展的动力之源。[①] 为此，挖掘贫困地区的特色与优势，重寻乡村价值，能够帮助贫困人口建立对自身优势的充分了解，唤醒自我意识，进而产生乡村自信和个体自信，打破精神贫困的桎梏。

在脱贫攻坚的实施过程中，广东省积极促进特色产业与文化内涵的融合，意在从物质和精神两方面出发，挖掘贫困地区内在的生产价值和文化价值。如前所述的潮州单丛茶品牌，正是在充分挖掘自身"潮味文化"的基础上，通过与单丛茶、青梅、竹子、橄榄等特色农产品相结合，成功地将文化内涵寓于扶贫产业。从实际成效来看，参与单丛茶生产的92个村的贫困人口不仅在收入水平上大幅提高，精神面貌更是得到了极大的改善，贫困人口自觉认识、了解、学习和利用乡村文化的热情被成功点燃，并坚定了立足乡村、自力更生的脱贫自信。在粤东西北的贫困地区，类似潮州这样深挖本地优势，创新脱贫道路的举措得到了广东各级政府的大力支持，在此过程中，贫困人口的主体意识得到了培育，成为摆脱精神贫困的内在力量。[②] 此外，通过挖掘贫困地区的特色与优势，广东省也开辟了衔接精准扶贫与乡村振兴的有效路径，由是观之，广东省对精神贫困治理和乡村振兴的探索无疑再度走在了全国前列。

所谓"模范"，指的是广东省的扶贫开发始终在中国特色社会主义的制度优势下不断推进，发挥党的领导的政治优势是贫困治理取得重要成就的法宝。早在"'双到'扶贫"期间，不少省份就已经专门派团派人赴广东考察学习，但也有不少其他地区的政府工作人员表示广东的扶贫经验难以学习。究其原因，很多人认为发达地区的政策经验是优势资源供给下的产物，如果应用于中西部资源供给不足的欠发达地区，难免存在着"水土不服"的问题。这一看法实际上过于片面地理解了"可复制性"的内涵。所谓的

---

① 朱启臻、吴玉敏：《乡村价值：从脱贫攻坚到乡村振兴的行动范式》，《党政研究》2020年第5期。

② 苏志豪、徐卫周：《塑造农民主体性：2020后走出扶贫"内卷化"困境的路径选择》，《现代经济探讨》2020年第8期。

"可复制性",并不是指全盘不动地照搬,而是对政策经验和做法的系统思考和审慎借鉴。中西部地区可能无法对扶贫开发提供足够的财政支持,但并不意味着诸如底线民生这样的政策就无法开展,如果根据当地生活水平因地制宜地设置一个合理的保障标准(尽管这一标准可能低于东部地区),中西部地区同样可以借助这样的政策对贫困人口实行兜底保障。此外,有学者指出,后扶贫时代的深度贫困地区需要进一步巩固脱贫成果防止返贫,为此,当前亟须构建一个面向脱贫户、扶持政策和生态环境的韧性治理体系,以提高脱贫户的可持续发展水平。[①]

分析广东的扶贫实践不难发现,广东省在具体的扶贫策略上正是建立了这样一套韧性治理体系:一是全力推进省内基本公共服务均等化建设,确保贫困地区基本公共服务主要领域指标相当于全省平均水平。这一策略的主要目的在于通过提高贫困人口对教育、医疗和社会保障等基本公共服务的获得,增强他们的人力资本水平和抗风险能力。其中,面向儿童的专项服务供给,在很大程度上帮助他们免于贫困的风险,进而阻断了贫困代际传递的恶性循环。二是制定了专门针对脱贫户的防贫政策体系。广东省的防贫政策体系包含返贫预警机制、分类救助政策、产业发展计划、基层组织培育等多个方面。可以说,防贫政策体系的系统化构建已经不再着眼于脱贫户在基本生活方面的生存问题,而是在发展型贫困治理的视角下,以综合治理的手段破除加之于脱贫户身上的种种条件限制,赋予他们更多的发展机会。[②] 三是在乡村振兴的规划与实施中,实现了人与生态之间的动态平衡。随着脱贫攻坚临近尾声,乡村振兴接棒而至,对未来一段时间内的农村工作进行了全面的规划。对于广东而言,"建设生态宜居美丽乡村"在乡村振兴的战略规划中被赋予了重要地位。不论是人居环境整治,还是生态环境治理,都将乡村的绿色发展视为巩固脱贫成果的理想方式,有助于实现脱贫户生活环境的改善和乡村振兴生态载体的重塑。从这三个方面来看,广东省在扶贫开发中的先进理念和创新的工作方式可以说是行稳致远,系统全面而

[①] 李博:《后扶贫时代深度贫困地区脱贫成果巩固中的韧性治理》,《南京农业大学学报》(社会科学版)2020年第4期。

[②] 林闽钢:《相对贫困的理论与政策聚焦——兼论建立我国相对贫困的治理体系》,《社会保障评论》2020年第1期。

结语：中国贫困治理的"广东样本"

整体的政策在有效解决省内贫困问题的同时，提供了一种可观察的面向未来的贫困治理长效思路，具备了在更广阔的范围内进行推广的可行性。

不可否认，"先锋"与"模范"的广东贫困治理样本自有其特殊性，但在抽丝剥茧的细密梳理中，我们不难发现广东的样本集中体现了中国贫困治理的共有特征：坚持党的领导、推动各方合作、强化技术应用……这些重要且有效的原则和策略既是广东贫困治理取得突出成就的"秘籍"，也为全国其他地区贫困治理绩效的提高贡献了重要力量。而广东的独到之处则具体表现在政策理念之创新、组织建设之全面、资金使用之灵活及考核问责之精细。从这个角度来看，广东的贫困治理或者说扶贫探索在未来的一段时间内，仍然能够为全国其他地区的贫困治理实践提供颇具价值的借鉴。

更为重要的一点在于，广东省的扶贫工作实际上是"一个战役，两个战场"。也就是说，广东省在应对省内艰巨的扶贫工作之余，还投入了大量精力用于东西部扶贫协作工作。仅 2018 年单年，广东省在东西部扶贫协作中就取得财政援助资金数、筹集社会帮扶资金数、转移贫困劳动力就业数、派驻人才数、带动减贫数五个"全国第一"，[①] 充分体现了广东省的责任担当。2019 年 7 月，国务院扶贫办主任刘永富表示，广东在东西部扶贫协作工作中"当了排头兵、啃了硬骨头、做了大贡献"。[②] 可以说，中央层面对广东扶贫工作的认可和赞誉，无疑是对广东全省参与扶贫工作中的党政干部、工作人员、企业、社会组织和居民的最高褒奖。

习近平总书记在决战决胜脱贫攻坚座谈会上强调，我们一定要夺取脱贫攻坚战的全面胜利，"坚决完成这项对中华民族、对人类都具有重大意义的伟业！"[③] 时至今日，脱贫攻坚即将取得全面胜利，全面建成小康社会即将成为现实，中华民族夙夜以求的脱贫愿景即将梦圆。在脱贫攻坚的决胜时刻，南粤大地毫不松懈，力争使广东的扶贫经验成为中国特色扶贫道路

---

① 符信：《广东省召开东西部扶贫协作工作座谈会》，2019 年 4 月 16 日，http://news.southcn.com/gd/content/2019-04/16/content_186685661.htm，访问日期：2020 年 7 月 1 日。

② 黄进：《广东东西部扶贫协作"当了排头兵、啃了硬骨头、做了大贡献"有力助推被帮扶地区如期打赢脱贫攻坚战》，2019 年 10 月 21 日，http://dara.gd.gov.cn/mtbd5789/content/post_2650283.html，访问日期：2020 年 7 月 1 日。

③ 习近平：《在决战决胜脱贫攻坚座谈会上的讲话》，2020 年 3 月 6 日，http://www.12371.cn/2020/03/07/ARTI1583539277597125.shtml，访问日期：2020 年 6 月 1 日。

的典型代表,向世界讲述中国的脱贫奇迹。同时,在脱贫攻坚结束后,广东助力乡村美丽蝶变的新发展模式,也将为乡村振兴的稳步推进贡献广东智慧,并有望引领新一轮的乡村发展热潮。

参考文献

[1] 《2013—2015年广东省扶贫开发"扶贫"工作 措施有力 亮点突出 成效明显[J]. 源流, 2016 (4).

[2] 阿玛蒂亚·森. 贫困与饥荒[M]. 王宇, 王文玉, 译. 北京: 商务印书馆, 2004.

[3] 阿玛蒂亚·森. 以自由看待发展[M]. 任赜, 于真, 译. 北京: 中国人民大学出版社, 2013.

[4] 埃斯平-安德森. 福利资本主义的三个世界[M]. 苗正民, 滕玉英, 译. 北京: 商务印书馆, 2010.

[5] 白永秀, 刘盼. 全面建成小康社会后我国城乡反贫困的特点、难点与重点[J]. 改革, 2019 (5).

[6] 白增博. 新中国70年扶贫开发基本历程、经验启示与取向选择[J]. 改革, 2019 (12).

[7] 晁恒, 林雄斌, 李贵才. 尺度重构视角下国家级新区"多规合一"的特征与实现途径[J]. 城市发展研究, 2015 (3).

[8] 陈标平, 胡传明. 建国60年中国农村反贫困模式演进与基本经验[J]. 求实, 2009 (7).

[9] 陈成文, 王祖霖. "碎片化"困境与社会力量扶贫的机制创新[J]. 中州学刊, 2017 (4).

[10] 陈辉, 张全红. 基于多维贫困测度的贫困精准识别及精准扶贫对策——以粤北山区为例[J]. 广东财经大学学报, 2016 (3).

[11] 陈宇, 孙枭坤. 政策模糊视阈下试点政策执行机制研究——基于低碳城市试点政策的案例分析[J]. 求实, 2020 (2).

[12] 陈志钢, 毕洁颖, 吴国宝, 等. 中国扶贫现状与演进以及2020年后

的扶贫愿景和战略重点［J］.中国农村经济，2019（1）.

［13］陈宗胜，沈扬扬，周云波.中国农村贫困状况的绝对与相对变动——兼论相对贫困线的设定［J］.管理世界，2013（1）.

［14］程蹊，陈全功.较高标准贫困线的确定：世界银行和美英澳的实践及启示［J］.贵州社会科学，2019（6）.

［15］戴旭宏.精准扶贫：资产收益扶贫模式路径选择——基于四川实践探索［J］.农村经济，2016（11）.

［16］党秀云.论公共企业家与企业家精神［J］.中国行政管理，2004（7）.

［17］道格拉斯·C.诺思.制度、制度变迁与经济绩效［M］.杭行，译.上海：格致出版社，2014.

［18］邓大才.积极国家：反贫困战略中的政府干预与理论基础——基于国际反贫困战略的比较研究［J］.新疆师范大学学报（哲学社会科学版），2021（2）.

［19］范和生，武政宇.相对贫困治理长效机制构建研究［J］.中国特色社会主义研究，2020（1）.

［20］范进学.权利概念论［J］.中国法学，2003（2）.

［21］范明林，吴军，马丹丹.质性研究方法［M］.上海：格致出版社，2018.

［22］范如国.复杂网络结构范型下的社会治理协同创新［J］.中国社会科学，2014（4）.

［23］范小建.60年：扶贫开发的攻坚战［J］.求是，2009（20）.

［24］范子英，高跃光.财政扶贫资金管理、支出激励与人力资本提升［J］.财政研究，2019（3）.

［25］方刚.广东全面开展扶贫工作初期的三大举措［J］.源流，2019（12）.

［26］风笑天.社会研究方法［M］.5版.北京：中国人民大学出版社，2018.

［27］冈纳·缪尔达尔.亚洲的戏剧：南亚国家贫困问题研究［M］.方福前，译.北京：商务印书馆，2015.

［28］高和荣.论托底型民生［J］.北京师范大学学报（社会科学版），2020（3）.

[29] 高琳,高伟华,周曌. 增长与均等的权衡:省以下财权划分策略的行动逻辑[J]. 地方财政研究,2019(1).

[30] 高强,孔祥智. 论相对贫困的内涵、特点难点及应对之策[J]. 新疆师范大学学报(哲学社会科学版),2020(3).

[31] 高强,刘同山,沈贵银. 2020年后中国的减贫战略思路与政策转型[J]. 中州学刊,2019(5).

[32] 宫留记. 政府主导下市场化扶贫机制的构建与创新模式研究——基于精准扶贫视角[J]. 中国软科学,2016(5).

[33] 关信平. 论现阶段我国贫困的复杂性及反贫困行动的长期性[J]. 社会科学辑刊,2018(1).

[34] 郭劲光,俎邵静,邓韬. 扶贫资源配置低效问题研究:生成机制与治理路径[J]. 农业经济问题,2019(7).

[35] 国家统计局住户调查办公室. 中国农村贫困监测报告[M]. 北京:中国统计出版社,2019.

[36] 国家统计局住户调查办公室. 中国农村贫困监测报告[M]. 北京:中国统计出版社,2001.

[37] 国家统计局住户调查办公室. 中国农村贫困监测报告[M]. 北京:中国统计出版社,2000.

[38] 国务院扶贫开发领导小组办公室. 中国农村扶贫开发概要[M]. 北京:中国财政经济出版社,2003.

[39] 韩喜平. 中国农村扶贫开发70年的历程、经验与展望[J]. 学术交流,2019(10).

[40] 杭承政,胡鞍钢. "精神贫困"现象的实质是个体失灵——来自行为科学的视角[J]. 国家行政学院学报,2017(4).

[41] 贺东航,孔繁斌. 中国公共政策执行中的政治势能——基于近20年农村林改政策的分析[J]. 中国社会科学,2019(4).

[42] 洪名勇. 开发扶贫瞄准机制的调整与完善[J]. 农业经济问题,2009(5).

[43] 胡鞍钢. 中国减贫之路:从贫困大国到小康社会(1949—2020年)[M]. 北京:社会科学文献出版社,2012.

[44] 胡振光,向德平. 参与式治理视角下产业扶贫的发展瓶颈及完善路径[J]. 学习与实践,2014 (4).

[45] 黄承伟,刘欣. 本土民间组织参与扶贫开发的行动特点及发展方向——以贵州省某民间组织为例[J]. 贵州社会科学,2015 (1).

[46] 黄承伟. 中国扶贫开发道路研究:评述与展望[J]. 中国农业大学学报(社会科学版),2016 (5).

[47] 黄承伟. 中国扶贫理论研究论纲[J]. 华中农业大学学报(社会科学版),2020 (2).

[48] 黄晓春,嵇欣. 技术治理的极限及其超越[J]. 社会科学,2016 (11).

[49] 蒋谨慎. 论阿玛蒂亚·森对贫困理论的变革[J]. 社会科学家,2017 (5).

[50] 蒋文锋,张长生,冯文鹏. 2000年以来广东四大区域财政收支差异演变态势初析[J]. 南方经济,2014 (6).

[51] 蒋晓华. 解读1196元新扶贫标准[J]. 北京农业,2009 (13).

[52] 解垩. 公共转移支付与老年人的多维贫困[J]. 中国工业经济,2015 (11).

[53] 金江峰. 倒逼与反倒逼:精准扶贫中的国家与社会关系[J]. 西北农林科技大学学报(社会科学版)2019 (1).

[54] 李博. 后扶贫时代深度贫困地区脱贫成果巩固中的韧性治理[J]. 南京农业大学学报(社会科学版),2020 (4).

[55] 李博,司汉武. 技术在精细社会建设中的地位与作用[J]. 太原理工大学学报(社会科学版)2013 (5).

[56] 李先军,黄速建. 新中国70年企业扶贫历程回顾及其启示[J]. 改革,2019 (7).

[57] 李小奕,谢舜. 社会组织、地方财政能力与公共服务供给质量[J]. 财经问题研究,2019 (4).

[58] 李小云,于乐荣,唐丽霞. 新中国成立后70年的反贫困历程及减贫机制[J]. 中国农村经济,2019 (10).

[59] 李小云,苑军军,于乐荣. 论2020后农村减贫战略与政策:从"扶贫"向"防贫"的转变[J]. 农业经济问题,2020 (2).

［60］李小云，张雪梅，唐丽霞. 我国中央财政扶贫资金的瞄准分析［J］. 中国农业大学学报（社会科学版），2005（3）.

［61］李晓园，钟伟. 中国治贫70年：历史变迁、政策特征、典型制度与发展趋势——基于各时期典型扶贫政策文本的NVivo分析［J］. 青海社会科学，2020（1）.

［62］林卡，范晓光. 贫困和反贫困——对中国贫困类型变迁及反贫困政策的研究［J］. 社会科学战线，2006（1）.

［63］林闽钢. 相对贫困的理论与政策聚焦——兼论建立我国相对贫困的治理体系［J］. 社会保障评论，2020（1）.

［64］刘超，朱满德，王秀峰. 中国农村扶贫开发的制度变迁：历史轨迹及对贵州的启示［J］. 山地农业生物学报，2015（1）.

［65］刘欢，韩广富. 后脱贫时代农村精神贫困治理的现实思考［J］. 甘肃社会科学，2020（4）.

［66］刘建生，陈鑫，曹佳慧. 产业精准扶贫作用机制研究［J］. 中国人口·资源与环境，2017（6）.

［67］刘娟. 中国农村扶贫开发的回顾、成效与创新［J］. 探索，2009（4）.

［68］刘伟. 政策试点：发生机制与内在逻辑——基于我国公共部门绩效管理政策的案例研究［J］. 中国行政管理，2015（5）.

［69］刘玉安，徐琪新. 从精准扶贫看完善农村社会保障制度的紧迫性［J］. 东岳论丛，2020（2）.

［70］柳建平，刘咪咪. 贫困地区女性贫困现状分析——多维贫困视角的性别比较［J］. 软科学，2018（9）.

［71］陆汉文，李文君. 信息不对称条件下贫困户识别偏离的过程与逻辑——以豫西一个建档立卡贫困村为例［J］. 中国农村经济，2016（7）.

［72］吕方. 迈向2020后减贫治理：建立解决相对贫困问题长效机制［J］. 新视野，2020（2）.

［73］吕文慧，苏华山，黄姗姗. 被忽视的潜在贫困者：农村留守儿童多维贫困分析［J］. 统计与信息论坛，2018（11）.

［74］罗伯特·K. 殷. 案例研究：设计与方法［M］. 周海涛，史少杰，译. 重庆：重庆大学出版社，2017.

[75] 罗德. 统合型治理：公共管理的中国模式——以广东省"双到扶贫"为例 [J]. 科学经济社会, 2015 (3).

[76] 马学广, 李鲁奇. 城际合作空间的生产与重构——基于领域、网络与尺度的视角 [J]. 地理科学进展, 2017 (12).

[77] 孟照海. 教育扶贫政策的理论依据及实现条件——国际经验与本土思考 [J]. 教育研究, 2016 (11).

[78] 孟志华, 李晓冬. 精准扶贫绩效的第三方评估：理论溯源、作用机理与优化路径 [J]. 当代经济管理, 2018 (3).

[79] 庞明礼. 领导高度重视：一种科层运作的注意力分配方式 [J]. 中国行政管理, 2019 (4).

[80] 庞明礼, 薛金刚. 政策模糊与治理绩效：基于对政府间分权化改革的观察 [J]. 中国行政管理, 2017 (10).

[81] 彭芬, 刘璐琳. 农村电子商务扶贫体系构建研究 [J]. 北京交通大学学报（社会科学版）, 2019 (1).

[82] 彭亚平. 技术治理的悖论：一项民意调查的政治过程及其结果 [J]. 社会, 2018 (3).

[83] 渠敬东, 周飞舟, 应星. 从总体支配到技术治理——基于中国30年改革经验的社会学分析 [J]. 中国社会科学, 2009 (6).

[84] 荣敬本. "压力型体制"研究的回顾 [J]. 经济社会体制比较, 2013 (6).

[85] 商春荣. 从"双到"扶贫到精准扶贫：广东农村扶贫体制的变革与发展 [J]. 南方农村, 2020 (3).

[86] 沈娅莉. 少数民族地区贫困循环的成因及对策研究——以云南为例 [J]. 云南财经大学学报, 2012 (4).

[87] 盛海辉. 扶贫"双到"让五华老区焕发新活力 [J]. 源流, 2014 (1).

[88] 史玉成. 生态扶贫：精准扶贫与生态保护的结合路径 [J]. 甘肃社会科学, 2018 (6).

[89] 司汉武. 知识、技术与精细社会 [M]. 北京：中国社会科学出版社, 2014.

[90] 苏利阳, 王毅. 中国"央地互动型"决策过程研究——基于节能政策

制定过程的分析［J］. 公共管理学报，2016（3）.

［91］苏志豪，徐卫周. 塑造农民主体性：2020 后走出扶贫"内卷化"困境的路径选择［J］. 现代经济探讨，2020（8）.

［92］孙久文，张静. 论从开发式转向开发与保障并重的新扶贫模式［J］. 西北师大学报（社会科学版），2019（1）.

［93］孙迎联，吕永刚. 精准扶贫：共享发展理念下的研究与展望［J］. 现代经济探讨，2017（1）.

［94］檀学文. 中国移民扶贫 70 年变迁研究［J］. 中国农村经济，2019（8）.

［95］唐超，罗明忠，张苇锟. 70 年来中国扶贫政策演变及其优化路径［J］. 农林经济管理学报，2019（3）.

［96］唐任伍. 习近平精准扶贫思想阐释［J］. 人民论坛，2015（30）.

［97］唐任伍，肖彦博，唐常. 后精准扶贫时代的贫困治理——制度安排和路径选择［J］. 北京师范大学学报（社会科学版）2020（1）.

［98］万国威. 新时代我国贫困人口兜底保障的大数据治理变革［J］. 华中科技大学学报（社会科学版），2020（2）.

［99］万海远，田志磊，徐琰超. 中国农村财政与村庄收入分配［J］. 管理世界，2015（11）.

［100］万林华. 英德山区"双到"扶贫模式的问题及对策研究［D］. 武汉：华中科技大学，2014.

［101］汪三贵，郭子豪. 论中国的精准扶贫［J］. 贵州社会科学，2015（5）.

［102］汪三贵，曾小溪. 后 2020 贫困问题初探［J］. 河海大学学报（哲学社会科学版），2018（2）.

［103］王朝明. 中国农村 30 年开发式扶贫：政策实践与理论反思［J］. 贵州财经学院学报，2008（6）.

［104］王春萍，郑烨. 21 世纪以来中国产业扶贫研究脉络与主题谱系［J］. 中国人口·资源与环境，2017（6）.

［105］王瑞，王华丽，赵艳梅. 基于层次分析法的西部地区就业扶贫实施绩效评价——以新疆和静县为例［J］. 江苏农业科学，2020（5）.

［106］王少剑，方创琳，王洋，等. 广东省区域经济差异的方向及影响机制［J］. 地理研究，2013（12）.

[107] 王绍光. 中国公共政策议程设置的模式[J]. 中国社会科学, 2006 (5).

[108] 王松磊, 吕鸿强. 脱贫攻坚中的政治势能与政策执行——基于扶贫政策文本与地方政府行为的分析[J]. 中共福建省委党校（福建行政学院）学报, 2020 (3).

[109] 王小林, 冯贺霞. 2020年后中国多维相对贫困标准：国际经验与政策取向[J]. 中国农村经济, 2020 (3).

[110] 王宇, 李博, 左停. 精准扶贫的理论导向与实践逻辑——基于精细社会理论的视角[J]. 贵州社会科学, 2016 (5).

[111] 王雨磊. 精准扶贫何以"瞄不准"？——扶贫政策落地的三重对焦[J]. 国家行政学院学报, 2017 (1).

[112] 王雨磊. 数字下乡：农村精准扶贫中的技术治理[J]. 社会学研究, 2016 (6).

[113] 王雨磊, 苏杨. 中国的脱贫奇迹何以造就？——中国扶贫的精准行政模式及其国家治理体制基础[J]. 管理世界, 2020 (4).

[114] 文丰安. 新时代社会力量参与深度扶贫的价值及创新[J]. 农业经济问题, 2018 (8).

[115] 吴晨, 葛孚桥. 广东扶贫开发中"规划到户、责任到人"的理论探讨[J]. 广东农业科学, 2011 (19).

[116] 吴宇. 全球贫困治理话语权提升的中国视角[J]. 天津社会科学, 2020 (3).

[117] 西奥多·舒尔茨. 报酬递增的源泉[M]. 姚志勇, 刘群艺, 译. 北京：北京大学出版社, 2001.

[118] 习近平. 做焦裕禄式的县委书记[M]. 北京：中央文献出版社, 2015.

[119] 鲜祖德, 王萍萍, 吴伟. 中国农村贫困标准与贫困监测[J]. 统计研究, 2016 (9).

[120] 向德平, 刘风. 价值理性与工具理性的统一：社会扶贫主体参与贫困治理的策略[J]. 江苏社会科学, 2018 (2).

[121] 谢小芹. "接点治理"：贫困研究中的一个新视野——基于广西圆村"第一书记"扶贫制度的基层实践[J]. 公共管理学报, 2016 (3).

[122] 谢伕芳,盛海辉. 建设"幸福广东"的一个璀璨点——李容根就广东扶贫开发"'双到'扶贫"工作答本刊记者问[J]. 源流,2012(9).

[123] 徐岩,范娜娜,陈那波. 合法性承载:对运动式治理及其转变的新解释——以A市18年创卫历程为例[J]. 公共行政评论,2015(2).

[124] 许源源. 后扶贫时代的贫困治理:趋势、挑战与思路[J]. 国家治理,2020(1).

[125] 杨宏山,李娉. 政策创新争先模式的府际学习机制[J]. 公共管理学报,2019(2).

[126] 杨宜勇,吴香雪. 中国扶贫问题的过去、现在和未来[J]. 中国人口科学,2016(5).

[127] 叶普万. 贫困经济学研究[D]. 西安:西北大学,2003.

[128] 叶兴庆,殷浩栋. 从消除绝对贫困到缓解相对贫困:中国减贫历程与2020年后的减贫战略[J]. 改革,2019(12).

[129] 袁金辉. 构建解决相对贫困的长效机制[J]. 中国党政干部论坛,2019(12).

[130] 岳映平,贺立龙. 精准扶贫的一个学术史注脚:阿马蒂亚·森的贫困观[J]. 经济问题,2016(12).

[131] 曾小溪,汪三贵. 城乡要素交换:从不平等到平等[J]. 中州学刊,2015(12).

[132] 曾志敏,李乐. 论公共理性决策模型的理论构建[J]. 公共管理学报,2014(2).

[133] 詹姆斯·N. 罗西瑙. 没有政府的治理[M]. 张胜军,刘小林,等,译. 南昌:江西人民出版社,2001.

[134] 张践祚,李贵才,王超. 尺度重构视角下行政区划演变的动力机制——以广东省为例[J]. 人文地理,2016(2).

[135] 张琦,孔梅. 理解中国减贫的世界意义,讲好中国减贫经验和故事[J]. 对外传播,2020(5).

[136] 张秋. 从"制度贫困"到"制度统筹":城乡统筹发展的路径选择[J]. 中州学刊,2013(6).

[137] 张全红. 中国多维贫困的动态变:1991—2011[J]. 财经研究,

2015（4）.

[138] 张秀艳，潘云. 贫困理论与反贫困政策研究进展［J］. 经济问题，2017（3）.

[139] 郑崇明. 论克里斯玛、职业激励与国家运动［J］. 电子科技大学学报（社会科学版），2014（4）.

[140] 郑继承. 构建相对贫困治理长效机制的政治经济学研究［J］. 经济学家，2020（5）.

[141] 中共中央党史和文献研究院. 十八大以来重要文献选编（下）［M］. 北京：中央文献出版社，2018.

[142] 周彬彬. 人民公社时期的贫困问题［J］. 经济研究参考，1992（Z1）.

[143] 周晓唯，宋二行. 中国扶贫历程与新时代精准扶贫的路径选择［J］. 牡丹江师范学院学报（社会科学版），2020（2）.

[144] 朱启臻，吴玉敏. 乡村价值：从脱贫攻坚到乡村振兴的行动范式［J］. 党政研究，2020（5）.

[145] 朱小玲，陈俊. 建国以来中国农村扶贫开发的历史回顾与现实启示［J］. 生产力研究，2012（5）.

[146] 庄天慧，陈光燕，蓝红星. 精准扶贫主体行为逻辑与作用机制研究［J］. 广西民族研究，2015（6）.

[147] 左停，杨雨鑫，钟玲. 精准扶贫：技术靶向、理论解析和现实挑战［J］. 贵州社会科学，2015（8）.

[148] Adams R H. Economic growth, inequality and poverty: estimating the growth elasticity of poverty［J］. World development, 2004, 32（12）.

[149] Ferreira F H G, Leite P G, Ravallion M. Poverty reduction without economic growth? Explaining Brazil's poverty dynamics, 1985—2004［J］. Journal of development economics, 2010, 93（1）.

[150] Grindle M S. Good enough governance: poverty reduction and reform in developing countries［J］. Governance, 2004, 17（4）.

[151] Howitt R. Scale and the other: levinas and geography［J］. Geoforum, 2002, 33（2）.

[152] Montalvo J. G, Ravallion M. The pattern of growth and poverty reduction

in China [J]. Journal of comparative economics, 2009, 38 (11).

[153] Rhodes R A W. The new governance: governing without government [J]. Political studies, 2006, 44 (4).

[154] Shen J. Scale and the city: urban transformation in post-reform China [J]. Habitat international, 2007, 31 (3).

[155] The World Bank. Poverty and shared prosperity report 2018: piecing together the poverty puzzle [R/OL]. (2018 – 10 – 17) [2018 – 05 – 20]. http://www.worldbank.org/en/topic/poverty.

[156] Wagle U. Rethinking poverty: definition and measurement [J]. International social science journal, 2002, 54 (171).

后　记

2012年11月15日，习近平总书记同采访十八大的中外记者会面时谈道："我们的人民热爱生活，期盼有更好的教育、更稳定的工作、更满意的收入、更可靠的社会保障、更高水平的医疗卫生服务、更舒适的居住条件、更优美的环境，期盼着孩子们能成长得更好、工作得更好、生活得更好。人民对美好生活的向往，就是我们的奋斗目标。"这简短的话语彰显了党和国家始终坚持以人民为中心的发展思想，不断保障和改善民生、增进人民福祉的责任担当。作为一名长期从事社会政策研究的社会科学工作者，"政府何以增进人民福祉"是我始终关注的重要问题。随着时代的进步，经济的快速发展显著带动了人民生活水平的提高，但历史和现实的叠加，也导致改革成果未能普遍惠及全体民众——部分社会成员尚且不能解决基本的生存问题，遑论追求美好生活了。一个对人民负责的政府不会坐视贫困群众的无所依，而这正是各类扶贫政策出台的重要依据。

自20世纪80年代中期我国开始有组织、有计划、大规模地实施农村扶贫开发战略以来，国家层面的扶贫历程已经走过了将近四十个年头。时至今日，在脱贫攻坚取得全面胜利之际，回首这一段波澜壮阔的扶贫历程，每一个参与、了解、见证这段历程的人，内心都会极不平静。自2009年参与广东省"'双到'扶贫"调研开始，我对贫困治理这一议题的兴趣渐增，为此，我时刻关注着中华大地上发生着的这一足以载入人类史册的脱贫奇迹，并希望能够用真实的笔触记录下自己的所见、所感、所思、所想。我思考的问题有很多：中国农民是如何脱贫的？中国特色的扶贫工作做对了什么？这些问题归结到一点，就是"为什么脱贫奇迹发生在中国？"。对这一问题的思考和回答，不能流于空洞和表面的泛泛而谈，而应当借助于一个合理的载体去呈现扶贫政策导向下的丰富实践，并透过这些政策及其实践，挖掘内含

后　记

于其中的中国扶贫道路的特征与优势。

广东省作为改革开放的前沿阵地,被国家赋予了较大的政策创新权限,而广东敏锐的问题意识进一步推动其在各个领域的先行一步。对于扶贫这一党和国家关注的重要议题,广东省基于省情大胆探索,创造性地建立了扶贫开发的"双到"模式。"近水楼台先得月",借助于地方扶贫机构的支持,我们研究团队自 2009 年 "'双到'扶贫"启动之初就得以对这一扶贫模式的运作与发展进行持续观察与追踪调研。起初,我们只是试图提炼总结"'双到'扶贫"实施的成效及瓶颈,致力于为这一扶贫模式的经验扩散和优化改进提供实证研究基础上的科学依据。但是,随着"精准扶贫"战略的提出,我们发现,"精准扶贫"中的一些政策设计与规划实际上已经在"'双到'扶贫"中得到了"预演"。其后,广东省脱贫攻坚计划的出台,又对相对贫困治理机制的建立开展了全新的探索。可以说,伴随着广东扶贫政策的出台与扶贫实践的演进,我们逐渐意识到广东省系统性的扶贫举措一方面集中体现了全国范围内的共性扶贫方式,另一方面也为顶层设计的出台进行了政策试验。目前,广东省继续开展相对贫困治理以及由脱贫攻坚向乡村振兴衔接等方面的探索,这些宝贵经验对 2020 年之后的中国贫困治理具有一定的启示和借鉴意义。基于此,我们认为广东的扶贫经验能够成为展现中国扶贫道路特征与优势的合理载体。进一步地,考虑到研究团队近些年来已经以各种方式积累了翔实的研究资料,我们打算将这些资料进行系统梳理并整合为书稿,以历时性的方式全景呈现广东从"'双到'扶贫"到"精准扶贫"这段时期的扶贫政策实践与经验。

本书是我们研究团队共同努力的成果,除了署名的两位作者之外,研究团队中的其他成员如研究生邓彬祥、李晓聪、罗丁儿也参与了课题调研和部分章节初稿的写作。同时,研究团队中的庄文嘉副教授、李棉管副教授、游艳玲副教授、彭宅文博士也为本书的写作提供了支持和帮助。在此一并表示感谢,尤其要感谢邓彬祥同学对本书的贡献。

书成之际,有许多需要感谢的人和机构。要感谢教育部人文社科重点研究基地中山大学中国公共管理研究中心和中山大学政治与公共事务管理学院在项目开展过程中提供的大力支持。本书是基地重大项目"社会政策创新与共享发展"课题的成果之一。要感谢广州市人文社科重点研究基地中山大学广州社会保障研究中心对课题研究的资助。要感谢广东省委宣传部和国家出版基金对本书出版的资助。要感谢广东省扶贫办、地方扶贫办以及广东省减贫治理与乡村振兴研究院提供机会，让我们能够深入了解广东扶贫开发的实践与经验。要感谢中山大学出版社的大力支持，促成了本书的写作和出版。

2016年5月17日，习近平总书记在哲学社会科学工作座谈会上强调："一切有理想、有抱负的哲学社会科学工作者都应该立时代之潮头、通古今之变化、发思想之先声，积极为党和人民述学立论、建言献策、担负起历史赋予的光荣使命。"当今中国，打赢脱贫攻坚战是增进人民福祉的重要一役，而为这一过程贡献微薄之力，也成为我们写作本书的初衷。尽管广东的扶贫经验只是中国贫困治理的一隅，但广东经验能够成为讲好中国扶贫故事的重要样本。

本书成稿略显仓促，尽管成型但还不够成熟，加上作者学识所限，错漏不当之处难免，尚望读者批评指正。

岳经纶
2021年2月20日于广州